# 지금 당신에게 편지합니다

자기고백 편지쓰기 저자모임

교육과학사

# 발간사

## 편지로 함께 나누는 마음

한낮의 무더위가 여전하지만, 아침저녁으로 선선하게 불어오는 바람에서 가을의 시작을 느끼는 때, 우리 교육청 소속 직원들의 진솔한 마음을 담아낸 「지금 당신에게 편지합니다」가 발간되었습니다.

지금 우리는 참으로 어려운 시간을 살아내고 있습니다. 갑작스럽게 시작된 감염병의 위기로 인해 평범한 일상을 잃어버렸고, 소통과 만남을 위한 작은 시간조차 쉽게 갖기 어려운 상황이 되었습니다. 학교도 예외는 아닙니다. 친구들과 마음껏 어울리며 함께 성장해야 할 우리 아이들은 언제나 조심스러운 마음으로 학교에서 생활하고 있습니다.

하지만, 우리는 함께하는 힘으로 이 위기를 극복하며 내일의 희망을 만들어가고 있습니다. 경남교육 역시 빈틈없는 학교 방역을 바탕으로 정상적인 교육과정을 운영하며 인공지능과 빅데이터를 활용한 맞춤형 교육으로 새로운 시대를 여는 '교육의 대전환'을 만들어가고 있습니다. 위기를 기회로 바꾼 우리의 역량은 서로의 마음을 하나로 모을 수 있었기에 가능했습니다. 그런 점에서 자기 고백적인 글을 통해 따뜻한 마음과 마음을 이어줄 『지금 당신에게 편지합니다』의 발간이 더욱 뜻깊은 의미로 다가옵니다.

우리는 편지에 어떤 글보다 진실하게 자신의 마음을 담아냅니다. 기회를 찾기가 어려워서, 용기보다 부끄러움이 앞서서, 만날 수 없는 그리움이어서 표현할 수 없었던 마음을 전하기에 가장 좋은 글이 바로 편지입니다. 모두가 힘든 시간을 보내고 있는 시기, 우리 교직원 한 명 한 명의, 진실한 마음이 녹아든 이 책이 평소 표현할 수 없었던 마음을 전하며 세상에 감동 어린 위로와 위안이 되어 주리라 생각합니다.

「지금 당신에게 편지합니다」의 발간에 함께 애써 주신, 교직원 여러분의 참여와 노력에 깊이 감사드리며, 이번 발간이 '함께 가꾸는 경남교육'과 인문학 활성화를 이끄는 새로운 계기가 되길 기원합니다. 감사합니다.

2021년 8월

경상남도교육감 박종훈

# 머리말

고백은 사랑입니다.

현실과 마주해 보았습니다. 점점 개인화되어 가는 정서의 사막화. 사람 간의 자유로운 만남까지 차단한 코로나19 바이러스가 소중한 정(情)마저 빼앗아 갈 것 같은 두려운 마음이 들었습니다. '눈에 보이지 않으면 마음에서 멀어진다(Out of sight, out of mind)'라는 말처럼.

고민해 보았습니다. 어떻게 하면 잊혀져 가는 그리운 정을 되찾을 수 있을까? 어떻게 하면 이 어려운 시기를 극복할 수 있는 힘을 만드는데 조금이라도 기여할 수 있을까? 인문학 담당 장학사로서 고민한 결과 '편지'라는 단어에 마음이 머물렀습니다. 디지털 매체가 점령한 세상 속에서 따뜻한 아날로그 감성이 묻어나는 편지. 편지가 메마른 정서를 적셔줄 단비가 될 것 같았습니다. 그래서 「자기 고백이 담긴 편지쓰기」 공모 사업을 추진하게 되었습니다. 편지는 진솔한 자기 고백입니다. 편지가 내포한 다양한 상징성이 있지만, 가장 큰 무게감을 주는 것은 단연코 고백이기 때문입니다. '부치지 못한 편지'라는 부제를 붙여 그리운 이, 사랑하는 사람, 그리고 지금까지 힘겨운 삶을 살아온 자신에게 하지 못했던 말을 지금이라도 고백의 메시지로 전하는 기회를 제공하고자 하였습니다. 공모 계획에 담았던 예시는 다음과 같습니다.

- 현재 혹은 고인이 된 부모님께 전하지 못한 나의 마음
- 한때는 끈끈한 정을 나누었으나 갑자기 소원해진 친구에게 전하는 고백
- 특별히 기억에 남는 제자에게 전하고 싶은 선생님의 마음
- 나의 마음을 움직인 선생님께 보내는 제자의 늦은 감사 편지
- 학교에서 함께 근무한 동료 교사, 교직원에게 보내는 편지
- 아내 혹은 남편에게 배우자로서 전하고 싶은 마음
- 자기 자신에게 보내는 격려, 위로, 성찰의 편지
- 기타 글쓴이의 고백이 묻어나는 모든 편지

두 달 동안 총 83편의 편지가 접수되었습니다. 가슴으로 쓴 편지를 펼쳐 읽는 것만으로도 참으로 설레는 일이었습니다. 편지에는 많은 사연이 담겨 있었습니다. 그 사연들은 마음 깊숙이 담아 두었던 고백이었습니다. 꼭꼭 감추고 살아왔던 아픔, 슬픔, 그리움이었기에 세상에 드러낼 수 있는 큰 용기도 필요했을 것입니다. 사연을 하나하나 접하면서 사무실에서 홀로 눈

물을 훔치기도 하였습니다. 행여 붉어진 눈시울이 들킬까 비어 있는 회의실로 이동하여 수습하기도 하였습니다. 그래도 쏟아지는 눈물이 쉽게 멈추지 않아 한참을 진정시켜야 했습니다. 애절한 마음이 스며든 편지는 그 자체가 간절함이었습니다. 희한하게도 편지 속의 다양한 삶을 접하면서 오히려 나 자신이 위안과 용기를 얻게 되는 계기가 되었습니다. 이것이 바로 진솔한 자기 고백의 효과인 듯 합니다. 마음에서 마음으로 전해지는 온기. 이 편지를 읽는 모든 이의 마음에도 온기가 전해질 것입니다. 공모에 선정된 사람들은 한결같이 말합니다. 편지를 쓰면서 마음이 정화되고 상처가 치유되는 경험을 하였다고. 지나온 삶을 돌아보는 성찰을 통해 성장의 자양분이 되었다고도 합니다. 그래서 고백은 사랑입니다.

이제,

40편의 진솔한 고백과 마주해 볼까요?

당신 마음에도 포근한 단비가 내려 고백의 싹이 움틀지 모릅니다.

2021년 8월

경상남도교육청 장학사 오영범

CONTENTS

CONTENTS

# 1. 가족, 사랑의 온도

# 오늘따라 할머니 등이 너무 보고 싶어요

임 상 열
산청신천초등학교 교사

제가 7살 때 아버지는 직장을 마산으로 옮기시면서 저를 함양 할머니 댁에 맡기셨습니다. 이때부터 할머니와 함께 지내게 되었는데요. 어린 마음에 아버지랑 어머니가 마산으로 돈 벌러 떠나신 게 너무나 너무나 슬퍼서 매일 밤 눈물로 잠을 설쳤습니다.

"엄마 아빠 엉엉엉."

"상열아, 그만 울고 어여 자자. 자꾸 울면 귀신이 와서 잡아 간데이."

할머니는 제가 울기만 하면 어디선가 귀신이 나타나서는 저를 잡아 간다고 겁을 주시는데요. 어렸을 땐 그 말이 정말 무섭게 들렸습니다. 하지만 제가 잠을 설치는 이유는 비단 어머니 아버지가 보고 싶어서만은 아니었는데요. 할머니의 코 고는 소리와 콧바람에 저는 도저히 잠을 잘 수가 없었습니다.

"드러러렁 커어어어 드러러렁 커어어."

"할무이 할무이, 일나봐, 잠이 안 와."

"아이구야 우리 강아지, 와 잠이 안 오노?"

"할무이 코 고는 소리에 잠이 안 온다."

"그렇나? 내 코를 곤 적이 없는데 어찌 된 거지? 그래, 할무이가 요렇게 돌아누울 테니까 어여 자거라이."

그렇게 할머니는 돌아누우시면 코를 골지 않을 거라고 저를 안심시켰지만요. 어찌 된 일인지 돌아누웠는데 소리는 더 크게만 들렸습니다. 그래서 저는 할머니를 또 깨웠더랍니다.

"할무이 코 또 곤다. 시끄러워서 잠 못 자겠다."

"뭐 뭐시라고, 내가 또 코를 골았더나. 바깨는 추우니까 나가 잘 수도 없고 이리 와바라. 할무이랑 꼭 안고 자면 소리도 안 들리고 잠 잘 오끼다."

그렇게 할머니 품속에 폭 안겨서는 자니까 정말 신기하게도 코 고는 소리가 잘 들리지 않았습니다. 그렇게 한잠이 든 거 같았는데요. 어디선가 세찬 바람이 제 머리 위를 내려치는 듯해서 잠을 깨고야 말았습니다.

"셔어이 셔어이."

"할무이 춥다. 바람 들어온다. 문 열어놓은 거 아니가?"

"어어 뭐라고? 문을 열어놓았다고? 어디 보자, 닫았는데 무슨 소리고, 어여 자거라이."

"셔어이 셔어이."

문을 닫았다는데 어디서 들어오는지 시베리아 북동쪽에서 불어오는 듯한 정말 찬 바람이 제 머리의 정중앙을 세차게 내려치더군요. 그래서 어디서 불어오는 바람인가 고개를 들어 봤더니 커다란 콧구멍에서 불어오는 할머니의 콧바람이었습니다. 저는 그때 할머니의 콧바람이 그렇게 세다는 걸 처음 알았습니다. 어떻게 저렇게 가냘픈 몸에서 그렇게 센 바람이 나올 수 있는지 지금 생각해도 미스터리한 일인데요. 7살이었던 저에게는 뼛속까지 시린 그런 바람이었습니다. 겨울이라 바깥은 추워서 나갈 수 없고, 할머니랑 떨어져서 자자니 코 고는 소리가 너무 커서 안 되겠고, 폭 안겨서 자자니 또 할머니의 콧바람에 도저히 잠을 청할 수도 없고. 한참을 생각하다 에라 모르겠다 싶어서 할머니 코를 꽉 막아버렸습니다. 그랬더니 쥐 죽은 듯이 잠잠해지더군요. 그렇게 코를 막았더니 일순간 조용해져서 저는 편하게 잠이 들 수 있었는데요. 약 한 1분쯤 지났을까요. 제가 할머니 코를 너무 세게 막아서 그런지 할머니가 숨을 쉬지 않는 겁니다. 문득 겁이 났습니다. 혹시라도 제가 할머니 콧구멍을 막아서 죽은 건 아닌가 싶어서 엉엉 울면서 할머니를 깨웠더랍니다.

"할무이 할무이, 죽었나? 왜 숨을 안 쉬노?"

그때였습니다. 이제까지의 할머니의 콧바람 강도가 1이었다면요. 갑자기 강도 10의 콧바람이 정확하게 제 얼굴 한복판으로 떨어지더군요. 그날 저는 잠 한숨을 못 자고 할머니의 콧바람을 정확하게 아침 6시까지 다 받아내야만 했습니다.

할머니의 코 고는 소리와 콧바람은 오래가지 않아 익숙해졌습니다. 한 달 정도 지나니까 코 고는 소리가 자장가처럼 들리고 콧바람이 동요처럼 들리더군요.

겨울이다 보니 할머니가 자주 등을 긁어 달라고 하셨습니다. 아침에도 한 번, 점심때도 한 번 그렇게 저녁이랑 주무시기 전까지 합쳐보니까 10번도 넘겠더라구요. 그때는 할머니가 왜 자꾸 등을 긁어 달라고 하시는지 어린 저로서는 도무지 이해가 안 되었습니다.

"상열아, 이리 와서 할무이 등 좀 긁어 봐라."

"할무이, 아까도 긁었는데. 또 긁어야 하나?"

"아까는 아침이고 이제는 점심이니까 또 가렵네. 이리 와서 함 긁어 봐라."

"여기 긁으면 되나?"

"그렇지 조금 왼쪽으로 그렇지 그렇지, 황해도로 황해도로 가라. 아유 쉬원하다. 우리 손자 손이 제법 쉬원하네."

"할무이, 근데 황해도가 뭐꼬?"

"야가요 황해도를 모르나? 서울 위에 황해돈데 그기를 모르는가 보네."

"그기 뭔데?"

"큰일이네. 도시에서 산다고 공부도 시키고 한다더만 저거 엄마 아빠가 하나도 안 가르쳤는가 보네."

며칠이 지났을까요 할머니는 어디서 구하셨는지 낡은 지도 한 장을 구해 오셨습니다. 그리고 손가락으로 가리키시며

"자 상열아, 이 할무이 따라해봐라이. 여기가 황해도."

"황해도."

"여기가 평안남도."

"평안남도."

"경상남도는 알제? 지금 우리가 살고 있는 곳 경상남도."

"경상남도."

제가 지금 왜 이걸 배우는지 알 수는 없었지만요. 할머니가 정성껏 구해오신 지도에다 정말 최선을 다해 가르쳐 주시는데 안 따라 할 수가 없더군요.

"근데 할무이, 이건 왜 배우는 건데?"

"시끄럽다 마, 위치를 알아야 할무이 등을 긁을 것 아니가?"

"할무이 나 이거 하기 싫다. 배고프다, 먹을 거 주라."

"그럼 이 위치가 어딘지 맞히면 할무이가 맛있는 거 주께?"

"뭐 주껀데?"

"튀김."

"어 할무이 나 튀김 좋아하는데. 여기라고 했나, 여기는 ……. 황해도."

"옳지 잘한다. 조금만 기다리봐라."

그 시절 먹을 거라고는 밥뿐이던 시절, 간식거리는 눈 씻고 찾아볼 수도 없었는데요. 할머니는 제가 지도의 위치를 맞히면 어디선가 튀김을 들고 오셨습니다. 그때는 그게 무슨 튀김인지도 모르고 먹었었는데요. 지금 알고 보니 '부각'이라는 이름의 튀김이더군요. 고추부각, 할머니가 정성 들여 튀겨 두신 고추부각을 내어 오셨는데요. 저는 생전 처음 보는 음식에 적잖이 실망을 하기도 하였더랍니다.

"할무이, 이거 맛없다. 다른 거 주라. 무슨 튀김이 이리 맛이 없노?"

"이게 맛이 없다고? 얼마나 맛있는 건데 자 묵어봐라."

"아니 싫다, 다른 거 주라."

그래서 이번에 내어오신 건요. 다름이 아니라 고추부각 사촌쯤 되는 깻잎부각이더군요. 그래도 고추부각보다는 먹을 만해서 그나마 제가 좋아하게 되었습니다.

"자 상열아, 이리 와봐라."

"할무이 등 긁을까?"

"그래 오늘은 함경남도로 한번 가보까?"

"여기 여쯤이가? 할무이 시원하나?"

"오야 오야 시원하다. 이번엔 강원도로 가보까?"

"여기가? 할무이."

"그렇지, 우리 손자 잘한다. 이번엔 울릉도로 가보까?"

"할무이, 울릉도는 안 배웠는데."

"울릉도는 할머니 등 보면 오른쪽에 큰 점 있제? 그기가 울릉도다. 어디 시원하게 긁어보거라."

"할무이, 이 점이가?"

"오야 오야."

할머니의 등을 보면요, 오른쪽에 큰 점이 있었는데요. 할머니는 그 점을 울릉도라고 하셨고요. 그리고 아래쪽 왼편을 보면요, 물사마귀 같은 게 하나 나 있었는데요. 그기를 제주도라고 하시더군요. 그렇게 저는 할머니의 등을 통해 대한민국 지도를 아주 눈 감고도 찾을 수 있는 수준까지 이르렀습니다. 주무시다가도 할머니는 등이 간지럽다며 긁어 보라고 하셨는데요. 깜깜한 밤이었지만 저는 아주 귀신처럼 찾아서는 할머니의 가려운 등을 긁어 드렸습니다.

"우리 강아지 잠 많이 오지. 그래도 할무이가 등이 간지러우니까 조금만 긁어 주거라이. 저쪽 평안북도 좀 긁어봐라이."

"할무이, 시원하나?"

"아이구 우리 손자 이제는 말 안 해도 할무이 가려운 곳을 잘 찾네."

불을 켜지 않아도 아무리 어두워도 할머니의 등에서 우리나라의 지도 위치를 찾아내는 일은 이제 식은 죽 먹기가 되었습니다.

할머니의 등을 긁으면서 참 웃지 못할 사건 사고도 많았습니다. 제가 할머니 무르팍에서 지도 위치를 배우다가 그만 벌떡 일어난 적이 있었습니다. 그런데 제 머리와 할머니 턱이 세게 부딪쳐서는 그만 할머니 앞니 두 개가 부러져 버린 겁니다. 저는 그날 너무 놀라서 겁을 잔뜩 먹고 있었는데요. 할머니는 이가 부러졌는데도

"아이구 우리 손주 시원하게 등 긁어라고 가르쳤더만 할무이 이를 시원하게 뽑았네."

하시는 겁니다. 제가 할머니 이를 부러뜨렸는데도 할머니는 좋다고 저를 끼고 다니셨는데요. 그런 할머니의 사랑을 받아서일까요. 자기를 알아주는 장수를 위해 목숨을 바치듯 그렇게 저는 온 힘을 다해 할머니 등을 긁어 드렸습니다.

그렇게 할머니의 등을 정확하게 3년간 긁어 드렸는데요. 어

머니 아버지는 저를 다시 마산으로 데리고 가셨습니다. 마산에는 많은 것들이 있었지만요. 부각 튀김도 없었고요, 할머니의 코 고는 소리도 콧바람도 없었어요. 무엇보다 3년을 보고 지냈던 할머니의 등이 없다는 게 참 서운하더군요.

그렇게 제가 마산으로 나오고 몇 년 안 되어서 할머니가 돌아가셨습니다. 어린 마음에 저는 할머니 안 돌아가셨다고 할머니 등 긁어 드리면 시원하다고 하시며 다시 살아날 거라고 어머니 아버지에게 말을 했는데요. 무슨 그런 소리를 하냐며 저를 나무라셨습니다. 저는 아무리 생각해도 제가 할머니 등을 긁어 드리지 않아 할머니가 꼭 돌아가신 것만 같았습니다.

요즘도 한 번씩 문방구를 지나치면 대한민국 지도가 걸려 있는데요. 대한민국 지도만 보면 이상하게 할머니의 등이 떠올라서 눈시울이 붉어질 때가 있답니다. 울릉도는 할머니 등의 점 같고요. 제주도는 할머니 등의 물사마귀 같아서요. 그리고 지금 생각해도 평안북도, 평안남도, 함경북도, 함경남도, 황해도……. 아직 초등학생도 아닌 7살 소년이 배우기엔 너무 어렵고 힘든 말들이었지만요. 할머니의 사랑이 있어서 그것들을 배우지 않았나 싶어요. 지금도 어디 가서 북한 지형을 말할 거리가 생기면 저만큼 정확하게 아는 사람도 그렇게 흔치는 않더라구요. 할머니, 할머니, 우리 할머니, 오늘따라 할머니 등이 너무 보고 싶어요.

2021년 5월 18일

우리 강아지 상열 올림

# 마음이 간지러운 날에

김 미 정
월산초등학교 교사

유림이가 다섯 살 때였을 거야. 차를 타고 가고 있었는데 밖에 내리는 여우비를 보고 말했어.

"엄마? 이런 비는 왜 오는 거야?"

"글쎄, 유림이 생각은 어때?"

"음……. 바람이 간질간질해서 구름이 엣취 엣취 하는 거 같은데."

우리 딸은 엄마에게 이런 아이였지. 유림이 유림이 유림이라고 자꾸자꾸 부르면 입안 가득히 꽃비가 내리는 것 같았어. 유림이를 생각하면 마음 한쪽이 간질간질하면서 웃음이 나곤 했지. 유림이는 엄마 기대를 한 번도 저버린 적이 없었어. 초등학교에서 늘 리더 역할을 했고 공부도 너무나 잘했지. 엄마의 자랑거리였어.

행복했던 우리에게 소슬바람이 불었어. 그 시작이 어디였을까? 불행이 이렇게까지 몰아칠 수 있을까 싶을 만큼 우리에겐 정말 힘든 시간이었어. 내 몸에서 간질간질 웃음이 생겨났을 때 암 덩어리도 같이 크고 있었지. 엄마는 그냥 하루하루를 치열하게 살아간다고 생각했는데 그렇게 기쁨과 슬픔은 동전의 앞뒤처럼 함께한다는 걸 그때는 몰랐었어.

처음 암을 알았을 때 정말 세상이 깜깜했어. 아직 너무 어린 유림이를 두고 죽음이 가까이 오지 않기를 기도했지. 우리 딸 생리할 때 옆에 있어야 한다고, 아니 우리 딸 남자 친구 생기는 것도 보고 싶다고. 그러다 왜 하필 나에게 이런 일이 생겼는지 원망했고. 그래서 미워할 대상이 필요했던 것 같아. 암 덩이가 너무 커서 큰 병원에 가서 수술해야 한다고 했을 때 엄마는 완전히 무너졌어. 아빠에게도 화를 내고 우리 딸에게도 화를 냈지. 가족이라는 이름을 그렇게 마구 할퀴어도 되는 줄 알았어.

병원에서 암 덩어리를 버리고 돌아온 날 엄마는 유림이를 안아보고 싶었어. 너에게 손을 내밀었지만 유림이는 할머니 뒤에 숨었어. 할머니 뒤에서 유림이는 다 큰 어른처럼 숨죽여 울었지. 엄마를 무서워하는 유림이를 좀 더 따뜻하게 안아주지 않아서 작은 숨소리가 소슬바람이 되고 태풍이 되었을까?

지금도 기억이 난다. 그해 뜨거운 여름!

우리 딸은 학교에서 수업 시간에 나왔어. 가볍게 생각되었던 유림이의 일탈은 생각보다 심각했었지. 힘들다는 너의 말을 믿지 않고 거칠게 몰아붙였어. 여기서 물러서면 패배자가 되는 거라고 말이야. 지지 말고 이겨내라고 세상에서 도망치지 말라고 했어.

아침마다 전쟁이었어. 학교에 가지 않겠다는 너를 엘리베이

터로 밀고 교문으로 밀어 넣고. 너는 또 조퇴하고 그러면 엄마는 또 너를 이해하지 못하겠다고 화를 냈지. 유림이는 학교가 무섭다고 했어. 가해자가 없는데 왜 학교가 무섭고 힘든지 그때는 정말 이해하기 어려웠어. 그래서 너에게 옳고 그름을 가르쳐야 한다고 생각했어. 그때는 옳다고 생각했던 모든 것들이 유림이를 무너지게 하는 줄 몰랐어. 너를 안아주었어야 했는데 그러지 못했어.

유림이는 결국 무단결석이 길어졌고 담임 선생님과의 면담을 위해 엄마는 아빠와 함께 학교에 갔어. 교문을 지나 교무실로 가야 했는데 가는 길을 몰라서 지나가는 학생에게 물어가며 교무실을 찾았지. 교무실이 주는 느낌이 차가웠어. 문을 열고 갔지만 등만 보이는 선생님들 모습.

'타닥타닥'

자판 소리만 들리는 그곳.

'우리 딸이 여기까지 찾아와 선생님께 말씀드리러 오는 일이 쉽지는 않았겠구나.'

라는 생각이 들었어. 엄마는 유림이가 쉽게 조퇴하고 오는 줄 알았는데 조퇴도 용기가 필요했다는 것을 알게 되었어.

선생님께서 유림이의 심각한 상황을 말씀해 주셨지만, 엄마는 또 친구들이 선생님들이 문제라고 생각했어. 그렇게 또 마구 할퀼 대상이 필요했었나 봐. 그냥 교실에서 공부하기 싫어하는 줄만 알았지. 숨을 쉬지 못할 만큼 힘들어한다는 걸 알지 못했어.

우울증 치료를 위해 병원에 다니고 가족 상담을 하면서 엄마는 정말 많은 것을 알게 되었어. 우리 딸이 얼마나 힘들게 버텨왔는지 그리고 엄마가 얼마나 잘못하고 있었는지. 물에 빠져 허우적대고 있는 너에게 손을 뻗어주어야 했는데 그러지 못했어. 힘들면 쉬어가는 거고 길가에 털썩 주저앉아도 되는 것이었는데 엄마는 이겨내는 것만이 정답이라고 생각했어. 교사로서 엄마는 홈스쿨링을 인정하는 데 많은 시간을 허비한 것 같아. 누구보다도 너를 잘 알고 사랑한다고 생각했는데 방법이 서툴렀어.

유림아, 기억나니? 우리 집에 감자가 처음으로 온 날. 그날을 엄마는 잊을 수가 없단다. 어릴 때 유림이는 아주 사소한 것에도 웃음이 많았었거든. 그날 엄마는 어릴 때 유림이의 웃음을 보았어. 작고 꼬물꼬물 기어 다니는 강아지와 함께 웃는 유림이의 얼굴에서 행복한 표정을 읽었지. 그래, 오랫동안 잊고 있었어. 우리 딸이 이렇게 웃는 아이라는 것을. 집에 혼자 있는 유림이가 걱정되었지만, 감자와 함께 잘 이겨냈지. 산책하고 대소변을 치워주고 씻기고 함께 자면서 유림이는 감자의 언니가 되었지. 강아지를 좋아하지 않던 엄마였지만 우리 딸에게 힘이 되어주는 감자를 보며 엄마도 우리 가족으로 인정하게 되었어.

엄마는 학교 밖 청소년이 된 유림이가 시간을 낭비할까 봐 걱정했는데 사실은 비어있던 너의 마음을 채우는 시간이었던 것 같아. 도예 체험도 다니고 제빵도 배웠지. 유림이가 만든 빵을 식구들끼리 함께 맛있게 먹었던 일이 생각난다. 웃음이 많아졌고 마음에 힘이 생겨 학교 친구들과 카톡을 한다고 했을 때 엄마는 정말 많이 울었단다.

검정고시를 통과하고 올해 고등학생이 되었지. 기억나니? 고등학교 교복을 처음 입던 날 우리 가족은 모두 울었지. 엄마는 용기를 내어서 반 발 나아가는 우리 딸이 대견했어.

"엄마, 7시 50분이에요. 빨리빨리, 엘리베이터 잡아놨어요."

아침마다 출근을 재촉하는 우리 딸, 엄마는 우리 딸과 함께 하는 하루, 하루가 즐겁다. 그렇게 조금씩 세상으로 나오고 있는 우리 딸을 엄마는 이제 응원할 수 있게 되었어.

엄친아라고 하지. '엄마 친구 아들' 도대체 그 엄친아는 어디 있었을까? 그 아이와 너를 비교하며 뒤처지지 말라고 조금만 더 힘을 내라고 나중에 행복하려면 지금은 어쩔 수 없다고. 아름답고 소중한 오늘 하루를 내일을 위해 보지 말라고 했어.

그렇게 우리에게 불었던 소슬바람이 점점 옅어지고 새봄이 왔어. 며칠 전에 율하천을 아빠와 같이 걸었단다. 우리 딸을 닮은 벚꽃이 피었더구나. 봄 햇살에 찬란히 일렁이는 꽃송이를 보니 우리 딸 생각이 나서 눈물이 났어. 그래, 우리 딸은 꽃비 같은 아이였는데 찬란하게 빛나는 순간순간을 엄마가 알아주지 못해서 미안해.

언젠가 우리에게 '그해 여름'이 또 찾아오겠지만 엄마가 말했었지? 비는 언젠가는 그친다고. 폭풍우가 몰아치고 세상이 깜깜해서 앞이 보이질 않을 때 그저 우리는 기다리는 수밖에 없는 것 같아. 힘들면 잠시 앉아 쉬어도 되고 너무 힘들면 돌아가도 되는 거지. 지금은 잠시 쉬어야 할 때인 것 같아. 앞으로 우리 딸이 만나게 될 세상을 너무 두려워하지 않았으면 좋겠어. 7월은 또 그렇게 지나갈 테니까. 매일매일을 찬란하게 사는 법을 아는 우리 딸을 엄마는 믿어.

유림아! 혹시 우통수라는 우물을 아니?

강원도에 있는 바위틈에서 나오는 물이 고여 우물이 되었지. 그 시작이 어찌나 작고 소박한지 지나가는 사람들이 자세히 보지 않으면 모를 정도란다. 그 우통수에서 시작된 물길이 어떻게 되는 줄 아니? 우통수에서 시작된 물길이 흘러 흘러 한강이 된단다.

엄마는 우리 유림이가 우통수와 같은 사람이 되었으면 좋겠어. 남이 알아주지 않아도 자신의 길을 꾸준히 가는 사람, 작은 여울마다 생기를 넣어주는 그런 사람 말이야. 한강까지 가지 못해도 괜찮아. 유림이의 숨결마다 생명이 숨을 쉬고 유림이의 발걸음에서 행복이 시작될 테니까.

우리 딸! 엄마랑 계속 계속 사랑하며 살자. 엄마도 아프지 않을게. 오늘도 우리 딸의 하루가 간질간질했으면 좋겠다. 마음을 가득 담아서 사랑해.

2021년 4월 7일 수요일

엄마가

# 당신의 소중한 꿈을 응원해!

임 연 길
김해영운고등학교 교사

당신의 어릴 적 꿈은 교사였지. 주변의 어려움을 누구보다 앞서 도와주고 불의를 보면 참지 못하는 성격이었다고 했지. 초등학교 6학년 때에 전교 학생회장을 하면서 리더로서 해야 할 역할을 훌륭히 해낸 것을 보면 교사로서는 제격이었어. 대학교에 진학해서는 전공과 교육학 수업을 열심히 들으며 꿈을 향해 한 발씩 나아갔고 공부도 제법 잘해 졸업할 때는 대학교 전체 차석으로 졸업하는 영광도 누렸었는데.

내가 군대를 제대하고 복학해서 같은 과, 같은 학년으로 당신을 만나 서로 사랑하게 되었지. 공부는 물론이거니와 삶에 관한 이야기를 주고받고 여행도 자주 다니며 캠퍼스의 낭만을 즐겼지. 그러다 우리가 3학년이 끝나갈 무렵 임용고시 결의를 하고 독서실에서 밤낮으로 공부했었지. 당시 나는 장차 장인어른이 될 당신 아버님께 잘 보이기 위해 적성에도 맞지 않는 교사가 되겠다고 억지로 공부했던 기억이 나네. 4학년 5월, 인근 고등학교로 교생실습을 나갔는데 당신은 학생들에게 자상하게 상담도 하고 때론 친구처럼 지내기도 했고, 수업 연구도 많이 해서 지도 선생님들에게 칭찬도 많이 받았지. 그런 모습을 보면서 당신은 교사가 참 잘 어울린다고 생각했어.

교생실습을 하던 중 우리는 약혼 겸 약식 결혼을 했고 자취방을 합쳐 동거하며 서로의 미래를 위해 공부도 열심히 했어. 그런데 가을 어느 날부터인지 당신은 자꾸 졸리며 피곤하다고 공부에 전념하지 못했어. 우리는 공부 때문에 스트레스가 쌓여 그러리라 생각하며 대수롭지 않게 여겼어. 당신은 고시학원에 다니며 강사의 말 한마디도 놓치지 않으려고 교재와 공책에 빽빽하게 필기를 하였고, 나는 학원에 다니는 대신 당신의 그 필기를 무료로 받아서 공부했지. 당시 교수님을 비롯해 주변 사람들은 당신은 합격, 나는 불합격이라고 단정 지으며 나에게 다른 길을 찾아보라고 농담 식으로 말하곤 했지.

1996년 겨울, 최선을 다해 준비한 임용시험이 끝나고 당신은 시험을 잘 봤다며 한껏 부풀어 있었고 반면 나는 시험을 못 본 것 같다며 풀이 죽어 있었지. 주변 사람들의 말이 현실이 되는 듯했어. 시험을 끝내고는 우리는 함께 병원으로 갔지. 그동안 공부하느라 병원 가는 일은 뒤로 미루고 있었는데 당신이 늘 피곤해하며 무기력했던 이유를 알고 싶어서였지. 처음 찾았던 내과 병원에서는 임신인 것 같으니 산부인과를 가보라 해서 부랴부랴 산부인과를 찾았지. 임신이 맞다는 의사의 말에 우리는 말문이 막혀 얼굴만 쳐다보고 있었지. 그동안의 피곤함과 무기력이 임신 때문이었다니. 하지만 아이를 가졌다는 기쁨보다는 두려움이 앞섰어. 직장도 없이 부모가 된다니.

얼마 후 임용시험 합격자 발표가 있던 날 우리는 새벽부터 일어나 전화기 앞에서 서로 먼저 확인해 보라며 떨리는 가슴을 주체하지 못했지. 당신이 먼저 ARS로 확인하였지만, 불합격이라는 소식을 듣고는 너무나 실망했어. 나도 불합격일 것 같은 불안감에 뒤이어 확인하였는데 합격이라는 말에 뛸 듯이 기뻤지만, 마냥 기뻐할 수가 없었어. 공부도 잘하고 누구보다 열심히 노력한 당신의 불합격은 우리에겐 슬픈 일이었고 더구나 불합격의 큰 원인이 임신이었기에 그 책임에서 나는 자유로울 수가 없었거든. 그땐 너무 미안했는데 미안하다는 말조차 할 수 없었어. 결국 당신은 다음 해에 다시 도전하겠다면서 쓰린 마음을 달랬지. 당신의 꿈이 꺾이는 순간이었어. 그 후로 오랫동안 나는 교사가 되었다는 기쁨보다는 교사가 되지 못한 당신의 슬픔과 좌절에 눈치를 보느라 안절부절못하는 세월을 보냈어. 아마 당신은 나의 이런 마음을 몰랐을 거야. 당신은 늘 나를 부러워했고 나는 여러 가지로 달래보았지만 어쩔 수 없는 노릇이었어. 얼마 지나지 않아 우리는 정식으로 결혼식을 올리고 3개월 후 첫째 아이를 얻었지. 나는 스물다섯, 당신은 스물여섯. 어린 나이에 낯선 타향에서 시집살이하랴, 아이 키우랴 공부는 커녕 자기 자신도 추스르지 못할 정도로 힘들고 외로운 나날이었을 거야. 그래서 나는 늘 당신에게 미안했어.

나는 1년간 대기발령 후 1998년 김해로 첫 발령이 났고 우리 셋은 함께 이사했지. 나의 고향은 강원도, 당신은 제주도.

일가친척은 물론 아는 사람 하나 없는 타향에서의 삶이가 시작되었지. 월세 단칸방으로 시작한 우리는 아이 맡길 만한 형편이 못 되어 육아는 오로지 당신의 몫이었고, 나는 학교 동료들과 어울리며 잦은 회식으로 가정에는 소홀히 하는 날이 많아졌지. 당신은 임용고시 준비도 못 하고 아이 키우느라 인생이 허무하다며 자주 하소연하였고, 나의 교사 생활이 부럽다며 첫째를 어떻게든 맡기고 공부를 시작한다고 했어. 나는 미안하다고 하면서도 아이 키우는 것이 더 우선이라며 공부를 반대하기도 했지. 그러던 차에 둘째 아이를 배고 당신은 더욱 좌절하며 나를 더 원망했어. 가끔 들려오던 대학교 여자 후배들의 임용시험 합격 소식에 당신은 눈물을 글썽이며 자신의 신세를 한탄하기도 했지. 당신은 또 말했지, 둘째 아이 낳고 다시 도전하겠다고. 그러나 셋째까지 임신하고서는 당신은 공부한다는 말을 더는 하지 않았어, 아니 하지 못했어. 대신 나를 더욱더 원망하면서 당신의 꿈을 꺾었지. 2년씩 터울을 둔 세 명의 아이를 키우는 동안에 당신은 자주 취직하고 싶어 했어. 다른 여자들은 직장 다니면서 아이들 잘 키우고 자아실현도 한다면서. 그러나 나는 아이들의 정서적인 안정을 위해서는 당신이 집에 있어야 하고, 내가 다니고 있는 학교의 문제 아이들 얘기를 해주며 가정교육이 우선이라고 우겼었지. 그럴 때마다 우리는 심하게 다투며 나는 당신의 또 다른 꿈을 꺾고 말았어. 그러면서도 당신은 아이들 어릴 때 집에서 한글과 수학도 가르쳐 주고 동화책도 읽어 주며 가정교사 역할을 제대로 했어. 아이들은 하교하면 제일 먼저 엄마를 찾으며 학교에서 있었던 일을 미주알고주알 털어놓고, 당신은 그 얘기를 다 들어 주며 달래기도 하고 혼내기도 하는 상담사 역할도 톡톡히 했지. 그 덕분에 아이들이 아무 탈 없이 – 물론 사춘기를 겪으며 속은 많이 썩였지만 – 잘 자라 주었고 어디 가서 버릇없다는 얘기는 듣지 않고 있지. 대학교도 아이들이 각자 원하는 곳에 잘 입학했고. 내가 가부장적이고 보수적일 수도 있는데 그렇다고 아이들이 우선은 아니야. 항상 당신이 최우선이고, 그것은 아직도 변함이 없어. 앞으로도 그럴 것이고.

그러다 성당에서 주일학교 교사 모집을 보고 당신은 한 치의 망설임도 없이 지원해 초등부 아이들을 돌보게 되었지. 아이들이 성당에 오기 전에 먼저 도착해서 그들을 맞이하고 끝나고 갈 때는 한 명 한 명 이름을 불러 주며 잘 가라고 하는 모습이 영락없이 교사의 모습이었어. 또 교안을 준비하고, 아이들과 함께할 놀이를 개발하고, 동료 교사들과 회의하며 아이들의 성장에 도움을 주고자 몸과 마음을 바쳤지. 비록 정식 학교는 아니었지만, 아이들과 함께할 수 있다는 것에 당신은 만족하고 행복해했어. 이렇게 12년 동안의 주일학교 교사 생활에도 당신의 마음 한구석에는 늘 빈자리가 있었지. 주일학교 교사 중에 현직 교사들이 있었는데 당신은 부러워하는 눈치였고 그들 앞에서는 왠지 모르게 주눅이 드는 것만 같았어.

우리는 19년 살던 정든 김해를 떠나 밀양 하남읍 명례에 새로이 정착했지. 복잡한 도시를 떠나 한적한 시골에서 지내고 싶어

하는 나의 욕망에 아무 불만 없이 따라 준 당신과 아이들에게 정말 고마워. 당신도 심신이 많이 지쳐서 쉬고 싶어 했는데 마침 시골이라 자신만의 시간이 많다며 좋아했지. 넓은 창을 통해 비추는 따스한 햇볕을 쐬며 차를 마시고 책을 읽는 여유로움.

1년 정도 지났을까? 이곳 성당에서 만난 분의 권유로 당신은 특수교육실무원에 지원하게 되었는데 지원서를 쓸 때 설레던 당신의 모습은 잊을 수가 없어. 태어나서 처음으로 직장을 갖기 위해 작성한 지원서 사본을 몇 년이 지난 지금도 간직하고 있는 것을 보면 당신에겐 정말 소중한 경험이었던 것 같아. 그런데 지원서에 쓸 경력 사항이 아무것도 없어 서로 민망할 정도였지. 자격증이라고는 교원자격증과 워드프로세서 3급밖에 없어서 운전면허증이라도 써야 하나 고민도 했었지. 자기소개서에는 성당 주일학교에서 12년 동안 아이들을 진심으로 가르치며 느낀 보람과 세 아이를 반듯하게 키운 엄마로서 자부심을 마음껏 써 내려가면서도 과연 이 얘기로 서류심사를 통과할지 의구심을 가졌었지. 결국 합격하여 고등학교에서 특수교육실무원 대체 근무를 6개월 하게 되었는데, 처음에는 낯선 일이라 많이 두려워하더니 익숙해지고 나서는 너무 좋아했어. 이듬해에는 한 초등학교에서도 같은 일을 1년 동안 하면서 자신이 살아 있다는 것을 느꼈지. 비록 교사는 아니었지만, 정식 직장을 갖게 되었고 무엇보다 자신의 힘으로 일을 해서 월급을 받는 것으로 큰 만족이었지. 그러면서도 정식 교사들과 비교되는 생활에 가끔 실망하기도 하고, 특히나 학부모들의 무시하는 듯한 태도에는 계약직이라 깔보는 것 같다며 많이 속상해했어. 그 후로 여러 학교에 특수교육실무원 지원을 했으나 번번이 탈락할 때는 내 마음이 더 아팠어. 교사는 아니어도 학교라는 곳에 출근하며 당신의 어릴 적 꿈에 조금이나마 가까이 있는 듯했는데.

이렇게 꿈같은 짧은 직장 생활이 끝나고 당신은 다시 일상으로 돌아왔지. 그 후 언젠가 친정에 가서 좀 쉬다가 온다며 당신 혼자 제주에 간 적이 있었지. 그때 내가 고향 친구들 좀 만나고 재밌게 놀다가 오라 하니까 당신은 직장이 없어서 친구들 앞에 떳떳하게 다가갈 수 없다며 싫다고 말했어. 학창 시절 인기 많고 학생회장도 하며 리더로서 잘나가던 자신이 지금은 초라한 모습이라 동창들에게 다가갈 수 없다고 말할 때 나는 많이 놀라고 미안했어. 그전에도 제주에 가면 친구들을 만나지 않고 집에만 있기에 왜 그럴까? 생각만 했지, 당신의 마음을 헤아린 적이 없었거든. 당신의 꿈을 빼앗은 지난날이 매우 부끄러웠어. 더욱이 부부로서 25년을 살았는데 당신의 마음을 알아주지 못했던 것도 반성하고.

얼마 전 알고 지내던 선생님께 전화가 왔었지. 자신의 학교에 한문 시간강사를 구하는데 아무도 지원하지 않고 인력풀에서 연락해도 지원자가 없다며. 그래서 당신이 생각나 먼저 나한테 전화해서 당신을 설득해 보라고. 당신은 이 말을 듣고 대학교 졸업한 지도 너무 오래됐고, 지금 이 나이에 학생들을 어떻게 가르치겠냐며 오히려 학생들에게 피해만 갈 것이라고 반대했지. 남에게 피해를 주기 싫어하고 자신의 것이 아니면 욕심내지 않는 당신의 평소 마음 씀씀이가 예쁘게 느껴졌어. 그러면서도 어쩌면 당신의 인생에서 마지막 도전이 될 수도 있겠다는 생각이 들어서 한번 해 보라고 설득했지. 이렇게 망설이던 차에 그분한테서 또 전화가 와서 무조건 해 보라며 등 떠밀리듯이 당신은 원서를 내고 면접을 보고 그렇게 합격이 되었지. 그리고 그다음 주 월요일부터 바로 출근하라고. 합격하고도 걱정이 태산 같았던 당신이 비록 시간강사지만 이제는 진짜 교사가 되었다며 해맑게 웃고 기뻐하는 모습에 그동안의 내 미안한 마음은 조금이나마 사라지는 듯했어. 50살이 다 되어 꿈을 이루게 된 당신이 자랑스럽기도 해. 일주일에 8시간밖에 수업할 수 없지만, 당신에게는 그 어떤 일보다 크고 의미가 있다는 것을 알기에.

처음 교실에 가서는 무엇부터 해야 하는지, 출석은 어떻게 부르는지, 컴퓨터는 어떻게 사용하는지, 수업에 집중하지 못하는 학생은 어떻게 해야 하는지 하나하나 물어보는 것이 교생실습 하던 대학생 같았어. 오랜만에 하는 교재연구라 같이하자고 했을 때(아니 떠맡겨 놓았을 때) 난 피곤하면서도 기쁜 마음으로 도와주었어. 그동안의 미안함을 조금이나마 만회하려고. 근무하게 될 학교가 멀어 미리 길을 익힌다고 직접 운전해 다녀오기도 하고, 학생들 앞에 선다며 새로 옷과 신발도 장만하고, 너무 아줌마 같아 밥 굶어가며 살을 뺀다고 할 때는 꿈 많던 어린 소녀 같았어. 첫날 출근하고 돌아와서는 떨렸던 첫 만남의 순간, 준비해 간 수업을 학생들이 잘 따라주고 반응해 기분이 좋았던 시간, 수업 끝나고 교무실로 오는 길을 몰라 주차장까지 갔다가 다시 돌아온 일, 예상 밖으로 맛있던 점심 급식 등 이런저런 얘기를 재잘댈 때는 정말 원하던 일을 해내고 있다는 느낌이었지. 또 어떤 날은 결석했던 학생에게 다가가 이유를 묻고 다독여 줬더니 학생이 배시시 웃으며 좋아하던 일, 수업과 관련 없는 엉뚱한 질문을 하는 학생들에게 우리 아이들 얘기를 해주며 친근하게 다가갔던 일, 수업에 반응이 별로 없는 학급에서는 혼자 원맨쇼를 하고 나와 씁쓸했다던 이야기들을 할 때면 온종일 긴장하고 수업하느라 몸은 녹초가 되었지만, 교사로서 자부심을 가지고 있다는 것을 알 수 있었어. 이제는 부부 교사가 되었다는 농담 속에서 당신이 진정 기뻐하고 있다는 것을 느꼈어.

대학 졸업 후 25년 동안 아내로, 엄마로, 가정주부로 살아오다 이제 한 달 남짓 자신의 이름을 가진 교사로서의 삶을 사는 당신. 상황이 어쩔 수 없었다, 덕분에 아이들이 잘 컸다, 그동안 고마웠다, 미안하다 따위의 말로 위로가 되거나 당신의 꿈을 보상받을 수 없다는 걸 알아. 그저 말없이 지켜보는 수밖에 없었던 지난날의 나를 다시 돌아보게 되는 요즘이야. 늦은 나이에 용감히 도전해 준 당신이 고마워. 맡겨진 일에 최선을 다해 훌륭히 해내고 있는 당신이 자랑스러워. 여전히 주부로서 해야 할 역할이 클 테지만 당신의 소중한 꿈을 응원해. 영원히 사랑해.

2021년 4월 16일<br>당신의 꿈을 응원하는 남편이

# 나의 사랑, 나의 할아버지

이 주 영
산청교육지원청 교육 행정 9급

2018년 11월 25일의 기록

"올해 초, 올해 중순, 그리고 연말이 된 오늘…… 올해 초의 모습과 지금의 상황을 생각해볼 때 내 삶의 대부분의 것들은 변하지 않았다. 그러나 할아버지의 시간은 너무나 빨리 가고 있었다. 너무도 빨리 흘러가버린 할아버지의 시간에 내가 속하지 못했다는 사실에 대해 계속 생각하다 보면 너무 마음이 아프고 괴롭기까지 하다. 이젠 내 이름을 반갑게 불러주지도 못하고, 나를 알아보는 것도 힘들어하신다. 그래도 할아버지는 내가 옆에 앉아 할아버지에게 말도 걸고, 지켜보고 가는 것을 알고 계실 거라 생각한다."

## 2018년 12월 9일의 기록

"할아버지가 위독하셔서 ○○병원 응급실로 가족 모두 달려갔다. 할머니가 할아버지 곁을 지키고 계셨다. 할머니가 '주영이 온 거 알겠으면 눈을 깜빡하라'고 하셨는데 할아버지가 그 말에 눈을 깜빡해주셨다…… 눈을 깜빡이던 순간 할아버지 눈에서 흐른 눈물방울을 영원히 잊지 못할 거다. 이제 할아버지와 함께할 날이 얼마 남지 않음을 그 순간 직감했다. 할아버지 눈동자는 움직이지 않고, 내가 할아버지의 멈춰진 눈동자에 맞춰 몸을 잔뜩 세워 내 모습을 담아드려야 했다. 눈동자를 맞추는 일이 그렇게 소중하고 힘든 일임을 이제야 깨닫는다. 오늘이 아니면 듣지 못하실까 봐 사랑한다는 말도 해드렸다. 아직 남은 나날 동안 매일 사랑한다는 말을 해드릴 것이다.

언젠가 할아버지의 부재를 불안에 떨며 상상해보곤 했었다. 그날은 아주 멀 것이라고, 아직 그날이 오려면 한참은 멀었을 거라고 불안한 상상을 다독여왔었는데, 그날은 이렇게 어김없이 오고야 만다. 우리 할아버지가 최대한 아프지 않고, 두려움 없이, 우리 가족들의 사랑을 매일 가득 느끼시며 고통 없이 편안하게 마지막을 보내시기만을 바랄 뿐이다."

## 2018년 12월 18일의 기록

"오후 6시 할아버지 좋은 곳으로 가신 날"

나는 국어교사가 되고 싶어 참 오랜 기간 중등국어과임용시험을 준비했었다. 2018년 11월 임용 1차 시험을 치르고, 시험을 망친 거 같은 우울한 기분에 사로잡혀 있었다. 그러나 그보다 더 슬픈 일은 내가 시험공부를 한답시고, 설 연휴에도, 어버이날에도, 추석 연휴에도 외할아버지댁에 잘 가보지 못했다는 것이다. 나는 할아버지와 보낼 수 있는 소중한 시간들을 매번 놓쳐버렸다.

내가 시험을 치른 후인 11월에 이미 우리 할아버지는 너무 많이 아파서 종일 잠만 주무셨다. 나를 알아보지도 못하시고, 말씀도 잘 못하셨다. 그 모습을 지켜보며 나는 슬프기도 하였지만, 그보다 괴로움을 더 크게 느꼈다. '나는 무슨 대단한 것을 이룰 것이라고 할아버지와의 시간을 놓쳤을까?'라는 생각으로 자괴감에 사로잡히기까지 하였다. 그러나 이미 지나간 시간을 돌이킬 수는 없는 일이었다.

늦었지만 뒤늦게라도 나는 할아버지의 남은 시간 속에 내가 많이 남아 있기를 바랐다. 그래서 임용시험을 치른 후부터 많은 시간을 할아버지 곁에 있었다. 할아버지가 호스피스 병동으로 옮긴 이후부터는 아직 직업이 없던 내가 할머니와 함께 매일 할아버지 곁을 지켰다.

할아버지가 좋아하시던 트로트, 국악도 틀어드리고, 할아버지 팔다리도 주물러드렸다. 우리 할아버지는 팔다리 주물러드리는 걸 참 좋아하셨다. 내가 팔다리를 주무르면 시원하다 하시다가 이내 잠드셨다.

할아버지가 의식이 없으셔도 내가 옆에서 하는 말을 다 들으실 수 있다고 믿었다. 그래서 할아버지께 말도 많이 걸었다.

"할아버지 오늘은 날씨가 참 좋네요."

"할아버지 어릴 때 저 키워주셔서 감사해요."

"할아버지 소원처럼 '이 선생!' 되고 싶은데 왜 이렇게 힘들까요? 그래도 저 열심히 할 거예요."

"할아버지 사랑해요."

"할아버지 그간 고생 많으셨어요."

"할아버지 많이 안 아팠음 좋겠어요."

라는 말들을 옆에서 계속 해드렸다. 그렇게 할아버지 곁에서 할아버지가 내게 주신 사랑의 백만분의 일이라도 갚고 싶었기 때문이다.

그렇게 매일 할아버지의 곁에서 할아버지를 지켜보고, 말을 걸고, 함께 지내며 2주가량의 시간이 흘렀다.

12월 18일……. 그날은 할아버지의 심장박동 수가 점점 줄어가던 날이었다. 의사 선생님께서는 내게 할아버지께 마지막 인사를 준비하라고 하셨다. 나는 엄마, 삼촌, 숙모들께 모두 전화를 하였고, 오후 5시경에는 나와 할머니를 비롯한 모든 가족들이 할아버지 곁에 모였다. 가족들은 모여서 할아버지를 지켜보고 있었고 나는 할아버지 배를 손으로 쓰다듬었다. 마치 예전에 할아버지께서 어린 내 배 위에 손을 올려 자장가를 불러주시며 다독거려 주시던 것처럼, 음식을 잘못 먹어 소화가 되지 않는 내 배 위에 손을 올려 쓰다듬으며 '엄마 손은 약손' 노래를 불러주셨던 것처럼.

그러다 갑자기 할아버지가 숨을 쉬던 입을 꼭 다물어버리셨다. 그것이 마지막이었다.

엄마는 내가 할아버지께 참 큰 기쁨이었다고 했다. 내가 외갓집 첫 손주였기 때문에 할아버지 할머니는 나를 참 예뻐하셨다고 한다. 엄마에게 그렇게 전해서 듣지 않아도, 나도 다 알고 있었다. 맞벌이하는 부모님을 위해 우리 외할아버지, 외할머니는 우리가 사는 아파트 옆 동에 이사를 오셨다. 우리 가까이 사시며 할아버지와 할머니는 나와 내 동생, 그리고 사촌 동생들까지 모두 키워주셨다. 내가 9살이 되던 해까지 그렇게 할아버지 할머니 손에 자랐다. 할아버지 할머니 손에 자라며, 함께 보낸 시간들은 빛바랜 사진앨범에 남아 내 기억 한편에 따뜻하게 자리하고 있다. 할아버지와 할머니께서 내 유년 시절에 남겨주신 즐거운 추억들과 사랑, 정서적인 지지 덕분에 나는 힘든 일 앞에서도 꿋꿋하게 버티며 살아갈 수 있다.

할아버지를 떠나보내고 난 뒤 나는 1년을 더 임용시험에 매진했다. 할아버지께서

"주영이 국어 선생님 되면 이제 이 선생이라 부르고 동네에 현수막 걸어야 되겠다!"

라고 하셨던 말을 떠올리며 꼭 할아버지의 믿음에 보답하고 싶어서 더 열심히 준비했다.

시험은 내 뜻대로 되지는 않았다. 내가 떨어졌다는 사실보다는 할아버지와의 약속을 영영 지킬 수 없을까 봐 그게 더 두려웠다. 그렇지만 두려움에 떨며 시간을 죽일 수는 없는 노릇이었다. 나는 이 시험에 매몰되어 이미 할아버지와의 소중한 추억을 만들 시간을 놓쳤었기 때문에 같은 실수를 반복하고 싶지 않았다. 그래서 2020년 1월 진로를 틀어 공무원 시험을 준비했고 다행히도 그해 시험에 합격했다.

2020년 6월 13일 지방직 시험을 치르던 날은 할아버지 천도제를 지내는 날이었다. 시험을 치르고 할아버지 천도제에 참석하여 그리움의 말을 전하는 동시에 할아버지께 열심히 소원을 빌었다. 이 시험에 꼭 합격하게 도와달라고…….

나는 평소에 초월적인 것에 대해 크게 믿음을 가지는 편은 아니지만 공무원 시험 합격의 공은 꼭 할아버지께 돌리고 싶다. 할아버지가 천도제에서 내 간절한 바람을 들으시고는 이제 내가 그만 시험이라는 굴레에서 벗어나 나와 내 주위의 사람들을 돌보고 내 삶을 즐겁게 꾸리며 살아가라고 기회를 주신 것만 같다. 할아버지가 주신 이 기회를 놓치지 않고, 나는 이제 내게 주어진 자리에서 최선을 다하고, 항상 감사하는 마음으로 살아갈 것이다.

이 글을 쓰고 있는 오늘은 2021년 5월 8일 어버이날이다. 어버이날에 할아버지를 떠올리며 할아버지께 쓰는 짧은 편지를 마지막으로 글을 마무리하고자 한다.

### 2021년 5월 8일의 편지

할아버지! 큰외손녀 주영이에요. 할아버지가 돌아가신 지도 어느덧 3년이 다 되어가네요.

할아버지를 보내고 참 많이 울었어요. 시골에 가도 이제 할아버지가 없다는 사실이 허전해서 울고, 할머니가 안방에 놓아둔 잘생긴 우리 할아버지 사진을 보다가도 울고, 이제는 할아버지의 웃는 모습을 볼 수 없고, "주영아" 하고 불러주시는 음성을 들을 수도 없고, 두껍고 따뜻한 손의 온기를 더 이상 느낄 수도 없다는 사실이 마음 아파서도 울었어요. 그러다가 문득 '이제는 그만 울어야지'라고 생각한 순간이 왔어요. 할아버지가 제가 계속 후회하며 울고 있으면 속상해하실 것 같다는 생각이 들었거든요, 이렇게 울기보다는 씩씩하게 잘 지내고, 할아버지가 다 지켜보고 있다는 생각으로 '바르고 성실한 사람이 되려고 노력하면서 살자!'라고 다짐하게 되었어요.

할아버지, 작년에는요 제가 시험에 합격도 하고, 올해 3월에는 발령을 받아서 이제 직장인이 되었답니다. 그래서 할머니께 선물도 드렸어요. 할머니가 참 좋아하셨어요. 그 모습을 보니 제가 참 행복해요. 할아버지께도 그럴 수 있었으면 얼마나 좋았을까 하는 생각에 마음이 아프기도 했지만, 그런 생각은 떨쳐내고 할머니께 더 잘하고, 할아버지의 소중하고 예쁜 딸인 우리 엄마께도 앞으로 더 잘할 거예요. 할아버지! 할아버지가 저를 이렇게 잘 키워주신 만큼 더 나은 사람이 되려고 노력하며 살아갈게요. 할아버지! 보고 싶어요. 고마워요. 그리고 너무 많이 사랑합니다.

2021년 5월 8일
할아버지의 첫째 손녀 주영

# 당신과 걷는 꽃길

김 은 정
창원해운초등학교 교사

당신의 하루는 어떠한가요?

집에 혼자 남아서 가족들을 기다리는 당신 생각에 창밖을 바라보다가 화사한 봄 풍경을 한참이나 바라보고 있었답니다. 잠든 아기 볼처럼 부드러운 바람이 분홍빛으로 아름답게 물든 나무를 간지럽히면 까르르 웃는 아이처럼 예쁜 꽃잎들을 바람에 떨굽니다. 사랑을 해 본 사람이라면 누구나 아름다운 꽃에 얽힌 사랑 이야기 하나쯤은 있겠지요? 반짝이는 햇살에 만발한 벚꽃을 보며 지난 추억에 잠시 빠져듭니다. 아……. 그때 그 4월의 봄이 어찌나 아름다웠던지 해마다 벚꽃 피는 계절이 되면 아직도 아가씨의 마음이 되어 설렙니다.

누구나 결혼을 준비하며 어려움이 있겠지만 우리도 쉽지는 않았던 것 같습니다. 당신을 만나러 갔던 그날의 경화역을 기억합니다. 알라딘의 양탄자를 타고 날아본 자스민 공주의 마음이 그랬을까요? 처음 본 경화역의 풍경은 정말 아름답고 신비로웠습니다. 10년이 더 지난 일이지만 그날의 풍경이 잊히지 않네요. 헤어진 연인을 다시 만나러 가는 떨림과 벚꽃을 보며 행복해하는 사람들 그리고 우리를 둘러싼 따뜻하고 포근한 봄바람. 저는 그때 당신이 아무리 싫다고 하여도 결혼하리라 마음먹었습니다. 당신을 사랑하는 마음을 믿기도 하였고, 이렇게 아름다운 도시에서 사는 것이 나쁘지 않을 것 같다는 생각이 들었기 때문입니다. 제 결정이 틀리지 않았다는 것을 지금도 실감합니다.

당신께 고맙다는 말을 전하려고 쓰기 시작한 편지글이 어느새 우리의 추억을 풀어놓는 긴 글이 된 것 같아 쑥스러운 마음이 듭니다. 결혼 후에도 변함없이 성실하게 가족을 아끼는 모습을 보면서 책임감 있는 사랑이 무엇인지 배웠습니다. 당신께 사랑받으며 나 자신을 아끼고 위하는 방법도 알게 되었습니다. 당신은 단단하고 아름다운 사람입니다. 중심을 잡고 흔들리지 않는 삶의 태도로 가족을 따뜻하게 감싸주는 든든한 당신이 참으로 고맙습니다.

처음 당신을 서울에서 만났을 때 말없이 나를 바라보던 그 모습이 아직도 생각이 납니다. 서울에서 만나 연애하며 제가 당신께 "우리 결혼할 것 같아요!"라고 하였더니 깜짝 놀라며 뒤로 살짝 물러나던 수줍음 많고 점잖던 당신. 깨끗하고 맑은 초여름 날씨와 당신의 흰 티셔츠 그리고 그런 당신이 좋아서 마냥 재잘거리던 저. 저의 첫인상은 어땠나요? 제가 젊어서 참으로 이뻤지요? 지금도 이쁘다고 말해주는 당신이기에 편지에 농담을 쓰면서도 슬며시 웃음이 납니다. 그때 그 서울 청계천의 찻집은 그대로 있는지 궁금합니다.

학교를 옮겨서 대전에서 왔다고 소개를 하면 어떻게 대전 사람이 마산으로 오게 되었는지 동료 선생님들이 물어봅니다. 그러면 남편을 사랑해서 따라왔노라고 말해요. 당신을 처음 서울에서 만났고 서울 사람인 줄 알고 연애하였지만, 마산 계신 부모님과 함께 살아야 해서 이제 그만 헤어지자 하길래 제가 쫄래쫄래 따라왔다고. 당신은 이 말에 쑥스럽고 미안해한다는 것을 알고 있습니다. 지금도 대전 친정 부모님을 자주 못 뵈는 것을 안타까워하잖아요. 고향을 떠나 멀리 시집와서 산다는 게 쉽지만은 않죠. 하지만 언제나 제게 친정 부모님 몫까지 사랑해 주려고 노력했다는 것을 알고 있습니다. 첫째를 낳았을 때는 시아버님께서도 편찮으셨기 때문에 당신이 아주 힘드셨을 텐데 한 번도 힘든 내색이 없이 출근하시고, 주말에는 병원에 다녀오시고 그 모든 것을 혼자 감당하셨잖아요.

어느 날 당신께 언제 가장 행복했는지 물었던 적이 있습니다. 분명 기억이 나지 않는다고 하시겠지만, 그때 당신이 우리가 첫째 아이 낳고 부모님과 함께 살 때라고 말씀하셨습니다. 맞아요. 저도 우리 아들 낳고 시부모님과 함께 살 때가 가장 행복했습니다. 그때는 모든 것이 신기하고 어설프고 어려웠어요. 곁에 부모님이 계신다는 것이 그렇게 큰 힘이 되는지 몰랐습니다. 초보 엄마에게 든든한 지원군이 되어주신 시부모님. 편찮으신 아버님께서 손주를 정말 좋아해 주셔서 자식으로서 도리를 조금이나마 한 것 같아 뿌듯한 마음이 들기도 하였습니다.

서투른 엄마지만 아이가 울고 웃으며, 걷고 넘어지는 그 모든 것이 신기했고 가족의 행복이라는 것을 알게 되었습니다.

저는 사랑을 받고 자라기는 하였으나 항상 외로웠습니다. 사업에만 몰두하시는 아버지, 아버지에게만 향해 계시던 어머니. 어릴 적 제 기억 속에는 부모님 대신에 할머니와 놀던 기억이 많습니다. 힘든 일이 있을 때마다 할머니 품에 안겨 울던 기억이 납니다. 엄마의 다정한 손길을 바라면서도 할머니를 놓칠까 봐 더 움켜쥐던 마음. 할머니께서 돌아가신 이후로는 힘든 내색을 하기 어려웠습니다. 사업과 생계로 바쁜 부모님을 걱정시키지 않도록 스스로 챙겨야 했습니다. 공부를 좋아하는 학생이었지만 더욱 잘해야 했고, 순하고 착한 딸로서 혼자서 해야 할 것이 많았습니다. 도움을 받고 싶었지만 내세울 핑계가 없었습니다. 그러는 사이 점점 작아지고 뾰족해지는 저를 느낄 수 있었습니다. 공부만 잘했지, 헛똑똑이라서 스스로 위로의 말을 해 주지 못했습니다.

그런 제가 마산에 시집을 와서 당신의 사랑을 온전히 느끼고 부모란 무엇인지 배우며 어른으로 성장할 수 있었습니다. 그러니 미안해하지 않으셨으면 합니다. 오히려 제가 당신께 미안합니다. 부족하고 철없는 사람이 엄마가 되어 남편에게 너무 많이 의지하고 힘들게 한 것은 아닌지 모르겠습니다. 돌이켜보면 시집을 와서 이것저것 실수를 참 많이 했습니다. 시어머니께서 정성껏 담아주신 매실청도 깨트리고, 요리도 못해서 반찬도 엉망이고, 아이를 돌보는 것까지 모든 것이 서툴렀습니다.

그때마다 괜찮다며 토닥여주셨습니다. 다정하게 손잡고 괜찮다고 말씀해 주셨습니다. 저는 그 짧은 말 한마디에 참 많이 위로받았습니다.

"실수해도 괜찮아요!"

웃으며 너그럽게 이해해주시는 모습을 통해 사랑과 배려를 느꼈습니다. 작은 실수에도 노심초사하며 뭐든지 완벽하게 해내기 위해 스스로 다그치던 저를 돌아보게 되었습니다. 다른 사람과 달라도 괜찮고, 조금 느려도 괜찮다는 말은 삶의 여유를 찾아주었습니다. 결혼 후 제 안에 고슴도치처럼 곤두서있던 무언가가 누그러지는 느낌이 들었다고 할까요? 꽉 움켜쥐고 있던 불안이 녹기 시작했습니다.

당신도 기억하시지요? 제가 마산에 발령을 받아서 첫 출근을 하니 주변 선생님들께서 다들 걱정스러운 눈길로 보셨던 일 말입니다. 그 전 1학년 때 일 년 내내 울어서 학교를 떠들썩하게 만들었던 학생이 우리 반이라니! 다른 지역으로 옮겨서 적응하는 것도 문제인데, 온종일 운다는 학생을 맡게 되어 정말 고민이 많았습니다. 학습 도움반 선생님께서도 개학 전 여러 번 제게 찾아오셔서 작년에 있던 일이며, 앞으로의 학습 지도에 대해 다양한 이야기를 나누었습니다. 그런데 신기하게 이야기를 들으면 들을수록 괜찮을 것 같다는 생각이 들었습니다. 결혼하기 전이라면 마냥 두렵고 싫었겠지만, 두 아이의 엄마이고 결혼 후에 배우고 달라진 것이 많았기 때문에 차츰 걱정되지 않았습니다.

3월 개학 날 어김없이 교실에 들어오지 않고 복도에서 우는 학생에게

"괜찮아! 울어도 괜찮단다. 울고 나서 선생님께 하고 싶은 말이 생각나면 천천히 말해줄래? 선생님은 언제든지 너의 이야기를 들어 줄 준비가 되어 있단다."

차분하고 따뜻하게, 우는 게 아무렇지 않다는 몸짓과 분위기로 말해주었습니다. 3월에 등교하며 울던 아이가 4월을 지나 점점 울지 않았고, 그 뒤로 그해를 무탈하게 보냈습니다. 학급에 적응하고 친구들과도 잘 어울리며 씩씩하게 학교 다니는 모습을 보며 뿌듯했던 기억이 납니다. '괜찮다'라는 말의 힘을 알기에 제가 당신과 결혼하고 배운 대로 실천하였습니다. 이제는 우리 아이들에게도, 학생들에게도 '괜찮다'라는 말을 많이 해주려고 노력합니다. 그 친구를 가르치면서 교사로서도 많이 성장하였습니다. 교사의 여유로운 몸짓과 포용적인 자세가 학생을 긍정적으로 변화시킬 수 있다는 것을 알게 되었습니다. 작지만 큰 힘을 가진 이 단어를 가르쳐 준 당신께 고마운 마음을 전하고 싶습니다.

당신이 가진 여유로움과 다정함은 어디에서 온 걸까요? 늘 큰 품으로 가족을 안아주는 시부모님 얼굴을 떠올려 봅니다. 그러한 마음은 바로 부모님을 닮은 것이겠지요? 어느 날 시아버님 제사 준비를 하며 어머니께

"아버님 돌아가신 지 열흘도 되지 않아 둘째를 낳아서 아버님 가시는 길에 충분히 애도해드리지 못하여 죄송해요."

라고 말씀드렸을 때 어머니께서는 오히려 아이를 낳은 너를 더 챙겨주지 못해서 미안하다고 하시며 예쁜 손주 낳아줘서 고맙다고 하셨습니다. 반려자를 떠나보낸 슬픔이 크지만 내색하지 않으시려는 모습에 안타까웠습니다. 더욱 잘해드려야 했는데 그렇지 못한 듯하여 죄송한 마음뿐입니다. 아들, 딸 잘 키우며 남편과 서로 위하며 행복하게 사는 게 효도라고 하시는 우리 어머니. 그 말씀 잊지 않고 서로 위하며 잘 살겠다고 다짐합니다.

큰 사랑을 다시금 느낀 게 당신이 아프셨을 때였던 것 같습니다. 작년 7월 당신이 병원에 입원하셨을 때 세상이 무너지는 경험을 하였습니다. 화농성 척추염으로 잘 걷지도 못하고 누워서 밥을 드시던 모습을 떠올리니 글을 적으면서도 눈물이 납니다. 지금은 퇴근하고 집에서 만날 수 있다는 것만으로도 행복합니다. 그때 병원에 계실 때에는 퇴원할 수 있을까 걱정을 했고, 직장이나 돈도 다 필요 없이 당신 몸만 나을 수 있다면 다른 소원은 없다고 생각하였습니다. 그러면서도 직장을 다니며 아이들을 챙기고, 당신 입원한 병원에 다녀오는 것이 힘이 들었습니다. 사랑하는 남편이 아픈데 내가 할 수 있는 일은 단지 병문안 가는 일뿐이었지만, 직장 생활하랴 아이들 돌보랴 만약 시어머니께서 도와주지 않으셨다면 혼자서는 잘 이겨내지 못했을 것 같습니다.

아들이 아파서 병원에 입원해 있는 모습을 지켜보시며 얼마나 속상하셨을까요? 저도 자식을 키우기에 어머니 마음을 짐작하여 보면 그 속상함을 말로 다 할 수 없을 듯합니다. 그때도 저를 다독이시며 며느리가 고생이 많다고 위로해 주신 우리 어머니. 아픈 아들보다 힘든 며느리를 챙겨주시던 따뜻한 모습이 지금도 저를 힘내게 합니다. 의료 사고를 당해 아픈 당신은 병원에 있는 동안 억울함에 매우 속상했다는 것을 압니다. 저라면 화가 많이 나고 그런 짜증을 가족에게 풀었을 텐데, 제가 병실에 찾아가면 아픈 본인보다 항상 저를 위로해 주었습니다. 혼자 집안일하고 직장 다니는 것이 힘들겠다며 미안해하였습니다. 온화한 미소, 단단한 중심을 가진 따뜻함으로 저를 사랑해 주는 우리 남편.

'사랑'보다 귀한 것이 있을까요? 가족에게 안겨 받는 위로는 살아가는 큰 힘이 됩니다. 힘든 날도 있었지만 당신 퇴원하시고 온 가족이 집에서 맛있는 저녁을 함께 먹는 평범한 하루가 참으로 감사한 요즘입니다. 당신이 집에 계시는 요즘, 함께라는 이유로 매일 행복합니다. 병원에 입원한 아빠 대신 든든하게 가족을 지켜준 아들, 하루를 사랑으로 꽉 채워 준 딸을 생각하며 오늘도 힘을 내어봅니다. 당신을 만나서 진정한 사랑을 배웠고, 나 자신을 아끼는 법도 배웠습니다. 그런 사랑을 우리 아이들에게 잘 나누어주려고 합니다. 우리 아이들은 외롭지 않게 사소한 일상도 나누며, 작은 것에도 함께 즐거워하며 좋은 추억을 만들면서 행복하게 살았으면 좋겠습니다. 교실에서 만난 아이들에게도 여유로움으로 다가가 사랑으로 가르치려고 노력하겠습니다.

여보!

한 집안의 아들이자 두 아이의 아버지로 그리고 한 여인의 남편으로 그동안 고생하셨어요. 가족들이 모두 학교에 가고 홀로 집에 계시니 외로우실까 걱정되지만, 몸을 다시 건강하게 하는 중요한 시기이니 편한 휴식 시간이 되길 바랍니다. 저는 당신 덕분에 행복합니다. 나중까지 아주 나중까지 우리 머리카락이 하얗게 변하고 얼굴에 주름 가득해지는 그날까지 변함없이 당신을 사랑하겠습니다. 창밖으로 보이는 벚꽃이 몇 해를 돌고 돌아 다시 피고 지는 그날까지 당신과 손잡고 벚꽃 떨어지는 아름다운 길을 함께 걸어가겠습니다.

사랑합니다! 우리 오늘 저녁에 가까운 공원에 꽃 구경 가요! 그럼, 이만 줄입니다.

2021년 4월 13일

당신의 은정

# 너무나 소중한 선물

서 미 주
사천동성초등학교 특수교육실무원

동짓달 기나긴 밤 한허리를 베어 내어 봄바람 일렁이는 이불 아래 서려 넣고 싶었던 봄이 잊지 않고 슬그머니 되돌아왔구나. 옛 시절 아름다운 여성 시인이 꿈꾸었던 것처럼 나도 똑같은 심정이 되어 그때의 시간을 펼쳐 늘일 수 있기를 간절히 소망해 보던 그 봄이 말이야. 만약, 꿸 수 있는 것이라면 밤을 새워서라도 꿸 수 있고, 이을 수 있는 것이라면 밥을 굶고서라도 이을 수 있을 텐데……. 산을 들어 올릴 수 있을 정도의 힘을 가졌다던 초패왕 항우라 할지라도 도무지 시간에게는 대적할 수가 없는 노릇이겠지. 때문에 무정한 시간의 등에 올라타 있는 망각이란 동반자가 나를 무진장 슬프게도 만들지만, 역설적이게도 그것이 살아가게 만드는 힘이 되기도 하지. 그럴 땐 마냥 너를 잊고 지내서 미안하다고, 아니, 가슴 밑바닥 저 아래에서는 차라리 잊고 지낼 수 있어서 다행이라고 되뇌어 본다.

그래, 그날도 그랬었지. 벚나무 꽃이 이울던 그날 밤, 국립암센터가 있는 일산 마두동 정발산 올라가는 산자락엔 가로등

이 보름달처럼 둥그런 얼굴을 한 채 우련한 불빛을 내뿜고 고개 들어 올려다보면 눈처럼 꽃비가 흩날렸지.

그날 내가 무엇을 꿈꾸었을까? '이렇게 아름다운 봄을 너와 다시 맞이할 수 있는 시간이 이제 몇 번이나 더 남을 수 있을까?', 부질없이 손가락으로 헤아려 보며 하나, 둘, 하나, 둘……, 머뭇거리며 더 큰 숫자로 나아가지 못했던 그 밤의 시린 기억을 넌 알 수 있을까?

암센터 병동 울타리 옆 가로등 불빛 아래 의자에 앉아, '너에게 얼마 남지 않은 시간과 내게 남은 시간 한허리를 베어 내어 붙인다면 우리에게 허용된 시간이 비슷해지지 않을까?'라는 부질없는 희망을 꿰고 앉았었지. 거스르고픈 시간을 좇아 생각에 생각이 꼬리를 물며 자꾸만 도돌이표를 찍을 뿐! 지나고 나서 보면 모든 게 덧없기만 한데도…….

살포시 눈을 감고 지난날을 돌이켜 보면 몇 밀리 되지 않는 거리의 내 눈꺼풀 안쪽에선, 아직 어린 네가 작은 몸을 옭아매는 육체의 고통이 조금만 느슨해져도 봄볕처럼 헤살거리는 웃음을 띠며 깡총 걸음으로 병원 복도를 헤집고 다니고 있단다. 장난기가 발동하면 까르르 까르르 웃기도 잘하고, "엄마! 엄마!"라고 부르던 티 없이 맑은 목소리까지 강물에 던진 돌멩이가 일으키는 파문처럼 내 마음에 울림이 되어 자꾸만 퍼져 오고……. 종종거리며 걸음을 옮길 때마다 신발에서 삐약거리며 울리던 소리가, 스멀거리며 올라오는 봄 아지랑이처럼 아련한 환청으로 들려오는데, 지금인 듯 네가 그 병동을 걷고 있는 것만 같구나. 추억은 아직까지도 이렇게 가까운 거리에서 선명하게 남아 있으니…….

사람에게 처음이란 어떤 의미일까? 첫사랑, 첫눈, 첫 등교, 첫아이……. 이렇듯 처음이라는 것은 사람의 마음을 마냥 들뜨고 설레게 하는 마력이 있어서, 무엇이든 처음에 겪은 것은 오래도록 뇌리에 남고 가슴에도 뚜렷한 흔적이 새겨진단다. 지금 엄마가 너에게 하고 싶은 말이 무엇이라서 이렇게 서두가 길어질까? 넌 이미 눈치를 채었겠지.

사실, 엄마는 네가 첫째라서 너무 욕심을 부렸어. "넌 왜 다른 아이들처럼 얌전하지 못하냐구?" 많이 화내고, "이 정도 반복했으면 잘 해야지." 성급히 채근하고, "이만큼 가르쳤는데 왜 빨리 배우지 못하냐고?" 조바심으로 다그쳤던 오래전의 시간들……. 후회하고서도 이내, 건강이 조금만 나아진다 싶으면 또다시 되풀이했던 나의 부끄러운 욕심에 대해 진정으로 미안해.

네가 떠나던 마지막 날 "엄마! 미안해." 했던 그 말이……. 엄마한테 차마 견디기 힘든 아픔을 주고 가는 것에 대해 어린 너에게조차 미안한 마음을 안고 가게 만들어 가슴이 저리도록 죄스러워. 그때로 돌아갈 수 있다면, 정말 그런 시간이 주어진다면, 이제 다시 그런 실수 따위는 하지 않으리라 다짐한단다.

그래. 시간이 가르쳐 주고 시간이 대답해 줄 것을 어리석은 엄마는 그때 깨닫지 못했단다. 학창 시절 선생님과 부모님께서 그렇게도 바른길, 옳은 길, 곧은길을 알려주었건만, 난 굽은 길, 내가 가고 싶은 길, 내 눈에 보이는 길만 좇아 달려왔던 셈이지. 부끄럽게도 이제야 '내가 살아 보니 그렇더라.' 싶은 마음이 들고, '믿고 기다릴 줄 아는 넉넉한 마음'도 내 나이 오십이 넘어서야 비로소 갖게 되는구나. 어쩌면 난 잘못을 하고도 내가 뭘 잘못했는지 모르고 살았어. 그냥 그게 널 위한 길이고, 최선이고, 꼭 그래야만 잘 이끄는 것인 줄 알아서 그랬어. 그래서 미안해. 정말 미안해. 엄마가 처음이라서 그랬어. 네가 첫아이다 보니 욕심만 있고 혜안은 없었던 거지.

문득, 사면초가에 빠져 실패의 쓴잔을 마시고 회한의 눈물을 흘렸던 항우도, 시간을 거꾸로 돌려 역발산기개세(力拔山氣蓋世)하며 호탕하게 웃던 그날로 다시 돌아갈 수 있다고 가정하더라도, 그 사나이에겐 '실패만큼 더한 가르침은 없었겠구나.' 싶은 생각이 드는구나. 엄마도 인간으로 가지는 겸손함을 얻을 수 있었던 것은 너로 인해서였으니까. 지금까지 그다지 가치 있게 살아온 것도 아니고 그냥 평범한 삶을 꾸려 오면서, 그래도 그 누군가에게 아픔을 주면서 그런 줄도 모르고 살았던 것 같고, 공감하기도 서툴렀던 것 같은데, 내가 너를 만나고 또 너를 먼저 보내면서, 참으로 아픔이 무언지를 알게 되었고 부족하나마 삶을 대하는 너그러운 마음도 갖게 되었단다. 모든 것을 잃고 나서 비로소 얻는 것이 있는 것처럼……. 아이를 기르는 데 미숙하여 그때는 그것이 최선인 줄 알았었는데, 지나고 나서 보면 후회되고 미안한 것투성이야.

늘 그렇듯이 시간을 되돌리면 항상 만감이 교차한단다. 그래도 그렇게 허무하게 보내지는 않았을 거라고……. 좀 더 따사롭고, 기억하고 싶은 그런 모습으로 너를 간직하고 싶은데, 엄마의 욕심으로 주삿바늘과 힘들고 고통스러운 기억만 안겨서 심장이 저며질 만큼 미안하다. 제발 겁쟁이 엄마를 용서해 주렴. 네가 아픈 것이 무서워서, 네가 아픈 것이 싫어서 그냥 마지막 순간까지 병실 침대맡이었는데……. 어쩌면, 끝까지 생명 유지에 매달리는 것이 너를 위한다기보다 내 영혼에 위로가 되었기 때문이란 생각마저 들어. 무척이나 소중하고 아까운 시간을, 따뜻한 엄마의 품이 아니라 차가운 의료 기구에 둘러싸여 보내도록 한 게 너무 안타까워. 난 마지막이 언제일지도 몰랐고, 아무 준비도 안 되어 있었고, 차마 준비하는 자체를 용납하지 못하는 마음이 더 컸으니까…….

차라리 좀 더 차분하고 냉정하게 현실을 직시하며 다정한 말과 몸짓으로 너에게 "엄마는 항상 네 곁에 있어. 네가 나한테 와 주어 고마워. 너를 사랑해."라는 말을 했어야 했는데……. 그런 시간 중에서라도 추억을 좀 더 쌓고, 더 좋은 말과, 따뜻한 말로 너를 보내 주었어야 했는데, 그러지 못해서 차마 꺼내기 싫은 내 아픈 기억의 조각들을 다시 꺼내어 보는 것이란다.

병원에서 반복되는 수술과 치료를 위해 무서운 기계 속에 혼자 두어야 했을 때, 너는 너무 어렸고 스스로의 삶을 선택할 수 없었는데, 내가 '조금만 더! 조금만 더!'라며 물리적인 시간만 욕심내었던 것이지. 어쩌면 어리디 어린 너를 너무 긴 시간 동안 괴롭혔다는 생각이 든다. '그냥 시간을 좀 더 버는 것보다 적은 시간이라도 어떻게 보내느냐가 더 의미 있는 삶이지 않았을까'라는 생각까지 해 보는 거지. 가 보지 않은 길은 늘 미련이 남으니까. 또 다른 길을 선택했더라면 조금 덜 아쉬웠을 다른 무언가가 기다리고 있었을 것만 같으니까.

그래. 내가 살면서 어떠한 삶의 선택적 기로에 섰을 때, 그 길을 걸어간 후 고통스럽고 후회스러운 막다른 길에 다다라 되돌아보면, 가 보지 않은 길은 늘 새롭고, 아름답고, 희망적일 것이라 믿을 테지. 그러나 내게 주어지지 않은 길을 다시 선택할 수 있다고 한다면, 그 선택의 길이 너를 만나지 않았던 삶으로 되돌아갈 수 있어서 설령 너를 잃는 지극한 아픔과 맞바꿀 수 있다 하더라도, 결코 그런 삶을 원하지 않을 것 같다. 또다시 아파야만 한다면 그것마저도 소중한 시간으로 간직할 수 있어. 그러니까 눈앞을 스쳐 지나가는 찰나의 순간만이라도 제발 다시 만날 시간이 허락된다면 "엄마는 널 만난 것을 너무나 소중한 선물이라 여기며 두고두고 간직할 거야. 진실로 내 딸로 와 주어 고마워. 너를 사랑한다."라는 말을 꼭 전하고 싶어.

기억나니?

예전, 암센터 주변 정발산 올라가는 길가에 핀 개나리꽃 사이로 특수학교 보이던 것. 그때 엄마가 그 학교 학생들을 보며 '과연 누구의 부모가 더 아플까?' 생각했던 어리석은 마음을. 아마도 그때는 스스로에게 해 주는 위로랍시고 가졌던 마음이겠지만 이제는 그렇지 않아. 모든 존재하는 자체가 따뜻한 위로이고 행복이라는 생각이지.

어때? 엄마 생각이 많이 자란 것 같지 않니?

다시 만나는 날, '엄마라서 참 다행!'이라고 네가 자랑스럽게 생각할 수 있는 그런 부모가 되기 위해 엄마도 노력한단다. 기실, 내가 살아갈 길을 택해 의식적 망각을 선택했을지라도 무의식적 내 삶의 지향점은 항상 너였다는 것을 잘 알아 두렴.

매양, 주변이 밝아 무심코 올려다보게 되는 보름달이 뜰 때마다, 혹은 소리 없이 벚꽃 꽃잎이 날릴 때나, 손가락마다 노란 빛이 물들 것처럼 개나리꽃이 만발할 때마다, 네가 그리워 가슴앓이를 하겠지. 녹음이 더 짙을 땐 그 이유로, 단풍이 고울 땐 또 너무 고와서, 눈이 오면 지르밟을 눈 때문이라고, 인연을 붙잡을 이유는 널리고 널렸을지라도 떠나지 않을 수 없었던 것처럼, 삶이란 대를 이어 무심히 흘러가는 것이란 걸 이미 알아버렸는데도…….

오늘 밤 엄마는 네가 꼬맹이 때 같이 침대에 누워 읽었던 떼쟁이 공주님이 생각나는구나. 하늘의 달을 따 달라며 불가능한 일을 가능한 일로 생각하고 생떼를 부렸던 공주님이. 눈을 감고 조용히 침잠해 들어가면 어쩌면 엄마의 모습과도 같은. 그러다 문득 '이미 달을 따서 목걸이를 만들어 주었는데 다시 떠 있는 저 하늘의 달을 뭐라고 설명할까?' 고민하며 난감한 표정을 지었을 때, 공주님이 깔깔 웃으며 "이가 빠지면 새 이가 나는 거야."라고 명쾌한 답을 내렸던 것처럼.

그래. 너와 나 사이의 물리적 거리는 우주만큼 멀어서 시간이 좀 더 걸릴 뿐! 떼쟁이 공주님처럼 확실한 답을 가진다면, 그리하여 내가 그 별 하나를 간직하고 산다면, 그것이 바로 끊임없이 너에게 다가가는 날들이라 생각해. 가끔은 우주라는 광막한 공간과, 무한한 시간이라는 영속성 사이에서 길을 잃고 헤맬 수도 있겠지. 하지만 엄마는 좀 더 멀리 보고, 좀 더 오래 보고, 좀 더 기다릴 줄 아는 사람이 되기 위해 노력할 거야.

곰곰이 생각해 보면, 엄마에게 삶이란 도대체 무엇이라 해야 할까? 보이저1호 우주 탐사선에서 한순간 우리가 살고 있는 지구를 되돌아보았을 때, 태양 빛을 받아야만 비로소 빛나는 지구는 창백한 푸른빛을 띤 아주 조그만 점처럼 보였단다. 우주라는 망망대해 속에서는, 우리가 사는 행성은 어쩌면 떠도는 먼지 알갱이보다 작은 곳일지도 모르는데, 더 많은 것을 가지려고 아웅다웅 다투고, 서로를 무시하고, 상심하는 일들이 얼마나 많은지……. 우리 삶의 부대낌 속에서 엄마는 한낱 상처받기 쉬운 영혼을 가진 존재일 뿐일지라도, 그런 삶을 지양하고 좀 더 나은 삶을 꿈꾸며 오늘도 열심히 나아가고 있다는 것을 기억해 주려무나.

엄마가 마지막 잠이 드는 그 순간까지 너의 귀에 대고 속삭일게. "엄마는 널 만난 것을 잊지 못할 선물로 여기며 소중히 간직할 거야. 진실로 내 딸로 와 주어서 고마워. 너를 사랑해, 영원히……."

2021년 5월 9일 밤<br>너를 너무나 그리워하는 엄마가

# 아이를 만나고, 책을 만나고, 나를 키우다

김 미 경
사천동성초등학교 교사

사랑하는 나의 아이들 지호, 선호야.

엄마는 너희들을 만나고 책을 읽게 되면서 인생에서 소중한 것들을 많이 깨닫게 되었어. 엄마는 지호와 선호를 키우면서 많이 힘들어서 위로를 받고 싶었고, 힘든 상황 속에서도 너희들을 잘 키울 수 있는 지혜를 얻기를 간절하게 원했어. 엄마의 이런 간절한 마음이 책과 만나 엄마를 많이 성장하게 해 주었지. 너희들이 밤에 새근새근 잠들고 나면 엄마는 연필과 공책을 꺼내 들었어. 그리고 책에서 발견한 좋은 글들을 적기 시작했어. 책을 단순히 읽기만 하면 책 속의 보물 같은 글들이 스르르 날아가 버려. 엄마는 책 속의 보물 같은 조언들을 엄마의 머릿속에, 마음속에 꼭꼭 새겨두고 싶었어. 그래서 낮에는 밑줄 그으며 책을 읽고, 밤에는 밑줄 그은 글들을 공책에 옮겨 적었어. 깊은 밤 고요한 어둠 속에서, 엄마는 광산에서 보석을 캐듯 책 속의 소중한 보물을 캐서 엄마의 머리와 마음에 차곡차곡 담았어. 이렇게 담은 보물들이 엄마의 인생을 빛나게 해 주었단다. 엄마가 빛나는 삶을 살 수 있게 도와줘서 고마워.

지호와 선호가 태어났을 때 엄마는 모든 게 처음이어서 너무 서툴렀어. 너희를 먹이는 것도, 재우는 것도 마음대로 되지 않아서 많이 울기도 했어. 온종일 너희들 밥을 준비하고, 먹이고, 놀아주다가 너희가 낮잠을 잘 때도 엄마는 쉬지 못하고 빨래하고, 청소하고, 집안일을 해야 했어. 모든 일을 끝내고 잠깐이라도 쉬려고 할 때면 너희들은 실컷 자고 일어나 초롱초롱한 눈빛으로 엄마를 바라보았지. 어제도, 오늘도, 내일도 엄마의 시간은 하나도 존재하지 않고 오로지 지호와 선호에게만 맞춰서 보내야 하는 무한 반복의 시간들이 엄마를 많이 힘들게 했어.

그런데 말이야. '비가 온 뒤에 땅이 굳어진다.'라는 말처럼 엄마는 고난의 시간을 보내고 나서 이전과는 다른 사람이 되었어. 힘든 상황 속에서도 엄마는 너희들을 잘 키워보고 싶었어. 지성과 인성을 갖추고 세상을 즐겁고 자유롭게 살아가는 아이들로 키우고 싶었어. 그래서 엄마는 육아 서적을 읽기 시작했단다. 육아 서적은 너희들을 돌보면서 힘들었던 엄마의 마음을 보드라운 손길로 살살 쓰다듬어 주고, 엄마가 알고 싶었던 아이를 잘 키우는 법에 대해서도 많은 깨달음을 주었어. 책과는 담을 쌓고 살던 엄마는 지호와 선호를 키우면서 책이 주는 위로의 따뜻함과 지혜의 달콤함을 알아가게 되었지.

다양한 책을 읽으면서 엄마가 깨닫게 된 제일 소중한 것은 바로 '인생을 행복하게 사는 법'이야. 많은 사람들이 자기가 갖고 있는 것의 소중함은 깨닫지 못하고, 늘 남이 갖고 있는 것만

탐을 내면서 인생을 불행하게 살아간단다. 하지만 행복은 '소유'에서 오는 것이 아니라 '만족'에서 오는 거야. 내가 아무리 많은 것을 소유하고 있어도 그것에 만족하지 못하면 불행하고, 내가 아무리 적은 것을 소유하고 있어도 그것에 만족하면 행복하게 살 수 있다는 것을 엄마는 책을 통해 알게 되었어. 그리고 엄마가 지금 누리고 있는 것들에 만족하고 감사하는 삶을 살게 되었지.

엄마는 너희들이 엄마가 정성스럽게 준비한 밥을 맛있게 먹는 모습에 감사하고, 자연 속에서 즐겁게 뛰어노는 모습에 감사하고, 엄마가 읽어주는 책을 귀 기울여 들어주는 모습에 감사해. 감사의 눈으로 세상을 바라보니 온 세상이 밝고 따뜻하게 보여.

엄마가 좋아하게 된 시에 이런 구절이 있어.

### 꽃자리

구상

(중략)

앉은 자리가 꽃자리니라.
네가 시방 가시방석처럼 여기는
너의 앉은 그 자리가 바로 꽃자리니라.

엄마는 앞으로 살아가면서 힘든 일이 생길 때마다 이 시를 떠올려 보려고 해. 힘든 일은 누구에게나 일어날 수 있지만 그 일에 대한 태도를 선택하는 것은 그 사람의 몫이야. 엄마는 더 이상 스스로가 지은 감옥 속에, 스스로가 만든 쇠사슬에, 스스로가 엮은 동아줄에 매여 있지 않고 감사하는 마음으로 밝은 세상을 바라보려고 해.

그리고 책을 통해 엄마가 알게 된 또 다른 소중한 것은 바로 '아이를 잘 키우는 법'이야. 엄마는 너희들을 정말 잘 키워보고 싶었어. 그래서 여러 종류의 육아 서적을 읽고 아이를 잘 키울 수 있는 지혜를 얻고자 했지. 그런데 육아 서적에서 아이를 잘 키울 수 있는 비결이 뭐라고 했는지 아니?

엄마가 읽은 모든 육아 서적에서 공통으로 말하는 자녀교육의 핵심은 바로 '부모가 변해야 자녀가 변한다.'였어. 세상에 이렇게 쉽고도 어려운 방법이 있었다니!

엄마는 너희들을 잘 키우기 위해 여러 책을 찾아 헤매었는데, 해답은 바로 엄마에게 있었어. 너희들이 살기를 원하는 모습대로 엄마의 삶을 살아가면 되는 것이었어. 그래서 엄마는 결심했어. 너희들을 공부 열심히 하는 아이로 만들고 싶다면, 엄마가 먼저 공부 열심히 하는 사람이 되어야겠다고 결심했어. 너희들을 책을 가까이하는 아이로 변화시키고 싶다면, 엄마가 먼저 책을 많이 읽는 사람이 되어야겠다고 결심했어. 너희들이 친구들과 사이좋게 지내기를 바란다면, 엄마가 먼저 주변 사람들과 잘 지내는 모습을 보여주어야 되겠다고 결심했어. 너희들을 엄마가 바라는 대로 변화시키려고 하기 전에, 엄마 스스로 어떤 인생을 살아가고 있는지 생각해 보아야겠다고 결심했어.

'부모 된 사람의 가장 큰 어리석음은 자식을 자랑거리로 만들고자 함이다. 부모 된 사람의 가장 큰 지혜는 자신의 삶이 자식들의 자랑거리가 되게 하는 것이다.'

엄마는 이 말을 가슴에 새기며 하루하루 엄마의 삶을 열심히 살아 보려고 해. 그리고 책 속에는 너희들을 잘 키우기 위한 또 다른 소중한 보물 세 가지가 담겨 있었어. 그것은 바로 '집밥, 자연, 책'이야. 엄마가 읽은 다양한 책들 속에서 아이를 잘 키운 사람들은 이 세 가지를 정말 소중하게 생각하고 있었어.

자연에서 얻을 수 있는 신선한 재료를 이용해 엄마가 정성스럽게 준비한 '집밥'은 우리 가족의 몸과 마음을 건강하게 해준단다. 자연에서 온 음식은 우리 몸의 면역력을 키워 주어서 잘 아프지 않게 해 주고, 행복 호르몬을 많이 만들게 해 주어서 우리의 기분이 좋아지게 해 준대. 엄마가 텃밭 매장에서 사 온 애호박, 당근, 감자, 양파를 듬뿍 넣고 만든 볶음밥을 너희들이 맛있게 먹어줄 때 엄마는 정말 기분이 좋아져. 우리의 몸과 마음은 우리가 먹은 음식으로 만들어진다고 하니까 엄마가 해 준 좋은 음식 많이 먹고 앞으로도 건강하고 즐겁게 지내자.

그리고 지호와 선호를 낳고 키우면서 엄마는 '자연'에서 정말 다채로운 경험을 했어. 여러 육아 서적을 읽으면서 아이에게 자연에서 뛰어노는 경험이 얼마나 중요한지 알게 되었거든. 자연을 온몸으로 느껴보는 활동이 아이의 정서발달을 돕고, 즐거운 마음으로 공부할 수 있는 '준비된 두뇌'를 만들어 준다는 것을 책을 통해 알게 되었어. 그래서 엄마는 너희들을 데리고 사계절 내내 들로, 산으로, 강으로 열심히 다녔어.

봄에는 진달래꽃 따서 화전 만들어 먹고, 딸기 따서 달콤한 딸기잼도 만들어 보고, 여름에는 갯가재랑 꽃게 잡아서 고소한 튀김도 해 먹고, 바닷가에서 잡은 물고기로 얼큰한 매운탕도 끓여 먹고, 하루 종일 모래성 쌓고 물장구치며 놀고, 가을에는 밤 주워서 구워 먹고, 겨울에는 노릇노릇 맛있는 군고구마 구워 먹고, 신나는 눈썰매 타러 가고……. 온종일 자연 속에서 깔깔거리며 뛰어노는 너희들을 바라보며 엄마도 이루 말할 수 없이 행복한 기분을 느꼈어.

지호와 선호가 조금 더 자라게 되면 우리 가족 다 함께 캠핑을 꼭 해보고 싶어. 맨발로 보드라운 흙을 밟아 보기도 하고, 시원한 물속에 발을 담가 보기도 하고, 하루 종일 자연을 벗 삼아 뛰어놀다가 밤에는 모닥불 피워 놓고 도란도란 이야기 나누다가 어느새 스르르 잠이 들고……. 아, 상상만 해도 정말 즐거울 것 같아!

이렇게 우리에게 선물처럼 주어진 하루하루를 즐겁게 살아가는 것이 엄마 인생의 목표야. 많은 사람들이 지금 힘든 것을 참고 견디면 미래에 행복해질 수 있다고 하는데, 엄마는 그렇게 생각하지 않아. 지금 행복하지 않은 사람이 미래에 행복해질 수는 없어.

좋은 대학 들어갈 때까지만 참아라. 6년만 눈 딱 감고 참으면 된다. 하지만 6년 후에는 이렇게 이야기하겠지. 좋은 직장 구할 때까지만 참아라. 결혼할 때까지만 참아라. 이런 말을 듣고 자란 아이들은 어른이 된 후에도 스스로에게 '승진할 때까지만 참자. 집을 구할 때까지만 참자. 아이들 교육 끝날 때까지만 참자.'라고 이야기할 거야.

결국 언제 누리게 될지도 모르는 행복을 기대하면서 평생을 참고 견디는 삶을 죽을 때까지 살게 되는 거지. 엄마는 지호와 선호가 그런 삶을 살기를 원하지 않아. 엄마는 너희들이 인생의 매 순간을 즐길 수 있는 삶을 살기를 바라. '인생은 폭풍우 속에서 어떻게 살아남을 것인가가 아니라 빗속에서 어떻게 춤을 추는가.'이거든.

그리고 엄마의 삶이 책으로 인해 완전히 바뀐 것을 실제로 경험하면서 지호와 선호도 책을 즐겨 읽는 아이들로 자라났으면 좋겠다고 생각했어. 그래서 너희들이 어릴 때부터 책과 친해질 수 있도록 많이 노력했어. 육아 서적 속에서 아이들이 좋아하는 책이 무엇인지 열심히 찾아냈고, 도서관과 서점을 다니며 수많은 책 속에서 놀 수 있게 했고, 잠들기 전에 읽을 책을 골라 머리맡에 놓아두었지.

아침에 일어나 엄마가 만든 집밥을 실컷 먹고, 낮에는 자연 속에서 즐겁게 뛰어 놀고, 밤에 잠들기 전에 엄마 품에 안겨 책을 읽는 나날이 계속되었어. 하루하루를 알차게 보내고 있다는 생각이 엄마를 참 행복하게 해 주었어.

집밥은 우리 아이들의 몸을 튼튼하게 해 주고, 자연은 우리 아이들의 마음을 안정되게 해 주고, 책은 우리 아이들의 지성을 길러주고…….

너희들의 몸과 마음과 지성이 매일매일 조금씩 자라나는 것을 보면서 엄마는 삶의 보람과 기쁨을 맛보고, 그제야 엄마가 가시방석처럼 여기던 그 자리가 바로 '꽃자리'라는 것을 깨달아 가게 되었어. 우울의 늪으로 보였던 시간이 실제로는 감사와 행복으로 충만한 시간이었음을 말이야.

엄마는 너희들이 초등학교 다닐 때까지만이라도 여유로운 시간을 보냈으면 좋겠어. 학교 공부에 너무 얽매이지 않고 좋아하는 책을 읽고, 좋아하는 일에 흠뻑 빠져들 수 있는 여유로운 시간을 많이 가졌으면 좋겠어. 엄마는 요즘 아이들이 너무 일찍부터 학원과 학습지에 내몰려 억지로 공부하는 모습이 참 안타까워. 아이들이 배움에 관심을 가지는 시기는 모두 다 다른데, 요즘 엄마들은 소중한 내 아이를 믿고 기다려주지 못하고 다른 아이들과 비교하면서, 엄마들이 정한 시기로 아이들의 배움을 앞당기려고 하는 것 같아. 그 순간 아이들은 공부의 중요한 동력인 '호기심'을 잃고 공부를 싫어하게 되지.

'心不在焉 視而不見 聽而不聞(심불재언 시이불견 청이불문)'

'마음이 없으면 보아도 보이지 않고, 들어도 들리지 않는다.'라는 뜻이야. 공부는 머리로 하는 게 아니라 마음으로 하는 것이라서 마음 없이는 열 시간을 책상 앞에 앉아 있어도 공부하는 게 아니야. 엄마는 엄마의 인생을 열심히 살면서 너희들 스스로 배움에 대한 '마음'이 생길 때까지 찬찬히 기다려 줄게. 늦게 나오더라도 튼튼하고 실한 싹이 돋아 스스로 모진 비바람 이겨내며 귀한 열매를 맺을 수 있도록 말이야.

그리고 마지막으로 엄마가 책을 통해 알게 된 정말 소중한 것은 바로 '더불어 사는 삶'의 소중함이야. 엄마는 책을 읽기 전에는 내 것을 남과 나누지 않으려 하는 이기적인 사람이었어. 내가 가진 것을 남에게 주면 내가 손해를 본다는 어리석은 생각을 갖고 있었지. 남의 도움은 필요 없고 나 혼자 다 해낼 수 있다고 생각했었어. 그런데 그게 아니었어. 처음 아이를 키워 본 엄마가 어떻게 해야 될지 몰라서 울면서 헤맬 때, 할머니와 외할머니의 도움의 손길은 엄마가 힘든 순간을 극복할 수 있게 해 주었어. 그리고 너희들을 데리고 나가서 놀 때에도 다른 가족과 함께하면 훨씬 더 즐겁고 신나게 놀 수 있다는 것을 알게 되었어. 엄마 혼자서 육아를 할 때는 길고 외롭게 느껴지던 지옥의 시간들이 다른 가족과 함께하면 얼마나 짧고 행복한 천국의 시간으로 느껴지던지……. 친구들과 함께 노는 너희들의 얼굴에 웃음꽃이 활짝 피고 그런 너희들을 바라보면서 엄마들의 얼굴에도 웃음꽃이 스르르 번지고……. 함께하면 더 즐겁고, 더 행복하게, 더 멀리 갈 수 있다는 것을 엄마는 너희들을 키우면서, 책을 읽으면서 점차 깨닫게 되었어.

엄마는 너희들이 조금 더 자라게 되면 '서번트 투어(Servant Tour)'를 해보고 싶어. 많은 돈을 들여 멋진 곳에서 먹고 마시며 즐기는 여행이 아니라, 도움의 손길이 필요한 사람들에게 우리가 가진 것들을 함께 나누고 그들을 섬기는 여행 말이야. 서번트 투어를 통해 그동안 느끼지 못했던 뜨거운 마음을 가슴 깊이 깨닫고 오는 경험을 해보고 싶어. 사람은 본질적으로 남을 기쁘게 하는 일에 더 많은 힘을 쏟게 되어 있대. 다른 사람을 도와주는 경험을 통해 우리의 삶을 더욱더 알차게 보내게 되는 선순환이 이루어지는 경험을 해 보고 싶어.

삶은 하루하루가 다 선물이야. 엄마는 맛있는 음식을 먹을 수 있는 것에 감사하고, 좋은 책을 읽을 수 있는 것에 감사하고, 멋진 곳에 여행 갈 수 있는 것에 감사해. 그리고 무엇보다도 지호와 선호가 엄마에게 와 줘서 감사해. 엄마와 아빠는 '부부가 화목해서 아이의 정서를 안정시키고, 부모가 모범을 보여서 아이가 자연스럽게 배우게 하는 것이 가장 훌륭한 교육'이라는 법륜 스님의 말씀을 가슴에 새기고 지호, 선호와 매일매일 즐거운 하루를 보내고 싶어. 사랑해, 우리 아이들!

언제나 옆에서 엄마를 따스한 눈길로 바라봐주고 엄마의 도전을 늘 응원해주는 지호, 선호의 아빠에게도 고마워요.

2021년 4월 30일

지호, 선호와 함께여서 늘 행복한 엄마가

# 우리의 행복한 일상을 기록합니다

차 형 률
신등초등학교 교사

나의 아내 다정 씨에게.

다정 씨, 오랜만이지요? 남편입니다. 당신과 이렇게 편지로 인사하는 것이 참 오랜만인 듯합니다. 결혼한 뒤에도 한 명의 여성으로 살아가는 것을 지켜주고자, 이름을 부르기로 했는데 그동안 '여자 구다정'은 있었는지요?

우리는 27살의 나이에 결혼했습니다. 그리고 이듬해 설아가 태어났지요. 설아가 태어나고 난 뒤 우리가 함께한 경험은 참으로 놀라웠습니다. 아이로 인해 온 세상을 다 가진 행복을 느끼면서도 육아는 참 힘든 일이었습니다. 사실 내가 경험한 힘겨움은 당신에 비하면 아무것도 아닌지 모르겠습니다. 당신은 아이들의 엄마로서 훨씬 더 많은 시간을 보내왔으니까요.

새삼스레 고백하지만, 당신에게 고마운 일들이 참 많습니다. 아이가 주는 무한한 행복이 있는데도 나는 하고 싶은 것이 많았습니다. 가족과 함께하는 시간 속에서도 끊임없이 나의 욕구를 생각했었지요.

다정 씨의 배가 만삭에 다다른 어느 날, 나는 오랜 염원이었던 역사 공부를 정식으로 해 보고 싶다고 당신에게 말했습니다. 지금 생각해보면 무슨 생각에서 그랬는지 모르겠습니다. 그때부터 나는 일주일에 2번 진주에 있는 대학원에 갔고 수업이 끝나면 밤 11시가 넘어서야 집에 왔습니다. 그때는 잘 몰랐습니다. 나의 오랜 꿈을 알기에 약간 머뭇거렸지만, 흔쾌히 허락해주던 당신의 고민과 힘겨움을요. 여성에게 있어 출산이 얼마나 힘든 일인지를 어리석게도 어느 정도의 시간이 흘러서야 알았습니다. 당신은 일생일대의 두려움을 안고 출산 준비를 하는데 나는 오랫동안 품어왔던 꿈을 이야기했습니다. 아이를 낳고 하루하루 제대로 된 잠도 자지 못한 당신을 그저 바라보며 나는 또 대학원에 갔습니다. 그때는 그저 시간이 지나면 괜찮아질 것으로 생각했습니다.

당신이 아주 힘들어하던 날이 생각납니다. 그날도 나는 대학원 수업을 마치고 집으로 가고 있었지요. 집에 도착할 무렵 당신에게 전화가 왔습니다. 수화기 너머에서 울먹이는 목소리로 "아무리 안아도 설아가 계속 울어 너무 힘들어요."라고 내게 말했지요. 나는 아직도 다정 씨의 다급한 목소리가 기억납니다. 집으로 돌아오니 당신과 설아는 서로를 부둥켜안고 엉엉 울고 있었지요. 얼마나 울었는지 둘 다 숨을 헐떡이고 있더군요. 그날 저녁 겨우 당신에게 눈 붙일 시간을 주고 나는 설아를 안고 밤을 지새웠습니다. 참 많은 생각이 들었습니다. 내가 가장 사랑하는 두 사람이 이토록 힘든데, 나는 무슨 인간과 역사를 공부하겠다고 이러고 있나 하는 자괴감이 들었습니다.

그때도 말했지만 이제야 또 얘기해봅니다. 미안했습니다. 나를 가장 필요로 한 순간에 함께 있어 주지 못해서요. 내 욕심에 당신의 몸과 마음을 너무 헌신시켰습니다. 몇 차례의 곡절이 있었지만 나는 그토록 바라던 역사 공부의 석사과정을 마칠 수 있었습니다. 당신 덕분입니다. 고맙습니다.

아이를 돌보다 가끔 당신은 내게 이런 말을 하곤 하지요. “다시 결혼해도 아이를 낳을 건가요?” 나는 망설임 없이 “물론이지요”라고 대답하지만, 아마 당신의 물음에는 그동안 아이를 낳으며 겪었던 힘겨움이 있었던 듯합니다. 산후조리원에 있다 설아를 우리 집에 처음 데리고 온 날이 기억납니다. 그날 설아가 어찌나 울던지 30분마다 한 번씩 설아가 잠에서 깨는 바람에 우리는 뜬눈으로 밤을 지새웠지요. 둘째 설미가 갑자기 경기를 일으켜 119를 부른 일도 생각이 납니다. 그때 응급실에서 각종 검사를 받느라 설미가 숨넘어가게 울었던 모습을 떠올리면 아직도 나는 마음이 너무 아픕니다. 내가 어렸을 때 할머니가 이런 말을 했었습니다. “내 새끼가 아프면 부모는 마음이 찢어진다.” 아이가 아플 때면 정말로 그 말이 온몸으로 느껴집니다. 진실로 내가 대신 아팠으면 하는 마음이 듭니다. 그런 마음과 기억들이 주마등처럼 스쳐 지나갑니다. 비록 여느 부부처럼 우리도 아이를 낳고 서로 많은 갈등을 겪었지만 나는 아이들과 함께하는 매 순간이 그립고 행복합니다. 여전히 함께 있지만 다시는 돌아오지 않을 이 순간이 새삼스레 그리워진답니다.

지금도 우리는 아이들이 열이라도 나면 뜬눈으로 밤을 지새웁니다. 새벽이 되면 나는 너무 잠이 와 세상모르게 졸곤 했지만, 당신은 혹여나 아이들이 열꽃이라도 필까 연신 물수건을 적시며 밤을 지새웠지요. 역시 모성애는 위대하고 강하다는 생각을 했습니다.

다정 씨, 당신과 나는 두 아이의 부모이기도 하지만 수많은 아이를 가르치는 교사입니다. 나는 설아, 설미를 키우며 학교에서 만나는 아이들에 대한 마음이 많이 변했습니다. 그저 전체로만 바라보던 아이들을 이제는 한 명 한 명으로 바라봅니다. 우리 반 아이들 1명 1명의 뒤에는 나와 같은 부모들의 마음이 있으니까요. 비록 부모들의 몸은 직장에 있지만, 마음 한편에는 학교에 보낸 아이들에 대한 걱정과 사랑이 있을 겁니다. 나도 그런 마음이 들더라고요. '우리 딸이 밥은 잘 먹고 있을까?', '다치지는 않았나?', '울지는 않았을까?' 하는 걱정이 매순간 들었습니다. 그 생각에 우리 반 아이들이 새삼 더 소중해집니다. 요즘엔 괜히 눈물이 날 때가 있습니다. 아이들이 헤쳐나갈 세상이 생각보다 그리 호락호락하지 않을 것을 알기에 아이들이 앞으로 겪게 될 일들을 생각하면 괜스레 울컥해지나 봅니다. 슬픈 영화를 봐도 좀체 눈물을 흘리지 않던 내가 아빠가 되니 많은 감정이 생겼습니다.

나에겐 또 하나의 변화가 있습니다. 다정 씨를 비롯한 이 시대의 워킹 맘들을 존경하게 되었습니다. '육아'라는 치열한 전쟁을 하면서도 자기 일을 해나가는 워킹 맘들이 한없이 존경스럽습니다. 물론 요즘엔 육아에 열성적인 남편들도 있지만 내가 경험해 본 바로는 여전히 아이를 키우는 일은 모성애가 한 발짝 더 앞에 있는 것 같습니다. 아이를 키우면서도 자신의 꿈을 위해 전진해 나가는 당신과 같은 워킹 맘들을 보면 절로 마음이 숙연해집니다. 나는 사실 아이를 낳기 전에는 워킹 맘 선생님들을 이해하지 못했습니다. 워킹 맘 선생님들이 회의 중에도 퇴근 시간이 되면 후루룩 사라지는 것에 대해 싫은 소리를 했던 적도 있었지요. 내가 그런 말을 할 때면 당신은 "아이를 데리러 가기 때문일 거예요."라는 말을 하였습니다. 그럴 때 나는 차가운 목소리로 "그건 개인적인 사정이지" 하고 이야기했습니다. 이제야 우리와 같이 아이를 키우는 워킹 맘들의 마음을 이해합니다. 회의도 중요하지만, 그것보다는 엄마를 기다리는 아이의 마음이 더욱 중요했다는 것을요. 또 회의를 박차고 집으로 가야 했던 워킹 맘 선생님들은 얼마나 불편했을까를 생각합니다. 이제 나는 지난날 편협하게 생각했던 비판을 하지 않습니다. 당신을 바라보면, 워킹 맘들의 고단함을 알 수 있으니까요.

차를 타고 가다 다정 씨가 했던 말이 기억납니다. 당신은 4개월 남짓한 설아를 어린이집에 두고 출근할 때 연신 눈물을 흘렸다고 했었지요. 또 설미가 자꾸 감기에 걸리는 것이 자기 탓인 것 같다고 했었습니다. 설미가 아직 어린데 어린이집에 가서 계속 감기를 옮아오는 것 같다며 출근하는 자신을 자책하곤 했습니다. 그때 나는 무슨 말을 해야 할지 몰랐습니다. '당신의 탓이 아니에요. 괜찮을 거예요'라고 하는 것이 그저 말뿐인 위로인 것 같아 입에서 나오질 않더라고요. 또 '그럼 내가 휴직할까요?'라는 말도 못 했습니다. 당신과 내가 함께 생계를 책임지는 현실이 있으니까요. 그냥 차의 앞 유리판을 묵묵히 바라보며 당신의 걱정 어린 한숨을 체감할 수밖에 없었습니다.

당신의 어려움을 해결할 수 있는 사람이 되고 싶었는데 자꾸만 그게 어려워지는 것 같습니다. 다정 씨도 교사로서 꿈꿔온 삶이 있을 텐데 자꾸만 가족을 위해 당신의 삶을 쪼그라들게 하는 것 같습니다. 나는 말로는 아이들의 온전한 아버지인 양하지만 여전히 내 삶의 중심에는 나의 미래와 욕심들이 있는 듯합니다.

다정 씨, 기억하나요? 내가 그리던 결혼에 관한 생각을요. 내가 생각하는 결혼이란 일상의 행복이었습니다. 저녁 시간 함께 밥을 먹으며 오늘 있었던 이야기를 나누고, 주말이면 함께 걸음을 맞춰 공원과 마트에 가는 것이었습니다. 나는 행복이란 것이 아주 거창한 데 있는 것이 아니라고 생각합니다. 세상에서 가장 행복한 순간은 그저 사랑하는 사람들과 밥 한 끼를 먹는 것에서 출발한다고 생각합니다. 그러나 인간이란 이기적이게도 일상의 소중함을 잊고 살아갑니다. 나 역시도 마찬가지였습니다. 익숙함에 젖어 일상이 주는 행복을 잊고 살아가지 않았나 생각합니다. 그래서 우리 가족이 함께하는 일상을 힘겨워하던 순간도 있었습니다. 편지를 쓰며 우리 가족을 떠올려봤습니다. 행복이 온몸으로 느껴졌습니다. 그러고는 더없이 소중한 우리 가족의 온전함을 위해 헌신한 당신에게 진심으로 감사함이 느껴졌습니다.

다정 씨, 내가 역사 공부를 하며 느꼈던 가장 큰 생각은 '기록의 힘'이었습니다. 다른 것은 휘발하지만 기록은 시간이 지나도 살아남아 후세에 그 의미를 전합니다. 많은 사람이 영원함을 갈구합니다. 그렇기에 자신의 내면에 있던 것들을 표현하며 기록하지요. 오늘 나는 당신과 함께했던 일상의 소중함과 그것을 만들어 준 감사함을 글로써 남겨봅니다. 그리하여 내 생각과 마음이 후세에도 영원하기를 바랍니다.

당신과 함께해서 지난 5년의 결혼 생활이 참 행복했습니다. 나는 앞으로도 당신과 설아 설미와 함께하고 싶습니다. 그리고 우리 가족의 일상을 소중히 여기며 살아가려 합니다. 그런 일상을 함께해주어 고맙습니다. 마지막으로 우리 가족의 행복한 일상을 만들어 준 당신에게 진심으로 감사하는 마음을 전합니다.

2021년 5월의 마지막 날<br>우리 가족이 있어 '일상'이 행복한 남편 형률 드림

# 열여덟의 아홉띠기

김 현 미
양산신명초등학교 교사

할머니! 나야. 할머니 큰손녀. 할머니가 강아지라고 부르던 그 큰손녀. 그 큰손녀가 이제 아이 셋의 엄마가 되었네. 그래도 난 아직 할머니가 강아지라고 불러줬으면 좋겠어.

난 할머니의 이름이 아홉띠기인 줄 알았어. 어릴 때 시골 동네 할머니들이 아홉띠기라고 불러서 나도 누가 물어보면 아홉띠기 손녀라고 대답했어. 내가 학교를 들어가고 우편물에 적힌 강정수라는 이름을 보고서야 할머니의 이름이 아홉띠기가 아니라는 걸 알았지.

강정수 할머니!!! 얼마 전 시골에 다녀와서 할머니의 이름을 지원이에게 가르쳐줬더니 지원이가

"왕할머니 이름은 왜 남자 이름이야?"

라고 물어봤어. 난 그냥 웃고 말았지. 할머니의 이름을 떠올리다 할머니께 편지를 써야겠다는 생각이 들었어. 편지를 써서 남겨야겠다고 생각했어. 할머니에 대한 내 마음. 안타까운 내 마음을…….

초등학생일 때 나는 오빠와 함께 여름방학, 겨울방학이면 할머니 집에 갔었어. 할머니는 도시에서 오는 손주들 준다고 가마솥 한가득 짜장을 끓여주셨어. 어느 날 짜장 가마솥에 개미 떼들이 습격해서 개미가 가득한 짜장을 먹었어. 개미가 시큼한 맛이 나는 곤충이라는 걸 그때 알았어. 할머니도 기억나지? 그때 울며불며 짜장을 뱉어내던 내 모습을…….

한여름 동네 아이들과 물놀이를 하고 들어오면 설탕 가득 넣고 얼음 동동 띄운 미숫가루를 내주셨어. 동네 개울가에서 거머리에 물려 피를 흘려 울다가도 할머니가 타준 달콤한 미숫가루 한잔에 눈물을 그치던 어린 시절 내 모습이 이젠 검정 고무신 같은 만화 장면으로 떠올라. 그때만 해도 시골 마을에 내 또래 아이들이 꽤 있었는데……. 그 아이들은 지금 다 어디로 가서 살고 있을까? 할머니가 알면 알려줘.

밤이면 팔베개를 하고 내가 잠들 때까지 옛날이야기를 들려주셨어. 지금 생각해보면 옛날이야기 몇 개가 섞인 이야기인데 그땐 그 이야기가 정말 재미있었어. 할머니의 구수한 사투리와 함께 듣다 보면 잠이 사라지고 뒷이야기를 상상하곤 했어. 할머니도 기억나? 호랑이한테 잡혀가던 그 선비 이야기. 할머니처럼 나도 우리 애들 양팔에 끼고 옛이야기 들려주곤 하는데 할머니처럼 실감 나게 되지는 않네. 나도 학교에서 아이들을 가르치고 재미나게 이야기한다고 자부했는데 할머니처럼은 안돼. 그건 내가 아직 엄마여서 그런 건가 봐. 내가 할머니가 되면 우리 할머니 같은 이야기꾼이 될 수 있겠지? 이야기에 세월을 품고서 말이야.

내 감수성의 8할은 그 시절 할머니 품에서 생겨난 것 같아. 자연을 사랑하고 그리워하는 내 삶의 방식도 그때 완성되었던 것 같아. 그곳엔 할머니가 항상 있는데 그 아름다운 기억을 이제는 나만 추억해야 하네.

가난한 소작농의 막내딸로 태어나 학교에 다녀본 적이 없는 우리 할머니. 열여덟에 시집와 층층시하에 목소리 한번 내보지 못하고 묵묵히 일만 하고 사신 우리 할머니. 여든 넘어 마을회관에서 하는 한글 공부 수업을 받으시고 너무 재미있어하시던 우리 할머니. 그 재밌는 한글 공부가 코로나 때문에 멈춘 지도 벌써 2년째네. 밭일 끝내고 집에 오시면 깨끗하게 씻고 방에 들어가 한글 공부하시던 우리 할머니. 돋보기를 끼고 굵고 거친 손에 연필 한 자루 쥐고 또박또박 글자를 써 내려가시던 할머니의 모습은 정말 아름다웠어. 그리고 코끝이 찡했어. 어릴 땐 태산 같았던 할머니가 작은 상에 앉아 공부하는 뒷모습을 보는데 가슴이 시렸어. 태산이던 할머니의 모습이 너무나도 작고 작았어.

몇 년 전, 시골집을 들어서는데 할머니가 콩대를 마당에 널고 계셨어. 마당 한가득 들어찬 콩대를 보니 할머니가 얼마나 고생했을지 마음이 무거웠어.

"할머니, 우리 왔어. 올해 콩 농사 잘됐네. 고생 많이 했겠다. 우리 할머니!"

내 목소리를 듣고 허리를 펴신 할머니는 내게 이렇게 말했어.

"왔나. 내 강아지. 고생은 무신 고생, 하늘이 다 키웠지."

할머니가 자꾸 까먹고 했던 일을 안 했다 하고 짜증이 늘고 별거 아닌 일에 버럭 화를 내기 시작했어. 나는 할머니의 변화에 당황스럽지는 않은데 좀 슬펐어. 할머니가 내 곁에 머물 수 있는 시간이 얼마 남지 않았구나……. 이제 그 많은, 그 아름다운 추억들은 이제는 할머니의 것이 아니구나……. 그런 할머니가 저 콩을 하늘이 키웠다고 말씀하실 때, 난 참 부끄러웠어. 대학 교육을 받고 폼 나는 인문학책도 가끔 읽는 내가 할 수 있는 말이 아니었어.

할머니의 하늘은 평생이 녹아있는 삶이야. 하늘의 신호에 맞추어 땅을 고르고 고랑을 만들고 씨를 뿌리고 김을 매고 때를 기다려 수확을 했어. 그것으로 자식들 먹이고 공부시키고 시집 · 장가보냈으니, 하늘의 도움 없이는 할 수 없는 일이지. 할머니의 말이 참말이야. 아무리 공부를 많이 한 박사가 와도 할머니의 참말을 이길 수는 없을 거야.

열여덟에 시집온 이후 진짜 이름을 잃어버리고 아홉띠기로 살아온 우리 할머니.

내가 기억하는 아름다운 추억도 할머니에겐 잊고 싶은 힘든 기억이었나 봐. 그래서 할머니가 자꾸자꾸 지워버리고 지워버리는 건지도 모르겠어. 할머니와 함께했던 그 추억 내가 다 기억할게. 아홉띠기로 남몰래 흘렸던 숱한 눈물 다 말려버리고 열여덟 꿈 많은 소녀로 다시 돌아가. 이제 진짜 할머니 인생의 봄이 왔어. 할머니가 내딛는 한 걸음 한 걸음이 다 꽃길이 될 거야.

나의 할머니. 우리 할머니의 이름은 강정수!!! 하늘의 부름을 받고 가시는 그날까지 즐겁고 평온하시길 간절히 기도할게!

2021년 4월 29일

할머니의 강아지 올림

# 우리 함께 하는 날이 늘 봄으로 물들길

김 호 숙
진주수정초등학교 돌봄전담사

여보!

올해도 집 앞 강변에는 복스럽게 벚꽃이 피었습니다. 벚꽃을 물끄러미 바라보니 12년 전의 봄이 떠오르더군요. 우리가 처음 만나 함께 걸었던 그해 봄에도 벚꽃이 피었었죠. 거리에는 바람결에 꽃잎이 날리고 떨어지기를 반복했고, 우린 그 순간을 마냥 아름답다고 말했습니다. 그 시절 꽃잎이 떨어지는 것을 아름답게만 봤을 뿐 한 번도 슬프게 생각지 않았던 것은, 우리는 젊었고, 예쁜 것 좋은 것만 눈에 들어오는 행복한 날들이어서 그랬던 것 같습니다.

그때처럼 올해 봄에도 바람결에 꽃잎이 떨어지더군요. 그때와는 달리 왜 이다지도 아깝고 아쉬운지 한참 동안 넋을 놓고 바라보다가 집으로 돌아왔었답니다. 분명 같은 꽃 같은 바람이었는데, 무엇 때문에 내 마음 내 감정이라는 것이 이토록 달라진 것일까요. 그것은 아마도 우리가 함께 살아온 시간 속에 행복만이 아니라 슬픔, 괴로움, 눈물이 있었기 때문이겠지요. 그래서 그저 좋지만은 않았던 시간들을 넘기고 나니 꽃잎 한 장에도 많은 감정들이 묻었었나 봅니다.

당신도 나처럼 그럴 때가 있을까요?

난 가끔씩 우리가 함께해 온 시간들을 떠올려 보곤 해요. 그러다 보면 때로는 힘들지만, 때로는 살아감에 있어서 힘이 되기도 한답니다. 오늘은 강원도에서 진주를 오가며 장거리 연애를 하던 그날들이 떠오르는군요. 당신이 군인이었기에 우리는 남들처럼 쉽게 그리고 자주 만날 수 없었습니다. 겨우 한 달에 한두 번 정도를 만날 수 있었죠. 그랬기에 헤어짐의 순간은 늘 아쉬움만 남았습니다. 그럴 때마다 서로에게 건네던 편지 한 통이 큰 위로가 되곤 했지요. 난 집으로 돌아오는 길에 당신의 편지를 읽고 또 읽기를 얼마나 반복했는지 모릅니다. 그렇게 쌓여간 편지만큼이나 우리의 정도 쌓여갔었죠. 그러나 몇 번의 봄을 보내고 우리가 주고받았던 편지 속에는 이별을 할 수밖에 없는 이유들로 가득 채워졌습니다.

우리는 각자의 꿈이 있었고, 그 꿈을 향해 앞으로 나아가고 있었죠. 당신은 평생 군인으로 살고 싶다고 말했고, 나는 평생 유치원 교사로 살고 싶었죠. 당신의 삶이 중요했던 만큼 나는 내 삶이 중요한 사람이었어요. 그런 난 오롯이 당신을 위해 살아갈 자신이 없다고 말하곤 했어요. 군인의 아내가 될 수 없다는 말에 그렇게 우리의 인연은 끝이 났습니다.

한참의 시간이 지났고, 나에게 온 당신은 전역을 하겠다고 했습니다. 평범한 남자가 되어 남들처럼 평범하게 살겠다고 말했습니다. 나는 당신의 그 말을 듣는 순간 진심으로 미안했고, 고마웠답니다. 그 후 당신은 지인도 없는 낯선 진주로 왔어요. 처음 해보는 일을 직업으로 삼아 새벽녘에 출근하여 늦은 밤이 되어서야 퇴근했죠. 난 그런 당신을 보면서 아내로서 도울 것이 없어 미안할 때가 많았습니다. 그러나 나 또한 결혼 후 완전히 달라져버린 내 삶에 지쳐가고 있었기에 당신의 지침을 모르는 척, 또 한편으로는 당연하게 생각했는지도 모르겠습니다.

결혼을 해도 내 직장 생활은 변함이 없을 것이라 생각했는데……. 결혼을 했으니 곧 임신을 할 것이고, 그러니 그만두면 좋겠다는 권고사직을 받았어요. 처음 겪어보는 상황에 당황스러웠지만, 재취직이 어려울 것이란 생각은 하지 않았습니다. 지금까지 면접에서 떨어져본 적이 없었던 나였으니까요. 그런데 넣는 곳마다 불합격 통지만을 받았었죠. 처음 한 번은 그럴 수도 있겠다 싶었지만 여러 번 반복되자 절망스럽더군요. 결혼과 동시에 내 삶이 한순간에 무너짐을 느끼고는 참 많이 울었습니다.

남들은 그런 나에게 말했습니다.

"남편이 돈 벌어오는데 집에서 편하게 쉬면 되지, 뭣 하러 힘들게 일하려고 해? 하고 싶은 것 하면서 살아."

하지만 난 일을 해 오던 사람이라 그렇게 살고 싶진 않더군요. 될 때까지 해보자는 생각으로 1년 내내 취직을 위해 뛰어다녔고 드디어 합격 통지를 받았지요. 그런데 기쁨도 잠시, 우리에게 아이가 생겼습니다. 둘 다 기쁜 일이지만 또다시 일을 포기할 수밖에 없었을 때의 그 아쉬움이란 나에겐 형용할 수 없을 정도로 컸답니다.

당신이 하루 종일 일을 하는 동안, 난 온종일 혼자서 육아를 해야 했습니다. 누구의 도움 없이 혼자서 아이를 키운다는 것은 생각처럼 쉬운 일이 아니더군요. 마음의 여유가 없었던 난 당신을 들여다볼 겨를이 없었어요. 가끔은 독박육아 스트레스로 당신에게 짜증 섞인 말도 많이 했지요. 그럴 때 당신은 아무 말 없이 그저 듣기만 했고, 옆에서 묵묵히 지켜봐 주었습니다. 그랬기에 서로에게 큰 상처 주지 않고, 부부 사이의 크고 작은 고비들을 무사히 잘 넘겼다고 생각해요. 그러니까 지금까지 우리가 잘 살아온 것은 전적으로 당신 덕분이라고 생각합니다.

여보, 지금 와서 이렇게 말하면 너무 늦었지만, 당신도 그때 참 힘들었었죠? 때로는 나와 결혼한 것을 후회하지는 않았나요?

당신에 대한 미안함이 내 마음에 늘 자리 잡고 있는 것은 몇 해 전 어느 저녁의 일 때문인지도 모르겠습니다. 저녁을 먹고 있을 때 당신 핸드폰이 울렸고, 당신은 반가운 얼굴로 전화를 받았습니다.

"어 이 대위 오랜만이군. 그래, 잘 지내고 있는가?"

활짝 웃던 당신의 얼굴이 조금씩 어두워짐을 느꼈습니다. 그러면서 슬며시 자리를 뜨던 당신이 다시 식탁으로 돌아왔을 때는 평소 볼 수 없는 무거운 얼굴이었지요. 무슨 일인지 몹시 궁금했지만 차마 물어볼 수가 없었어요.

하루가 지나고 다음 날 아침, 난 당신에게 넌지시 물어보았습니다.

"어제 저녁엔 무슨 전화였었어요?"

"별일 아니야. 좋은 일이었어. 동기가 이번에 소령으로 진급했다네" 하더군요.

순간 당신의 꿈을 억지로 꺾어버린 미안했던 마음이 다시 소용돌이쳤습니다. 내가 아니었더라면 당신도 소령이 되고, 중령이 되고, 지금쯤은 대령이 됐을지도 모릅니다. 나는 어쩌자고 한 사람의 인생을 뒤흔들어 놓았는지……. 그런데 어젯밤과 달리 그날 아침 당신은 평온한 얼굴이었습니다. 그런 당신을 보면서 밤새 많이 힘들었겠다는 생각을 했지요. 왜냐하면 당신의 꿈을 포기해야만 했던 아쉬움을 내게 내색하지 않으려 수없이 고민했을 테니까요.

가끔씩 내가 당신에게

"당신은 하고 싶은 일이 있어요? 꿈이 뭐예요?"

라고 묻지요. 그러면 당신은 그냥 웃고 말아요. 이젠 꿈이 없어진 것인지, 앞으론 이룰 수 없는 꿈이라서 그런 것인지, 더 이상 꿈이란 것을 꾸지 않는 것인지 알 수가 없습니다. 그럼에도 내가 이렇게 물어보는 것은, 당신의 큰 꿈은 나로 인해 접었을지라도 또 다른 꿈을 꾼다면 그 꿈을 이룰 수 있도록 힘껏 돕고 싶어서 그래요. 당신이 나를 도왔듯이 말이에요.

난 욕심이 많은 사람인 것 같아요. 그래서인지 집에서 살림만 하고 사는, 누구의 아내, 누구의 엄마로 흔한 삶을 살고 싶지 않아요. 그러다 오래전에 놓았던 무뎌진 붓을 다시 들었죠. 막상 붓을 들긴 했지만 그러면서도 이 나이에 무엇을 할 수 있을까 두렵더군요. 무언가가 되고 싶지만, 아무것도 될 수 없을 것 같은 조바심 때문이었습니다. 그리고 이제 와서 무엇인가를 하기엔 좀 늦은 나이가 아니냐고 뭇사람들이 말을 했기에 주저하게 되더군요. 그런데 그때 당신이 나에게 KFC 창업주의 이야기를 해주며 당신도 얼마든지 할 수 있다고 용기를 주었습니다. 지금 생각해봐도 그 한마디로 인해 나의 삶이 달라지기 시작했습니다. 참 고맙습니다!

여보 혹시 이 편지를 읽으면서 웃고 있나요? 만약 그렇다면 정말 좋겠습니다. 당신이 잠시라도 웃으면서 쉬엄쉬엄 살아가면 좋겠습니다. 늦은 밤 퇴근하고 돌아오는 당신의 두 어깨가 늘 무거워 보여 많이 걱정이 됩니다. 당신이 가장이라는 이름 아래 삶의 무게를 혼자서 지고 가려고 하지 않았으면 좋겠습니다. 이제는 나도 일하고 있고, 우리가 소망하던 맞벌이 부부가 되었잖아요. 그래서 전 요즘 참 행복합니다.

두근거리던 설렘으로 시작했던 우리에게 이제는 익숙함과 편안함이 자리 잡았습니다. 그리고 우리 둘 사이를 더 끈끈하게 엮어주고, 서로 안고 살아가게 해주고 있지요. 앞으로도 우리 이런 마음으로 살아가요. 그리고 내년 봄에는 오래전 그날처럼 강변의 벚꽃 길을 함께 걸어볼까요? 12년 전 우리 가슴에 행복함만 가득했던 그 마음으로 걷고 또 걸어가고 싶네요. 내년 봄에도, 그다음 해 봄에도, 우리 함께하는 날이 늘 봄으로 물들었으면 합니다.

우리 늘 건강하게 지내고, 서로 아끼며 살아가기로 해요. 늘 내 생각, 내 걱정 많이 해줘서 고맙고 사랑합니다!

2021년 5월 1일

당신의 영원한 아내 김호숙으로부터

# 2. 엄마의 자리

# 공부는 내가 시킬끼다!

서 미 애
진주기계공업고등학교 교사

기억 속의 어머니는 말을 하지 않는 사람이었습니다. 밤마다 아버지와 거세게 싸우고 흐득이며 울다가 우리가 눈도 뜨지 못한 신새벽, 어머니는 호미를 들고 인근 시골로 고구마단을 묶는 일을 하러 갔습니다. 십 리를 걸어가 고구마밭에서 종일 일하고 천 원을 받아오기도 하고 어떤 날은 삯 대신 고구마단을 들고 오기도 했습니다. 어두워지고 나서야 돌아오면 밥을 지어놓고 "묵어라." 한마디 해 놓고는 등을 보인 채 모로 누워버리던 어머니.

어린 동생이랑 눈치만 살피며 어머니가 언제 우리에게 말을 걸어줄 건지, 언제쯤 웃어줄 건지 늘 그게 궁금했고 목이 말랐습니다. 그런 어머니가 말을 하기 시작한 건 보험회사에 다니기 시작하면서부터였습니다.

"사람들이 내보고 박 여사님이라 안카나."

"어무이가 보험 일을 잘했는갑네?"

"아이다. 우리 소장님이 박 여사님은 실적 하나도 못 올려도 좋으니까 매일 회사에 나오라꼬 글카네!"

"왜 그러까?"

"내가 남보다 인사를 잘했는기라. 내보다 젊거나 내보다 늙거나 보기만 하모 내가 먼저 인사한다 아이가! 안녕하세요 여러분! 하고 크게 인사한다. 그랬더이 내보고 성격이 참 좋다 카데."

집에서는 입을 꾹 닫고 웃지도 않던 어머니가 보험회사에서는 아무한테나 말을 걸고 늘 웃으면서 인사를 한다니 믿기질 않았지요.

"그라믄 집에서는 왜 그랬는데, 어무이?"

"내는 내가 밤피벅순 줄 알았다. 니 아부지나 할매가 내를 그리 대하니까 그런갑다 했지."

신기했습니다. 한번 입을 열기 시작하자 어머니가 청산유수처럼 말을 쏟아내는 거였습니다. 양쪽 눈꼬리가 다정하게 처지면서 웃기도 잘했습니다. 문득 어머니는 말했습니다.

"니는 꼭 직업을 가져야 된다이."

"와예?"

"너거 아부지가 돈 한 번을 안 갖다줘서 내사 자식들 키우고 못 살겠는기라. 그래 한 번은 무시 담은 다라이를 머리가 터지게 이고 야밤에 도망을 안 갔더나. 한 이십 리 걸었을라나. 자꾸 젖이 돌아서 앞 저고리가 흥건하게 젖는데 너거 얼굴이 어른거리고 수도꼭지 틀은 거맹키로 눈물이 나와서 고마 집에 안 돌아와 삐릿나!"

"어무이가 그때 가버렸으면 우린 고아가 됐을 낀데……."

"그래서 니는 직장생활을 해야 되는기라. 남들 무시도 안 당하고, 뭣보다 남편한테 안 기대더라도 자식 키우면서 당당하게 살 수 있은께 말이다."

어머니의 생각은 확고했습니다.

"선생을 해라! 나는 학교라고는 한 달도 채 못 다니가꼬 한글을 잘 모린다."

"어무이 글자 읽을 줄 알던데?"

"떠듬떠듬 읽기야 하제……. 내는 은행 가는 기 젤로 싫다. 자꾸 뭘 쓰라카는데……. 글자가 삐뚤빼뚤 잘 되지도 않는 걸 우찌 쓰노!"

그러고 보니 은행이나 동사무소에 갈 때면 어머니는 항상 저를 데리고 다녔습니다. "니가 잘하니까 써봐라." 하면 신이 나서 우리 집 주소도 쓰고 어머니 이름도 쓰곤 했는데 그런 속사정이 있는 줄은 몰랐습니다.

"여자로 태어나믄 손해다. 평생을 집에서 밥이나 하고 살아야 되고, 남편이 월급 안 갖다주면 고마 멍하니 앉아 자식들도 굶겨야 된다 아이가. 여자 직업 중에서는 선생이 젤이다. 제때 월급 주제, 남자들하고 차별 안 하제, 남들이 선생님이라꼬 대우해주제. 내 딸이 선생이 되모 내는 소원이 업겄다!"

당시 우리 집 형편으로는 중고등학교 육성회비 내기도 힘들었습니다. 기한 내에 내본 적이 없어서 늘 담임에게 호출당하는 신세였습니다.

"육성회비 안 낸 사람 교무실로 오래!"

교실에서 신이 나서 놀다가도 그 말에 기가 죽어서 교무실에 가면 비슷한 표정으로 고개를 숙이고 서 있는 아이가 늘 서넛은 있었습니다.

"아유! 니들이 제일 골치야! 작년에도 그렇게 육성회비 안 내고 끝까지 골탕 먹였다지?"

예쁜 서울 말씨에 고급스런 옷을 입고 다니던 담임은 대학교 이야기며 서울 이야기를 맛깔나게 해줘서 중1 때 참 좋아했던 선생님이었습니다. 하루 용돈은 왕복 차비뿐이던 그때, 그녀가 너무도 좋아서 등굣길 버스에서 그녀 차비까지 내고선 집까지 두 시간이 넘게 걸어간 적도 있었고, 2학년 우리 담임이 되었다는 소식엔 단짝을 끌어안고 환호성을 지르기까지 했습니다. 그런 선생님이 새침하게 돌아앉아 그렇게 말했을 때 쥐구멍이 있으면 들어가 다시는 나오고 싶지 않은 심정이었습니다.

"그리고 미애 너! 그 교복 좀 어떻게 할 수 없니? 다들 춘추복인데 너만 동복이잖아!"

봄가을이면 다들 춘추복을 입었지만 전 여름이 될 때까지 동복으로 버텼고, 겨울이 될 때까지는 또 하복으로 버텼습니다. 새하얀 백조 같은 아이들 틈에서 혼자만 까마귀로 남아야 하는 심정을 부잣집 딸로 자라 교사가 된 그녀는 결코 알 수 없었을 것입니다.

죄지은 아이가 되어 우두커니 고개를 숙이고 있던 그 순간 어렴풋이 결심했습니다. 내가 교사가 되면 저런 사람은 안 될끼다!

하지만 철이 없었던 전 어머니에게 교무실에 불려가기 싫다며 당장 육성회비 내달라고 떼를 썼고 어머니는 다음 날부터 밤일을 시작했습니다. 택시 세차였습니다. 자정부터 새벽까지 어머니는 혼자서 택시 집하장에서 차를 씻었습니다. 한 대에 삼백 원씩. 많이 씻는 날은 열 대, 적게 씻는 날은 다섯 대. 어머니는 그 일이 재밌다 했습니다.

"택시 문을 열고 발판을 털다 보면 오십 원짜리 백 원짜리가 툭툭 떨어진다 아이가! 어떨 땐 천 원짜리도 있는기라. 보는 사람이 아무도 없는데도 천 원짜리가 턱 바닥에 떨어져 있으모 가슴이 툭툭 뛰어서 막 터질라카더라. 그 일이 얼매나 재미가 나는지 아무도 모를끼다! 그럴 때는 무섭지도 않다!"

그 이야기가 어찌나 솔깃하던지 어머니를 따라 겨울철 택시 세차장에 간 적이 있습니다. 발판이나 매트를 털기만 해도 툭툭 떨어진다는 그 동전을 저도 줍고 싶었습니다. 어머니처럼 초저녁잠을 자고 자정 무렵 일어나는데 진짜 일어나기 싫고 으슬으슬 추웠습니다. 달동네를 내려와 세차장까지 가는 길은 온 천지가 컴컴해서 더듬듯 걸어서 겨우 택시 집하장에 도착할 수 있었습니다. 운동장만큼 넓은 곳에 수십 대의 택시와 덤프트럭이 서 있었습니다. 컴컴한 어둠 속에 서 있는 그 차들이 괴물 같아 보였지만 꾹 참고 세차를 시작했습니다. 자꾸만 등 뒤에 세워진 덤프트럭 속에서 귀신이나 강도가 퍽 튀어나올 것 같아서 일하는 내내 등골이 오싹오싹했습니다. 그리고 호스로 차에 물을 뿌릴 때마다 옷에 떨어진 물이 버석거리며 그 자리에서 얼었습니다. 동전이고 뭐고 춥고 무서워서 집에 가고만 싶었습니다.

그 크고 무서운 곳에서 어머니는 혼자 자정부터 아침까지 택시를 씻었던 것입니다. 평소에 겁 많고 심장 약한 어머니는 그날 딸이 같이 와서 하나도 안 무섭다며, 재미가 난다며 즐겁게 택시 세차를 했고 동전 하나 발견할 때마다 고무장갑 낀 손을 들어보이며 정말로 재미나게 일을 했습니다. 그날 저는 택시를 두 대 씻었고, 집에 돌아와서는 심한 감기에 걸려 앓아누웠습니다. 물론 다시는 택시 세차장에 따라가겠다는 말도 꺼내지 못했습니다.

고등학교를 졸업할 때까지 어머니는 택시 세차를 계속했습니다. 그 노동의 대가로 육성회비를 기한 내에 내게 되었고 춘추복도 맞춰 입게 되었습니다. 대신 여름이고 겨울이고 밤새 세차 일을 한 어머니 열 손가락과 열 발가락은 동상이 걸렸고 무좀이 생겼습니다. 그래도 어머니는 웃었습니다.

"너거 아부지가 돈 안 갖다줘도 인제 하나도 겁 안 난다. 공부는 내가 시킬끼다!"

다행히 전 공부를 싫어하는 편이 아니었습니다. 국어는 언제나 즐거웠고 전국의 여학생들이 증오하는 미적분도 꽤 재미있었으니까요. 그래도 공부하는 틈틈이 주말이면 어머니 일을 돕고 싶어 집 안 대청소를 하고 모아놨던 빨랫거리를 찾아내 손빨래를 했습니다. 어머니는 그때마다 안쓰러움에 혀를 끌끌 차곤 하셨습니다.

"일 하지 마라 캐도! 시집가면 그런 일 백날천날 하고 산다, 알긋나!!"

마늘이라도 깔라치면 어머니는 오빠와 남동생을 불러 같이 마늘을 까게 했습니다.

"남자들은 피부도 두껍고 힘도 세다 아이가! 일은 남자들도 같이 하모 되는 기라!"

그래서 우리 집 남자들은 여자들과 같이 집안일을 늘 하면서 살았습니다. 특히 어머니의 고생을 제일 잘 아는 맏아들로, 타고난 효자였던 오빠의 집안일은 스케일부터 달랐습니다. 명절마다 제사마다 다라이에 불린 쌀을 자전거에 싣고 가서 길다란 줄을 기다렸다가 가래떡을 해왔고, 그 시절 우리들의 유일한 명절 간식이었던 광밥도 몇 시간씩 줄 서서 만들어왔습니다. 또 한겨울이 되면 오빠는 동태를 시장통에서 궤짝째 사와 마당 수돗가에 척 자리 잡고 앉아서는 식칼로 탕탕 내리치면서 그걸 다 손질하곤 했습니다. 남아선호사상을 가진 할머니는 생전에 그걸 내내 못마땅해했지만, 어머니는 뜻을 굽히지 않았습니다. 아들에게만 특권을 주던 1980년대를 살면서 자식을 그렇게 키우는 게 참말로 대단하다는 걸 저는 결혼을 하고 나이를 먹으면서 알게 되었습니다. 당연하고 평범한 것인 줄 알았던 친정의 일상이 1990년대의 사회에선 아직도 넘어야 할 산이 첩첩이 지키고 있는 산기슭 같았으니, 그제야 어머니의 강단과 교육 철학이 시대를 몇십 년은 앞서간 것임을 깨달았습니다.

어머니의 바람대로 저는 사범대학에 진학해 국어 교사가 되었습니다. 그래서 첫 월급을 받는 날부터 결혼할 때까지 6년 동안 월급을 모두 어머니께 드렸습니다. 평생 아버지의 월급을 받아본 적이 없는 어머니에게 매달 17일마다 월급봉투를 받는 재미를 드리고 싶었고, 어머니는 정말로 기뻐했습니다.

"내사 아무도 안 부럽다. 돈 없다고 내 무시하던 사람들 인제 꼼짝 몬 한다! 내 자식이 학교 선생인데 누가 날 박대할 끼고! 허헛!"

어머니는 같이 외출이나 쇼핑을 하러 나갈 때면 누가 물어보지도 않았는데 생면부지의 사람들에게 자랑부터 시작했습니다.

"우리 딸이 학교 선생이라요. 고등학교 선생!"

"오 좋으시겠어요! 딸 잘 키우셨네!"

"내가 키웠나요. 지 혼자서 공부하고 지 혼자서 선생 됐는데 뭘!"

백로 속의 까마귀였던 조그만 딸아이를 교사로 키운 어머니는 작년 1월, 세상의 인연을 끝내고 하늘로 돌아가셨습니다. 평생 가난에 맞서 자식을 지켜내느라 쉴 틈이 없었던 어머니는 이제 겨우 삶의 수고를 놓고 쉬고 계실 것입니다.

그 안식을 위해 오늘도 생전에 좋아하셨던 작은 꽃 한 송이 들고 납골당을 찾아갑니다. 일주일에 한 번, 어머니 가셨어도 평생의 치열한 노고를 기억하고 향기로운 꽃 한 송이로 치하해 드리며 다하지 못한 자식의 마음을 표현해 보는 일, 그 일만큼 행복한 일도 없으니 말입니다.

2021년 5월 21일

미애 올립니다

# 어머니, 당신의 삶이 옳습니다.

류 영 선
삼문초등학교 교장

엄마, 고함 지르고 화내서 미안해요.

엄마를 홀로 두고 돌아오는 길, 차 안에서 나는 또 후회하고 혼잣말에 목이 멥니다. '내가 더 참을걸, 그냥 엄마가 하시는 대로 두고 볼걸' 하고요.

연가를 내고 코로나19 백신 접종을 시키기 위해 엄마 집에 들어서는 순간부터 화가 났습니다. 아니 보호자가 함께 와야 한다는 '국민비서'가 보낸 문자를 볼 때부터 화가 났는지도 모르겠습니다. 매주 주말마다 엄마를 챙기는 것도 힘이 드는데, 갑자기 닥치는 모든 일을 나 혼자 감당해야 한다는 생각에 좀 억울하기도 했습니다.

그뿐만이 아닙니다. 집에 들어서자 잘 정리해 놓은 집 앞의 텃밭이 눈에 들어왔고, 밀고 다니는 유모차에 담긴 호미, 축담에 벗어 놓은 흙투성이 고무신과 몸빼바지는 엄마가 불편한 몸을 끌며 밭일을 했다는 사실을 말해 주었습니다. 새우 등처럼 고부라진 모습으로 힘겹게 마루에 오르고 있는 엄마를 보고 나는 너무나 화가 나서 울고 싶었습니다.

허리가 아파서, 귀에 철컥철컥 기차가 지나가는 소리가 들려서, 어깨가 아파서, 고혈압 약 타러, 눈이 아파서, 이가 아파서, 어지러워서……. 최근에만 해도 토요일마다 엄마를 모시고 다녀온 병원이 몇 군데였는지 엄마가 잘 아시지 않나요.

그런데도 일을 하고 있냐고, 나더러 죽으라고 하는 거냐고, 나도 이제 60을 바라본다고 힘들다며 화를 내고 고함을 질렀네요.

엄마, 다 들으셨지요? 당신에게 불편한 말은 짐짓 안 들리는 척 손사래를 치지만 실은 귀신같이 알아듣는 것 다 알고 있습니다. 그러면서 안 들리는 척 연기를 하시며 목 아프겠다고 컵에 물을 따라 건네고 얼기설기 남은 이가 보이도록 하염없이 웃으시네요.

"오늘은 금요일인데 와 왔노?"

"내가 예방접종 갈 거라고 준비하고 기다리라꼬 어제 전화했다 아이가?"

"늙어서 죽을 때가 다 되었는데 주사는 무신……. 안 갈끼다. 정부에서 우리처럼 늙은 사람한테 이리 돈을 쓰모 되나. 젊은 사람들부터 맞아야지. 니가 내 대신 맞아라."

"엄마는? 애국자인 척 말고 말이 되는 소리를 하소. 엄마를 위해서가 아니고 다른 사람을 위해서 맞아야 되는기다."

요지부동, 이렇게 고집을 피우는 것도 조금 전 내가 한 지청구에 대한 엄마가 표현하는 항의의 응답이라는 것을 압니다.

엄마, 어머니! 엄마가 지금 몇 살인 줄 아셔요? 엄마는 우리 나이로 올해 90, 자그마치 아흔 살입니다. 청각장애 5급, 잘 들리지 않을 뿐만 아니라 자주 도지는 이석증과 함께 날이 갈수록 이명의 증상이 심해지고, 기역 자로 꺾인 허리 수술도 두 차례나 했지만 회복은 불가능하고, 혈압도 높아서 하루에 이것저것 드시는 약만 해도 한 움큼인데 왜 아직도 청춘의 한때만 기억하시는지요.

"내가 열아홉에 이 집으로 시집와서 살아온 세월이 70년이다. 시할아버지, 시할머니, 시부모 봉양하면서 5남매 키우고 하루도 일하지 않은 날이 없다. 그런데 남은 것이 늙은 몸하고, 내 몸처럼 늙어버린 집 한 채가 전부다. 세월이 참 야속하다."

"세월이 야속하기는 90년이나 살아놓고……. 그렇게 일만 하고 살았으니 지금이라도 엄마 인생을 좀 살라고 하는데 이렇게 일을 못 해서 난리고? 그것이 다 욕심이다. 제발 좀 내려놓으소. 일하다가 다치고, 쑥 캐다 다치고, 이러면서 엄마가 아프다는 것은 거짓말이다. 앞으로 내 앞에서 아프다고 하지 마소."

엄마가 들리지 않을 크기의 소리로 구시렁거리며, 엄마의 변하지 않을 고집에 나는 어찌할 수 없이 삐딱선을 타고 맙니다.

나도 엄마의 젊은 날을 잘 알고 있습니다. 증조할아버지의 일곱 아들 중에 제일 큰아들이 우리 할아버지셨고, 할아버지의 3남 3녀 중 큰아들이 아버지셨습니다. 산 너머 산마을에 살던 열아홉 처녀는 도시의 결혼 자리를 마다하고 적어도 밥상을 세 개 정도는 차리는 집으로 갈 것이라는 욕심으로 강 마을의 식구 많은 우리 집에 시집을 왔다 했습니다. 시할아버지 밥상,

시아버지 밥상, 시할머니와 남편의 밥상, 시어머니와 시동생들 밥상, 머슴 밥상, 엄마와 고모들은 바닥에서, 한 끼의 식사를 위해 소원대로 여러 개의 밥상을 차렸다고 회상하며 엄마는 힘들었다는 푸념이 아니라 대단한 일을 해냈다는 자부심으로 그 때 이야기를 하곤 하셨지요. 명절에는 여섯 분이나 되는 시삼촌의 가족과 시동생들의 가족들이 다 모여 시끌벅적하던 그때가 그립다고도 했습니다. 없는 살림에 있는 것 없는 것 다 차려놓고 친척들이 돌아갈 때는 남김없이 음식을 나눠주었다는 것을 자랑 삼아 말씀하셨지요. 중풍을 앓게 된 젊은 시어머니를 극진히 모셨고, 술 좋아하는 시아버지를 위해 술 치는 감독관을 피해서 요리조리 술을 담가 어른들 대접했다는 무용담은 두고두고 회자되었지요. 요리도 잘하고, 바느질도 잘하고, 바지런하고, 싹싹한 태도로 수많은 일을 인상 하나 찌푸리지 않고 해냈다며 집안 어른들은 늘 칭찬했습니다. 그 칭찬에 어머니는 고무되었고 더 잘해야겠다는 의지를 불태운 듯도 했습니다. 엄마는 그렇게 살아오셨습니다. 정직하게 되돌려 주는 땅을 생명처럼 부지런한 노동으로 일구어내었고, 가족의 생계를 책임졌습니다. 사람의 근본인 효를 진심으로 실천하셨고, 이웃을 아꼈습니다. 가진 것을 나누는 삶이었고, 노동의 결실 이외의 많은 것을 욕심내지도 않았습니다. 그냥 그렇게 사셨습니다. 가정이 평안하면 좋았고, 어려움이 있으면 헤쳐 나가면서 그저 남 부끄럽지 않게 살면 된다고 믿으며 사셨습니다. 그러고 보니 엄마의 젊은 날은 참 활기 있고 찬란했었네요. 무슨 일이든

하기 싫다고 말씀하신 적이 없었고, 힘들다고 포기한 적도 없었던 것 같습니다. 늘 무슨 일인가를 하고 있던 부지런한 어머니였습니다.

내가 결혼하고 나서도 30년이 넘도록 쌀, 김치, 장아찌, 고추장, 된장, 간장, 채소, 고구마, 감자, 마늘, 양파 등 엄마의 뜰에서 나오는 것들을 당연하게 가져다 먹었습니다. 나뿐만 아니라 자식들 모두가 그렇게 했습니다. 그때는 엄마가 참 소중했지요. 밑반찬도 떨어질 날 없이 해 주셨고, 당신의 몸이 건강하니 귀찮게 하시지도 않았고, 긴 시간 동안 병든 아버지 수발을 혼자서 다 하시면서, 자식들에게는 힘든 내색 한번 하지 않았습니다. 신변에 대한 모든 것을 혼자서 처리했으니 엄마가 귀찮을 이유가 없었던 거였습니다. 엄마는 나에게 덕을 주었고, 피해를 주지 않았고, 앞으로도 그렇게 있어 줄 것이라 믿어 의심치 않았습니다. 생각해보니 그때는 엄마를 향해 늘 좋은 낯빛으로 예쁜 말만 하던 딸이었네요.

7년 전, 오빠가 세상을 떠나자 엄마는 그토록 굳건했던 의지와 왕성한 삶의 의욕을 놓아 버리고 눈물로 세월을 보내셨지요. 여기저기 탈이 나고, 평소 하지 않던 억지 말씀도 하기 시작했고, 필요 이상으로 당신을 비하하고, 만나는 사람마다 붙잡고 울기 시작하면서 몸도 마음도 힘들어졌고, 여기저기 문제가 생기기 시작했었지요. 위로도 하고, 달래도 보고, 그만하라고 화도 내고, 아들만 자식이냐고 원망도 하면서 그렇게 잠시 엄마를 챙기던 자식들은 모두 자기 자신과 가족들을 품기 위해 그네들이 있던 자리로 돌아가 버렸습니다.

그렇게 몸과 마음이 병들어가는 엄마를 막내인 내가 돌보게 되면서, 엄마는 내가 짊어지고 가야 할 십자가라고 생각했습니다. 지금 생각해보니 내가 엄마를 고행과 고통의 짐 덩이로 생각하였나 봅니다. 주말마다 엄마의 낡은 집을 청소하고, 빨래하고, 반찬 하고, 병원 데려가고, 엄마가 원하는 거, 필요한 거사 드리고, 덤으로 잔소리를 폭탄처럼 해댔고,

“엄마는 나 아니면 어쩔 뻔했노? 아무 말도 하지 말고, 일도 하지 말고, 내가 시키는 대로 하면 된다. 제사도 때려치우고, 자식들 손주들 생각도 말고, 나라에서 쓰라고 주는 노령연금 꼬박꼬박 쓰면서 노년의 인생을 제발 편안하게 지내라고오.”

그렇게 엄마의 생활을 확 바꿔서 멋진 노년을 보내게 해야겠다고 생각했지요.

엄마가 살아온 세월 동안 늘 해오던 것이 조상을 위한 제사 봉양, 자식 걱정, 후손 걱정이었고, 잘했고, 좋아했고, 재미있게 할 수 있는 것은 심고 가꾸고 거두는 농사일뿐인데 그 노동을 부정하고, 조상도 부정하고, 어머니 인생을 살라고 하니 얼마나 기가 막혔을까요? 더구나 몸도 마음도 예전처럼 따라주지 않는데 딸이 말하는 인생을 어떻게 살아야 할지 막막했을 엄마가 그려지네요. 엄마가 그동안 해오던 그 모든 것들이 엄마의 삶이었고, 쌓아온 인생이었는데 말이지요.

엄마 집에 갈 때마다 밀린 숙제처럼 내가 정해놓은 순서대로 할 일만 열심히 했습니다. 집을 나오는 마지막 순간까지 뒤

돌아보고 개수대에 담긴 그릇 한 개까지 남김없이 치우고서야 내 일이 끝났다고 생각했습니다. 그러느라 정작 엄마의 얼굴을 마주 볼 새가 없었습니다. 몇 마디 대화만 주고받고는 바쁜 듯 급히 돌아섰지요.

엄마는 그런 나를 말없이 바라보며, 삐걱대는 유모차에 기댄 채 차가 모퉁이 돌아갈 때까지 손 흔들고 계셨지요. 그 모습이 오래도록 잔상으로 맴돌았지만 나도 할 만큼 했다고 위안하면서 억지로 떨쳐내었더랬지요. 어머니의 바람이나 걱정, 혼자 남을 외로움에 대해서는 애써 부정했습니다. 잘못한 거 좀 찔리는 월요일에는 목소리를 더 부드럽게 해서 전화를 했고, 살갑게 굴었습니다. 그러면서 조금 남은 양심의 가책도 편하게 던져버렸던 것 같습니다. 전화도 자주 하지 않는 다른 자식들에 비하면 나는 효녀라고 생각했고요. 집안사람들이나 마을 사람들이 "아이구 니가 욕본다. 막내 딸 엄섰시모 우짤 뻔했노." 라는 인사라도 받으면, '봤지? 들었지? 나밖에 없지?' 은근 으스대며 유치한 공명심(功名心)에 사로잡히기도 한 것 같습니다.

부끄럽게도 힘들다 힘들다 노래를 부르며, 엄마의 목숨줄을 거머쥔 주인처럼 내 역할에 스스로 만족하고 있었나 봅니다.

그렇게 또 해가 바뀌고 4월이 왔습니다. 언제였던가 어머니가 내가 태어난 계묘년(1963년)의 보리 흉년 이야기를 해 주셨지요. 보리를 수확할 시기에 계속 비가 내려 말리지도 못하고, 푹 젖은 보리 이삭에서는 온통 싹이 나 버렸다고 했습니다. 그 이삭을 따서 불은 껍질을 벗겨서 씻어 내고 죽을 끓여서 먹었는데 젖이 잘 나오지 않아 딸 많은 집, 귀하지 않은 막내딸인 나는 배를 곯았고, 힘이 없어 울지도 못했고, 소리 없이 있는 듯 없는 듯 컸다고 하셨지요. 그게 미안해서 다섯 살이 되도록 젖을 물리고, 해마다 소쩍새 우는 4월, 내 생일이 되면 그때의 미안함을 담아 쑥떡을 해서 이웃과 나누어 먹었다고 했습니다. 정작 어머니 당신은 나를 낳은 후 또 딸을 낳았다는 죄책감에 채 회복되지도 않은 무거운 몸으로 보리죽을 끓였다고 했고요. 아궁이 앞에 앉아 뒷산에서 들려오던 소쩍새 울음소리를 듣고 있노라면 '소쩍소쩍' 솥이 작아서 자기 밥이 없다고 우는 거라던 그 울음소리가 그렇게 서러웠다고도 했습니다. 장독대 옆 이팝나무에 하얗게 고봉밥처럼 핀 꽃을 보고 저 꽃이 쌀밥이었으면 우리 아이들에게 보드라운 쌀밥 한번 배불리 먹일 텐데 했다고도 했습니다. 그 말을 듣고 '우리 엄마 시인이다.' 하고 감탄했던 기억을 아주 오랜만에 떠올립니다.

엄마와 딸로 오랜 세월을 살아왔지만, 그동안 엄마께 편지를 써 볼 생각을 해 본 적이 없었습니다. 초등학교도 나오지 않았지만 간단한 숫자도 알고, 돈도 알고, 쉬운 글자도 쓰고 읽으시는 것을 알면서도 선생이라는 딸은 편지는커녕 이야기책 한 권 읽어주지 않았으니, 어머니가 재미를 붙일 것이라곤 평생 해오던 일뿐이었다는 것은 어쩌면 당연한 일이었는지도 모르겠습니다.

그래서 어머니께 첫 편지를 쓰는 이 순간, 어머니께 잘하고 있다고 스스로 만족했던 지난날들이 부끄러운 회한으로 남습니다. 언젠가 이 편지를 엄마가 알아듣게 큰 소리로 읽어 드리면서, 제가 그동안 한 잘못을 고백하면 안 들린다, 안 들린다, 하면서도 고개를 끄덕일 것 같습니다. 그리고 처음으로 받아보는 딸이 쓴 편지를 대견한 듯 어루만지며 오래 들여다보시겠지요.

엄마, 어머니! 그동안 시키는 대로 하지 않는다고 원망하고, 내 마음에 들지 않는다고 화내고, 일하지 말고 편하게 엄마 인생 살라며 가르치려고 해서 죄송합니다. 내 생각이 잘못되었고, 엄마가 살아오신 삶이 옳았습니다.

뒤늦은 깨달음이 되어 후회하지 않도록 오랫동안 잊고 있었던 정필조라는 어머니의 이름을 자주 기억할게요. 그 이름으로 살아온 어머니의 삶, 지금 있는 그대로의 모습으로 존재하는 자체가 엄마의 인생이고 삶임을 인정하겠습니다. 그래서 엄마가 하는 행동과 말씀을 반박하지 않고 고개 끄덕이며 공감하겠습니다.

나를 낳아주셨고, 보릿고개를 힘들게 넘기고 키워주셨다는 사실을 잊지 않겠습니다.

엄마는 내 존재의 근원임을 매 순간 생각하겠습니다.

하루하루 날이 가고, 엄마의 상태가 나를 더 힘들게 하겠지만, 그럴 때는 가끔 삐딱선도 타면서, 그러구러 엄마랑 많은 시간 함께할 것을 약속하겠습니다.

그동안 엄마를 위한다고 했던 일들은 줄이고 엄마의 소리를 듣겠습니다. 볼륨을 최고로 높여도 알 듯 모를 듯 궁금한 TV 뉴스도 설명해 드릴게요. 보고 또 보는 몇 년 전 드라마 '전원

일기'도 함께 보면서 마주 보고 웃어 보아요.

"엄마, 너무 오래 말고 10년만 딱 더 살아서 백 년을 채워봅시다."

"아이고 썸뚝해라. 내일이라도 죽어야지 10년이 무슨 말이고? 그런 말 하는 거 아이다."

손사래 치며 고개를 흔들 어머니의 모습이 눈에 보이는 듯 선합니다.

엄마, 어머니! 어머니의 삶이 다하는 날까지 손 놓지 않고, 꼭 잡고 가겠습니다.

당신의 삶이 옳았음을, 당신이 살아낸 인생이 존중받아야 함을 깊이 새기고 잊지 않겠습니다.

2021년 4월 10일

엄마의 따뜻한 동행이 되고픈 딸 올림

# 당신과 나의 인연을 돌아보며

이 운 희
진해신항초등학교 교사

이제는 가물가물한 기억을 되짚어 봅니다. 몇 장 남지 않은 어린 시절의 사진 속에도 당신의 모습은 없습니다. 마음 깊이 숨겨 놓았던 흐릿한 기억의 자락들과 아버지와 친척들의 이야기만이 당신의 존재를 증언하고 있습니다.

1986년 구미시 번개시장 자락에 처음 자리를 잡았다고 하셨습니다. 고졸 사원이었던 아버지의 월급은 27만 원, 단칸방 전세금 400만 원과 숟가락, 이불 한 채로 시작했다고 했습니다. 유난히 알뜰하고 생활력 강한 당신은 결혼 후 5년 만에 작은 빌라를 사서 이사할 만큼 돈을 모았다고 했습니다. 내복 차림으로 세발자전거 위에 타고 있는 저와 당신의 모습이 찍혀 있는 사진 속 골목길이 아직도 선합니다. 비록 지금은 그 집과 골목이 큰 아파트가 되어 사라졌지만, 먼발치에 보이는 산과 사진 속 보이는 교회의 십자가가 이곳이 당신과 제가 있던 공간이었음을 알려주고 있었습니다.

당신께서 제게 늘 미안해하셨던 것이 있습니다. 제 오른쪽 팔 아래에 있는 화상 자국입니다. 호기심이 많았던 저는 단칸

방과 반지하 주방 사이에 있는 콘크리트 계단을 내려오다가 계단 옆 가스레인지 위에 있는 주전자에 팔을 데였습니다. 팔 아래라 신경 써서 보지 않으면 있는지도 모르는 상처이지만 그걸 그토록 미안해하셨던 당신의 모습은 선명합니다.

이사 간 빌라 주차장 아래로 자전거를 타고 내려가다가 그만 넘어지고 말았습니다. 앞니와 손톱이 빠졌습니다. 사진처럼 박힌 그날의 기억은 붉은색 피와 흰색 자전거가 떠오르고, '국제제과'라고 적힌 500원짜리 조립 로봇과 저를 안고 병원에 가기 위해서 택시를 잡으러 뛰어가던 당신의 심장박동 소리가 함께 들려옵니다.

요맘때 할아버지께서 말씀해 주신 것이 생각납니다. 제가 5살이 넘어서도 엄마 품에서 안 떨어지려고 해서 저를 등에 업고 앉아서 주무셨다고 합니다. 그래서 동생은 엄마 젖도 몇 번 못 먹어 보고 분유로 키웠다는 이야기도 들었습니다. 지금은 덕분에 동생이 키도 크고 덩치도 좋다고 우스갯소리를 하지만 당신이 저를 키우는 과정이 절대 쉽지 않은 과정이었다는 것은 분명합니다.

편지를 쓰다 보니 기억들이 떠오릅니다. 아파트로 이사를 했었습니다. 구미시 약목동 오성아파트 102동 201호라는 주소도 기억이 납니다. 친구들과 학교도 다니고 운동회 때 당신과 아버지 앞에서 달리기 1등을 해서 받은 공책을 자랑한 기억도 납니다. 달리기를 잘하고 축구도 잘해서 늘 저를 자랑스러워하던 모습이 생각납니다.

여름이면 돗자리와 간식을 싸서 뒷동산에 올라갔습니다. 산길에 자리를 펴고 앉으면 꽃들과 나무가 우리를 감싸 안는 느낌이 들었습니다. 장수풍뎅이, 사슴벌레, 잠자리 같은 곤충들도 잡고 냇가에서 물고기와 가재를 잡았던 기억도 잊을 수 없습니다.

어느 날 방문 틈 사이로 당신을 보았습니다. 머리카락이 하나도 없으셨지요. 저를 보시고는 황급히 가발을 쓰셨습니다. 철없던 그때는 그게 무슨 의미인지 몰랐습니다. 당신은 저에게 "절에서 공부하려고 머리 깎은 거야"라고 말씀하셨습니다. 아직 명확한 치료법이 개발되지 않아 항암치료 비슷한 것을 했다는 이야기를 후에 들을 수 있었습니다.

당신은 조금씩 기억을 잃어버리기도 하고 정상적인 판단을 못 하기도 했습니다. 냉장고 문을 열면 옷가지가 들어있고, 밥솥 안에 가위가 들어있는 것을 보고 저는 제자리에 있지 않은 물건을 찾았다고 좋아했지만 그걸 보고 슬프게 웃던 당신의 모습은 지금 생각하니 눈물이 납니다. 당신의 머릿속을 어지럽히던 병은 조금씩 당신을 힘들게 했습니다. 이런 이유로 아버지와 다투는 모습도 보았습니다. 단 한 번도 그런 모습을 본 적이 없었기 때문에 작은방에서 동생과 손을 꼭 잡고 아침이 되면 괜찮아지길 바랐습니다.

상태는 나날이 나빠졌지만 철없는 아들은 용돈 한 푼 더 받아볼 요량으로 방문을 두드려 억지로 엄마를 깨웠습니다. 200

원짜리 아이스크림을 먹기 위해서 말이죠. 지금도 그때를 생각하면 너무나 부끄럽습니다.

할아버지께서 오셨습니다. 아픈 어머니가 혹시나 우리를 해할까 두렵다는 이유로 아버지와 당신을 갈라놓기 위해서입니다. 당신은 저와 동생을 데리고 도망 나왔습니다. 신평동, 신평초등학교에서 왼쪽으로 언덕 3개를 넘으면 나오는 연립주택, 수업을 마치고 집에 빨리 가지 않으면 당신이 없을지도 모른다는 걱정에 뛰어서 집으로 갔던 기억이 납니다. 그리고 당신이 있음에 안도했습니다. 하지만 불안한 행복은 오래가지 않았습니다. 어떻게 알았는지 할아버지와 할머니, 고모들까지 모두 몰려와서 저와 동생을 데리고 가려 했지요. 그 연립주택 화장실에서 엄마와 저, 동생이 주황색 백열등 아래에서 문을 잠그고 버티던 기억이 납니다. 결국, 강제로 문은 열리고 당신과 저는 이별하게 되었지요.

당신이 너무나 그리웠지만 빨리 잊었습니다. 아니 잊으려고 노력했습니다. 아홉 살배기 아이에게 엄마라는 존재는 가치를 매길 수 없을 만큼 너무나 소중했기 때문입니다. 곁에 없다는 사실을 인정하는 것 자체가 너무나 고통스러운 일이었기 때문입니다. 그래서인지 아버지가 데려온 다른 여자들에게 '엄마'라 부르고, 앨범 속 사진에서 당신이 도려져 나갈 때도 무감각해졌습니다. "다들 눈 감아. 엄마 없는 사람 손 들어." 하던 조사를 할 때만 가슴 철렁했을 뿐입니다.

5학년이었습니다. 학교 복도 끝에서 당신의 실루엣을 보았습니다. 늘 입으시던 회색, 붉은색, 흰색 가로줄 무늬가 들어간 스웨터를 입고 있는 사람은 분명 당신이었습니다. 저에게 주려고 간식을 가지고 왔다며 제게 가까이 왔을 때 저는 당신임을 알아보았습니다.

훨씬 수척해진 얼굴과 움푹 팬 눈은 당신이 그동안 혼자서 얼마나 힘들었을지 알 수 있었습니다. 그런데 저는, 지금도 저는 그것을 후회합니다. 당신께 "왜 오셨어요. 학교에 오지 마세요."라고 모진 말을 했습니다. 친구들 모두 새어머니가 엄마인 줄 알고 있는데 당신의 존재를 다른 아이들이 알까 부끄러울 것 같았기 때문입니다. 제 말을 듣고 손에 들고 계시던 검은색 비닐봉지 안에 들어있던 머핀 빵과 바나나 우유를 두고 가셨습니다. 그래서 지금도 그 생각만 하면 후회됩니다. 아무리 후회해 봐야 소용없겠지만 머핀과 바나나 우유만 보면 그때의 생각이 납니다.

6학년 여름방학, 아버지께서 저와 동생을 데리고 할머니 댁에 가는 길에 엄마가 보고 싶은지 물었습니다. 참 신기하게도 "무슨 엄마요. 집에 있잖아요."가 아니라 "네"라고 대답했습니다. 외가댁 근처로 갔습니다. 그곳에는 당신과 외할머니, 이모가 저희를 기다리고 있었습니다. 거기서 백숙을 먹으면서 앞으로 당신이 할머니와 같이 살 것이고 방학 때는 같이 와서 지내자고 했습니다. 병이 나으면 앞으로 다시 같이 살자며 제 손에 용돈을 쥐여 주시고는 가셨습니다. 서먹한 분위기와 어딘가 모르게 눈을 못 맞추던 당신의 모습은 복선이었을까요? 그게 마지막 모습이 될지는 몰랐습니다. 연락을 주겠다던 당신은 살던 집 앞에 오래된 우유와 신문 몇 부만 남기고는 홀연히 자취를 감추었습니다. 온 가족이 도시를 다 뒤져 찾고 경찰에 실종신고를 했음에도 행방을 알 수 없었습니다.

그러고는 당신을 잊었던 것 같습니다. 생각해봐야, 떠올려봐야 볼 수 없다면 잊는 것이 차라리 속 편하기 때문입니다. 제가 다시 당신을 찾은 것은 대학생이 되어서였습니다. 그제야 철이 좀 들었던 걸까요? 외삼촌과 함께 여름방학 동안 엄마를 찾는다는 전단지 1,000장을 직접 돌리고, 현수막을 구미 전역에 걸어 놓고 당신을 찾았습니다. 밤에 나와 전봇대마다 전단지를 붙였습니다. 그걸 보고 대구일보 류상욱 기자라는 사람이 엄마를 찾는다는 현수막을 보고 신문에 게재해 주어서 신문에도 나왔던 기억이 납니다. 수없이 많은 사람이 연락을 주었습니다. 혹시나 하는 기대를 해 보았지만 결국 당신을 찾을 수 없었습니다.

28살, 결혼을 해야 했습니다. 그래서 다시 당신을 찾았습니다. 정확히 말하면 당신이 아니라 당신이 남기신 유산을 찾았지요. 당신은 아픈 와중에도 열심히 일해 아들이 크면 줄 거라고 아파트를 분양받아 두었습니다. 대학에 가면 줄 거라던 통장에 넣어둔 적금도 받았습니다. 가족관계 증명서에 실종이라는 두 글자를 보면서 아파트를 팔고 통장에 있던 돈으로 결혼을 했습니다. 그렇게 아들은 당신이라는 거름 위에 가정을 이뤘습니다.

매년 이렇게 당신 생일이 다가오면 이렇게 편지를 씁니다. 얼마 전에 둘째가 태어났습니다. 저를 닮은 아들입니다. 당신이 계셨다면 얼마나 기뻐하셨을지 눈앞에 선합니다. 새벽에 컴컴한 거실에서 아이 우유를 먹이다 문득 기억이 떠오릅니다. 7살이 다 되도록 혼자 화장실 가는 것이 무서워 한밤중에도 엄마를 흔들어 깨웠지요. 화장실 문밖에서 어린 아들이 엄마 거기 있어? 하는 물음에 피곤한 기색으로 대답하던 당신의 모습이 생각납니다. 아이들을 키우다 보면 당신이 더 많이 생각날 것 같습니다. 그리고 더 부끄럽겠지요.

올해는 담임이 아닙니다. 대신에 실과라고 하면 아실까요? 학교에서 여러 동물도 기르고 미니카, 레고도 만듭니다. 어린 날 당신과 함께했던 모든 것들을 아이들과 나눌 수 있게 되었습니다. 저와 비슷한 상처가 있는 아이들의 마음을 어루만져 줄 '가족사랑 프로젝트'도 같이 하고 있습니다. 올해는 우리 학교 6학년 아이들 모두가 참여해서 더 보람 있을 것 같습니다.

결국, 얼굴에 점은 지우지 않기로 했습니다. 당신과 내가 떨어져 있었던 시간이 너무나 길어서 서로를 못 알아볼 것 같기 때문입니다.

언젠가 운명처럼 다시 만나게 되는 날 참 고맙고, 사랑한다고 말하겠습니다.

2020년 1월 25일 당신의 60번째 생일날

첫째 아들 이운희 올림

# 개구리 울음소리를 기억하며

김 미 희
거제교육지원청 장학사

엄마, 저 둘째 딸 희야예요. 오늘 아침 출근길에 아파트 담벼락 벚꽃나무가 만개한 꽃 무게를 못 이겨 늘어진 모습이 얼마나 좋아 보였는지 출근길부터 기분이 좋았네요. 마치 어릴 때 저희 5형제 입 속에 밥 들어가는 모습만 보면 흐뭇하게 웃으시던 엄마 얼굴 같았네요.

엄마, 저 벚꽃이 지고 그 자리에 연초록 잎들이 가지마다 솟아나면 저 산 밑 논두렁에서는 농사일로 바쁜 농부들의 찰방거리는 발소리가 귓가에 스치겠지요. 저마다 물 댄 논에 비친 오월의 태양이 질 무렵에 논두렁에서 오케스트라 합창단처럼 울려 퍼지는 개구리 울음소리들이 벌써 들리는 듯합니다.

엄마, 그해 여름은 정말 유난히도 더웠지요. 제가 둘째를 낳은 지 얼마 안 된 그해, 농촌에서 시어른을 모시고 사는 제가 마음에 걸려서 늘 노심초사하시며 제 안부를 항상 묻곤 하셨지요. 벚꽃이 흐드러지게 한바탕 피었다가 그 꽃잎 떨어진 자리에 잎들이 무성한 어느 한낮, 큰애와 같이 마당에서 놀다가 시동생이 타고 온 오토바이 연통에 그만 오른쪽 무릎 밑을 데였는데 그 상처가 점점 덧나기 시작했었지요. 병원 가서 치료하면 잠시 그때만 괜찮다가 다시 덧나기를 반복했지요. 날은 점점 더워져 초여름이라 습하고 더운 탓인지 상처는 자꾸 곪아서 다리 전체로 퍼지기 시작했지요. 동네 병원에서는 안 될 것 같아 부산이며, 진주며 큰 도시의 유명한 피부과를 다 찾아 다녔지만 점점 더 심해져 갔었지요.

엄마, 그때 엄마가 제 다리를 보시고 옛 어른들 말로

"아이고, 큰일났다! 다리에 무골이 들었다. 이거 그냥 놔 두면 다리 잘라야 된다. 우야꼬?"

라고 걱정을 하시던 모습이 선명합니다. 엄마는 딸 다리를 낫게 하려고 그때부터 백방으로 민간요법을 묻고 다니셨고, 어느 노인 한 분이 아주 맑고 깨끗한 곳에만 사는 비단개구리 5마리 정도를 산 채로 찧어 상처에 붙이면 나을 수 있다고 한 말을 들으셨지요.

그 말에 엄마는 온 동네를 헤매고 다니시면서 비단개구리를 구하러 다니셨지요. 벌써 20여 년 전 일이지만 그때도 1급수 맑은 곳에서만 사는 비단개구리를 구하는 건 쉽지 않았나 봅니다. 여기저기 찾아 헤맨 끝에 거제 동부면 어느 깊숙한 산골에 사는 노인분께 비단개구리 5마리를 만 원 주고 사오셨다지요.

그 노인은 그냥 공짜로 주신다는 걸

"우리 딸 약 할 거라 공짜는 안 된다!"

하시면서 막걸리라도 사 잡수라고 노인 손에 쥐어준 만 원짜리. 그 만 원짜리 한 장엔 자식을 걱정하는 엄마만의 믿음이 강하게 묻어 있었지요.

엄마, 집에 비단개구리들을 데리고 와서 산 채로 찧어 딸 다리에 붙여야 하는데 엄마도 여자인지라 산 개구리를 돌로 찧으려고 넓은 돌 위에 놔두면 녀석이 개굴거리면서 엄마와 눈이 마주쳐 도저히 못 찧고 실패하기를 반복했다지요. 그때 느꼈을 엄마의 두려움과, 산 동물을 돌로 찧으려던 그 모골이 송연한 감정을 생각하면 저는 지금도 눈물이 나옵니다. 아무튼 엄마는 그 두려움을 내 딸 다리를 자르면 안 된다는 어머니만의 일념으로 이겨 내시고 결국 개구리를 산 채로 찧어 붕대에 붙여 놓고 제게 전화를 하셨지요. 급한 일이 있으니 오라고.

엄마, 급한 일이라는 말에 놀라서 뛰어간 제게 엄마는

"니 다리 그대로 놔두면 뼈까지 썩어 잘라야 될 수도 있대이. 그라니 다리 안 자를라모 이 개구리 좀 붙이고 댕겨라." 하고 사정을 하셨지요. 저는 펄쩍 뛰었지요. '요새 세상에 개구리가 웬 말이냐, 내가 병원 열심히 안 다녀서 그렇다, 그리고 다음 날이면 학교 가서 수업도 해야 하는데 어떻게 다리에 개구리를 붙이고 수업을 하냐고, 또 더운 날씨에 냄새는 어찌 하냐고…….'라면서 펄펄 뛰었습니다. 그때 제게 엄마는 눈물을 보이시며 '엄마 살려주는 셈 치라고, 학교 다니면서 애 키우고, 시댁에서 시동생, 어른까지 모시고 살면서 항상 바쁘고 힘들게 사는 너 땜에 늘 마음이 아프고 쓰이는데 거기다가 다리까지 자르면 엄마는 어찌 사냐고…….' 그러시면서 제 다리 고쳐주려고 개구리와 눈 마주친 얘기를 해 주시더군요. 개구리 눈을 보면서도 '내 딸 다리가 더 소중하다, 눈 찔끔 감자.'라고 혼자서 결심을 다졌던 얘기를 해주셨지요. 그 말을 듣고 나니 아무리 엄마 혼자만의 미신, 민간요법이라고 치부하더라도 그 모든 난간을 이겨내고 개구리를 찧은 엄마의 성의를 생각하니 도저히 저는 거부할 수가 없더군요. 그래서 정말 눈 찔끔 감고 다리에 개구리를 붙였더랬지요. 붙이는 순간 그 차갑고 서늘한 감각을 지금도 잊을 수가 없습니다.

엄마, 생각해보면 저도 참 용맹했었던 것 같네요. 개구리를 산 채로 찧어 붙여 붕대를 칭칭 감은 상태로 수업도 하고 근무도 했었습니다. 냄새가 너무 많이 나 학생들과 다른 분들께 양해를 구하고 혼자 지냈었습니다. 밥도 도시락 싸 가서 혼자 먹고. 그렇게 더웠던 여름날, 저는 다리에 개구리를 5마리 붙인 채로 보냈었습니다. 학교에서는 학생들과 선생님들이 저를 개구리 소년이라고 놀리기까지 했었지요. 늘 다리가 묵직하면서 절뚝이며 걷던 생각이 지금도 선명합니다.

엄마, 근데 정말 신기하게도 그렇게도 낫지 않던 제 다리가 개구리를 붙인 이후로 고름이 봇물처럼 나오기 시작하더군요. 얼마나 고름이 많이 나오던지 제 굵은 다리가 전부 고름으로 꽉 차 있는 것 같더군요. 닦아도 닦아도 계속 고름이 흘러나오더니 마지막 5마리째를 떼고 나서는 새살이 차오르기 시작하더군요. 거짓말같이.

엄마, 지금 제 오른쪽 다리는 흉터 하나 남지 않았어요. 정말 언제 그런 상처가 있었냐는 듯이 깨끗합니다. 남들은 이 애기를 해주면 저보고 거짓말이라고 해요. 하지만 저는 벚꽃이 피어나고 사방이 따스해지는 이 계절만 오면, 또 논두렁에 개구리 울음소리가 들려오기 시작하면, 엄마가 제게 주신 그 말로 표현 못 할 사랑이 전해져 지금도 눈가가 먹먹합니다. 개구리가 아니어도 상처는 어찌어찌 나았을 테지요. 하지만 내 딸 다리를 자르면 안 된다는 그 일념으로 인간이 느낄 수 있는 두려움과 서늘함까지 극복하고 개구리를 찧으셨을 그때의 엄마를 생각하면 제가 살아 살아오고 살아갈 이 모든 일상들이 엄마의 덕이라고 여깁니다.

엄마, 엄마가 그토록 걱정하시던 둘째 딸은 이제 휘몰아치던 삶의 난관들을 다 이겨내고 어엿한 중년 부인이 되었네요. 이제는 개구리 울음소리 울려 퍼지는 어느 날 제 손 잡고 더 이상 상처 없는 제 다리로 멀리 여행이나 다녀오십시다. 그리고 아무 죄 없이 갑자기 노인 손에 잡혀 와서 엄마와 눈 마주치며 자신의 살들을 모두 내어준 먼 옛날의 비단개구리들을 기억하며 조용한 절에 가서 기도나 올리고 오십시다. 옛날 얘기 오순도순 하면서 엄마 다리도 주물러드리면서 그렇게 또 제 곁에서 오래오래 살아가 보입시다. 엄마.

2021년 벚꽃 피는 어느 날 둘째 딸 희야가

# 어머니의 깊은 사랑을 생각하며

이 현 정
중리초등학교 교사

엄마! 잘 계세요?

아픈 다리는 잘 낫고 있나요? 코로나 때문에 병문안도 못 갔습니다. 또 바쁘다는 이유로 문안 전화도 자주 못 드렸네요. 한동안 하루에도 몇 번씩 전화해서 걱정을 끼쳐드렸는데……. 오히려 무소식이 희소식이라는 말을 떠올리며 편히 지내시겠지, 생각하며 혼자 피식 웃어봅니다.

저는 엄마와 약 1년여의 시간을 떨어져 지내면서 마음마저 멀어지는 듯했어요. 시간도 2시간이나 차이가 나고, 기후, 날씨가 달라서였을까요? 그래서 엄마가 더 그립고 힘들어질까 봐 일부러 전화를 안 드리기도 했죠. 그러다가 제 몸이 아프기 시작했고 내심 엄마께 걱정을 끼칠까 봐 아프다는 말씀을 못 드렸어요. 제가 아프다고 말씀을 드려도 뾰족한 방법이 없어 답답한 마음에 마음고생만 하실 것 같았거든요. 1달 반이라는 시간 동안 저는 병원도 못 가고 밤낮으로 이를 악물고 참았네요. 2020년 7월 30일 입국 후 자가격리를 하는 2주의 시간 동안

너무 지쳐서 엄마께 전화를 드렸을 때

"자가격리 지겹고 힘들면 미스터 트롯 틀어서 들어봐."

하시던 말씀이 아직도 귓가에 맴돕니다. 엄마는 그렇게도 그리워했던 손자들과 딸, 사위를 곧 만날 것이라고 기대하고 계셨고, 우리 가족이 같은 하늘 아래 있는 것만으로도 안심이 된다며 기뻐하셨죠.

사실 저는 제가 어디가 아픈 건지 어찌해야 할지 너무나 힘든 상황이라서 엄마 말씀에 그냥 건성으로 대답할 수밖에 없었어요. '자가격리가 끝나고 엄마를 만나서 그동안의 일을 다 말해야지.' 했거든요. 제가 얼마나 힘들었는지 하소연을 하고 엄마가 제 얘기를 들어주시면 답답했던 마음이 풀리고 몸은 회복될 것만 같았어요. 그래서 저는 1년여 만에 엄마를 만나 아이처럼 울며 많이 아프다고 얘기해 버렸네요. 그리워했던 시간의 회포를 풀고 한국으로 돌아온 기쁨을 만끽할 틈도 없이 말이죠.

전 가끔 작년 7월에 제 몸에 일어났던 일들이 문득 떠오릅니다. 말로 설명하기도 힘든 이상한 통증들은 사는 동안 전혀 느껴보지 못했던 증상이었는데 아픈 이유를 모르니 그렇게 힘들 수가 없었어요. 저도 답답한데 엄마는 얼마나 답답하셨을까?

"괜찮아질 거다. 이것저것 먹다 보면 은연중에 낫게 될 거다."

하시며 온갖 비타민, 오메가3 등 건강기능식품을 한 가방씩 가져다주셨죠. 멀쩡하던 딸이 갑자기 한국으로 돌아와서는 "눈이 아프다. 팔이 저리다." 하니…….

작년 8월 한 달 동안 저는 일하러 가신 엄마를 아이처럼 온종일 기다렸어요. 낮 동안 더위와 싸워가며 일을 했는데, 피곤을 씻어야 할 시간에 아픈 딸을 보니 많이 힘드셨죠? 제 걱정을 잊기 위해 더 힘들게 일하셨다는 말씀에 저는 죄송하고 또 죄송했어요. 저는 한국에 와서 약 한 알 먹고 나면 나아질 것이라 생각했거든요. 내 나라 말로 어디가 아픈지 설명하면 의사 선생님이 척 처방을 내려주시고 금방 원래처럼 나아질 것으로 생각했는데 아니더라고요. 1달 반 시간을 혼자 끙끙 앓았고 왜 아픈지 알고 싶은데 알 수가 없었어요. 하지만 아무도 제가 아픈 이유를 제대로 설명해 줄 수가 없었어요. 검사상에는 별 이상이 없었으니까요. 저의 아픈 곳을 찾지 못하고 제 얘기를 귀 기울여 듣지 않는 그들의 태도에 저는 지쳐갔죠.

'도대체 어디가 아픈 걸까? 정말 나는 아픈데 왜 아무도 몰라줄까?' 하루에도 몇 번씩 후회하고 자책하며 보낸 시간을 엄마는 아셨죠? 그 긴 시간 엄마가 계셨기에 저는 견뎌낼 수 있었어요. '엄마는 지난 시간을 어떻게 견뎌내셨을까?' 생각하면 저는 또 희망이 생겨 힘을 얻을 수 있었어요.

어느 날 갑자기 어깨까지 아파져 오자, 엄마는 또 저를 이 병원, 저 병원으로 데리고 가셨죠. 마치 엄마가 아픈 것처럼 이리 뛰고 저리 뛰는 모습에 저는 제 자신을 돌아보게 되었습니다. '난 우리 엄마처럼 내 아이들을 사랑하는가? 마치 엄마는 자신이 아픈 것처럼 나를 보살펴 주시는구나.'

어릴 때는 '엄마가 너무 젊으셔서 내 이야기를 잘 안 들어주시는 건가? 엄마가 나이가 좀 더 많다면 차분하고 온화하게 나를 더 품어 주셨을 텐데.'라고 생각한 적도 있었어요. 제가 진짜 힘들 때 그냥 제 얘기를 들어주면 좋겠는데 엄마가 전혀 들어주지 않으시는 것 같았어요. 그래서 얘기 잘 들어주는 엄마에 대해 생각해 봤나 봐요. 엄마가 좀 나이가 많으면 얘기를 잘 들어주실 거라는 환상도 나이랑은 상관없다는 것을 알게 되었어요. 생각해 보니 엄마는 엄마의 방식으로 저를 사랑해 주셨더라고요. 엄마는 때마다 맛있는 밥을 차려주셨어요. 끼니 거르지 않고 집밥 잘 먹고 학교 다니도록 해 주셨던 것이 엄마의 사랑 방식이셨죠?

창원에 살 때 바쁜 저를 대신해서 우리 집에 살짝 다녀가신 날도 셀 수 없이 많네요. 우렁각시처럼 말이에요. 현관문을 열었을 때 정리된 물건들, 반짝이는 싱크대, 따끈한 국, 엄마의 온기가 느껴져서 하루의 피곤이 싹 사라졌더랬죠.

"엄마가 힘들게 한 일이 헛되지 않았으면 좋겠다. 엄마가 해 놓은 음식 잘 관리해서 먹어라."

그런데 엄마가 해 놓으신 음식을 소홀히 했어요. 엄마는 인공관절 수술로 앉았다가 일어서실 때 너무나 힘드신데 저는 엄마의 온기가 그 음식들에 담긴 줄도 모르고 소홀했네요. 그렇게 엄마는 자식과 손자들을 챙기시는 마음을 몸소 보여주셨어요. 싱크대 물 흐르는 소리, 엄마의 뒷모습, 엄마의 빠른 손놀림, 일을 두려워하시지 않고, 손이 빠르신 엄마를 저는 반도 못 따라갈 것 같아요. 엄마 닮아서 척척 잘 해내고 싶은 맘은 굴뚝 같은데 말이죠.

작년 11월이었나요? 엄마가 몹시 피곤해 보이셨는데도 저는 엄마를 붙잡았지요. 그날따라 나는 눈에서 나는 소리인지, 턱에서 나는 소리인지 모를 '톡톡' 소리로 무척이나 힘이 들었어요. 그날 엄마는 아버지가 편찮으셨던 때의 이야기를 들려주셨죠. 아버지 병간호를 하며 병원에서만 지낼 때 창문 밖으로 하이힐을 신고 또각또각 걸어가는 여인을 보면서 하셨던 생각은 참으로 놀라웠고 지금도 잊히지 않아요. 엄마를 엄마로만 생각했는데 엄마도 30대가 있었고 남편이 아파서 힘들어했고, 앞으로 살아갈 날들에 대해 걱정을 하고 있었다는 걸 그때 깨달았어요. 엄마의 이야기가 한 젊은 여인의 독백으로 들리더군요. '어디를 저리도 바삐 가는 걸까? 나도 저렇게 바쁘게 다닐 때가 있었지. 나도 이 시간을 참아내면 언젠가는 저렇게 바쁘게 다니겠지.' 엄마가 들려주신 그 말씀이 제 가슴에 꽂히고 힘이 되었어요. '나도 이 시간을 참고 견뎌내면 다시 바쁘게 어딘가로 가는 내 시간을 살겠지. 나도 아프지 않을 때는 옆도 뒤도 돌아볼 시간 없이 앞만 보고 달려갔는데.' 제 마음을 두드리는 말씀이었어요. 아버지가 아프실 때 엄마는 그렇게 힘든 시간을 보내셨는데 어렸던 저는 기억도 못 하고 마냥 저의 시간을 살고 있었겠죠? 엄마와 아픔을 함께 나누지 못했던 지난 시간이 안타깝네요. 엄마 혼자 고스란히 아프고 이겨냈던 시간은 모른 체했어요. 그러다가 제가 아프니 엄마 가슴에 묻어 두었던 시간마저 저를 위로하는 데 써 달라고 하는 제가 너무나 이기적으로 보입니다. 하지만 제가 아프지 않았더라면 엄마가 가슴 깊이 묻어 두셨던 이야기를 못 들을 수도 있었겠다고 생각하니, 오히려 저의 아픔과 고난이 더 의미 있게 느껴집니다.

지난날 아이들이 어렸음에도 불구하고 제가 학교 일을 할 수 있었던 것은 엄마가 사천, 양산, 부산, 창원을 오가며 저희 아이들을 키워주셨기 때문이었어요. 월요일부터 금요일까지 금요일 저녁에 가셔서 월요일 아침이면 어김없이 우리 집으로 와 주셨죠. 그 먼 거리를 매주 오가셨던 엄마. 그 귀중했던 엄마의 시간을 제가 당연한 것으로 받았다니 너무 죄송한 마음이 듭니다. 60대의 엄마에게 50대는 얼마나 소중했을까요? 제 나이 한 살씩 더 들어가는 것만 생각했지, 엄마의 시간이 흐르는 것은 또 몰랐어요. 저는 모르는 것이 너무 많았네요. 제가 아프기 전에는 몰랐어요. 건강이, 젊음이 얼마나 소중한지를요. 그때도 저는 철없는 얘기를 했죠. 엄마의 마음은 전혀 알지도 못한 채 저는 "엄마는 왜 제가 집에 오면 바로 가세요? 친구들 만날 약속만 잔뜩 잡아 놓으시고, 정말 너무해요."라고 말했었죠. 엄마 맘도 모르고 다시 돌아보니 너무한 것은 저였다는 생각이 듭니다.

제가 부산에 살 때, 엄마가 안구건조증과 백내장으로 힘드셨던 것도 몰랐죠. 월요일 오전에 부리나케 안과에 다녀오셨다는 것도요. 나이가 들면 노안도 오고 백내장도 온다는 것도 저랑은 상관없는 얘기로 생각했어요. 백내장은 수년간 힘든 시간을 견뎌야만 수술할 수 있다는 병원의 말은 충격이었어요. 많은 어머니, 아버지들이 나이 듦의 불편함을 겪으시고 그렇게 인내하신다는 걸, 자식들 걱정할까 봐 자식들에게 아프다고 일일이 말할 수 없는 그 깊은 마음을 저는 몰랐어요.

엄마는 참 좋은 엄마세요. 제가 좋은 선생님이 되고 싶다고 얘기한 것을 기억하시고 좋은 선생님 되려고 그러나 보다 하고 그저 이해해주셔서 감사해요. 이제 겨우 돌이 된 둘째를 엄마께 맡기고 엄마를 우리 집에, 포대기에 묶어놓았다고 생각하니 더욱 죄송해요. 엄마의 시간을 담보로 저는 뭔가 더 크고 멋진 일을 하고 싶다는 꿈을 꿨다는 것을 이제는 압니다. 제가 하고 싶은 것들 하느라, 엄마의 눈물과 아픔을 보지 못했어요.

요즘 저는 아프다는 것은 지속되는 통증과 불편함을 견뎌야 한다는 것임을 알아가고 있습니다. 엄마가 인공관절 수술하시던 날, 수술실 앞에서 저는 혼자 기다렸죠. 수술실 장비 작동 소리가 들리는데 저는 온몸이 떨리더라고요. '엄마가 매우 아프시겠다. 우리 엄마 무릎이 많이 닳았네. 우리 아이들 업고 4층 건물의 계단 오르내리시느라, 나 키우시느라, 일하시느라 많이 아프셨네, 참고 또 참으셨네.' 힘든 수술 잘 견뎌내 주셔서 감사해요. 제 몸이 아파보니 평범한 일상의 소중함이 느껴집니다. 이제야 정말 소중한 것이 무엇인지 오늘 주어진 이 시간이 얼마나 아름다운 보석 같은지 알겠어요. 엄마가 저와 보내 주신 지난 시간이 모두 감사해요. 어느 날, 어릴 때 엄마가 저와 함께 보낸 시간이 많지 않으셨다는 생각이 문득 들더라고요. 초등학교 시절 엄마가 새벽 일찍 나가시고 저녁 늦게 들어오시니 엄마를 많이 그리워했던 기억이 떠오르면서 괜히 엄마를 원망도 했어요. '초등학교 다닐 때, 내가 어릴 때 더 많은 시간을 나와 보내주시지.' 엄마는 그럴 수밖에 없으셨던 것 같아요. 빠듯한 살림 탓에 우리를 키우기 위해 열심히 사시느라 어쩔 수 없이 온종일 일을 하셨는데 괜한 원망을 했던 저를 용서해 주세요.

제가 출근하였던 동안 엄마가 아이들을 보살펴 주셔서 저는 늘 든든했어요. 어린 핏덩이를 어린이집에는 맡길 수 없었죠. 엄마는 "아까운 내 손주 내가 봐야지. 남한테 못 맡긴다." 하셨죠. 그렇게 수년간 엄마는 사랑을 베풀어주셨네요. 저희 아이들 키워주신 것 정말 감사해요. 그래서 아이들이 건강하게 잘 자란 것 같아요.

매일 저녁 퇴근하면 아이들과 엄마가 계셨고, 엄마는 '오늘도 맛있는 저녁을 준비해 놓으셨겠지?' 저는 엄마가 차려놓으신 저녁밥을 기대하며 즐겁게 퇴근했어요. 이제는 그리운 그 시간입니다. 생각만 해도 입안에 군침이 도네요. 그때는 제가 건강했고 엄마도 지금보다 더 건강하고, 젊으셨죠. 이제는 그 시절이 다 아름다운 추억으로 보입니다.

당연한 게 아닌 것을 당연한 것으로 생각했던 저의 어리석음을 이제야 깨닫습니다. 사랑을 받았음에도 그것이 사랑인지도 몰랐던 철없는 딸이 엄마께 받은 사랑을 이제는 세상에 나눌게요. 참 제가 많이 아플 때 '내가 대신 아프면 좋겠다.'라고 말씀하셨던 거 감사해요. 쉽게 입 밖으로 뱉을 수 없는 말, 엄마의 크신 사랑이 너무 큰 힘이 되었어요.

치료를 시작하고 이제는 조금씩 좋아짐을 느낍니다. 아버지는 노래를 들으라고 하세요. 노래를 들으면 낫는다고, 시골 큰집 마당에 핀 모란과 작약을 잔뜩 꺾어주시는 그 따뜻한 마음에 저는 감사하게 됩니다. 미국 아제가 주신 비타민을 드시지 않고 두셨다가 저에게 주셨어요. "먹는 정성이 중요하다. 잘 챙겨 먹어라." 하시는 말씀에 눈시울이 붉어지고 가슴도 먹먹해지더라구요.

이제는 엄마께 하루 한 번은 일상의 웃음과 기쁨을 드리는 전화를 한 통씩 드려야 할 것 같아요. 제가 엄마를 얼마나 사랑하는지 전해야 하니까요.

엄마가 정성껏 키워주신 저의 보물들이 제 옆에서 꼬물꼬물, 쌔근쌔근 자는 걸 보면 저는 더할 나위 없이 행복합니다. 또 엄마의 외손주들이 외할머니께서 주신 깊은 사랑을 다 기억하고 있는 거 아시죠? 힘내시고 얼른 나으세요!

2021년 5월 31일

엄마를 많이 사랑하는 딸 현정 올림

# 아주 특별한 부모님 기일

이 서 하
온천초등학교 돌봄전담사

장독대 옆 갈라진 시멘트 바닥 사이로 노란 민들레꽃이 빼꼼 헤집고 나올 즈음이면 엄마와 함께했던 추억들이 생각나서 좋기도 하지만 가슴 한편이 아려오는 것은 아마도 후회일 것입니다.

그 시절 저는 연로하신 부모님의 아들 소원을 저버리고 딸부잣집 여섯째로 태어나는 바람에 생일을 초상집으로 만들어 버렸다지만 이후엔 늦둥이가 누리는 사랑을 듬뿍 받는 막내딸이었습니다. 고향인 사천의 시골 마을에서 엄마는 제 친구들의 할머니와 비슷한 연세였지요. 엄마는 팍팍한 살림살이와 농사일로 항상 바쁘고 지친 모습이셨지만, 논두렁 밭두렁에 핀 앙증맞은 보랏빛 제비꽃, 길가의 노란 달맞이꽃도 어여쁘다, 곱다고 하시는 천생 아름다운 여인으로 기억됩니다.

제가 스물여덟 되던 해에 엄마가 갑자기 막내를 결혼도 안 시킨다며 애꿎은 언니들을 닦달하시길래 친구 소개로 몇 개월 만나지 않은 지금의 남편을 데려가 인사시키고 결혼하였습니다. 그리고 정확히 결혼 3개월 후 엄마는 뇌출혈로 일주일간 병원에 계시다가 애정으로 꾸며온 당신 집에서 이승과의 연을 내려놓으셨지요. 주말부부였고 직장을 다녔던 제게 일하러 가지 말고 엄마랑 놀자며 여러 번 말씀하셨지만, 그저 웃기만 했는데……. 엄마는 모든 것을 예견이나 한 것처럼 오래 같이하지 못할 막내딸과 남은 시간을 보내고 싶으셨나 봅니다. 평소 입버릇처럼 나는 며느리가 없어서 병간호할 사람도 없고 자는 잠에 가야 한다고 하셨는데 정말로 그렇게 가셨습니다. 막내딸 옆에서…….

어느 날 친한 친구분이 "아들이 없어서 제사 지낼 사람이 없겠다."라고 걱정하는 말에 엄마는 크게 화를 내시면서 딸자식이 많은데 왜 제삿밥을 못 얻어먹겠냐며 기세등등하셨지요. 그날 그 모습을 끝까지 지켜 드리고자 부모님 제사를 모시던 언니가 돌아가신 후 시부모님께 용기를 내어 친정 부모님 제사를 모시고 싶다고 말씀드렸습니다. 감사히도 시부모님께서 당연히 그래야지 하시면서, 힘들 텐데 고생하라고 위로까지 해 주셨습니다.

엄마, 그때 일이 생각나요. 없는 살림살이에 힘들어하는 엄마에게 "그냥 저 땅을 팔면 되잖아요?"라고 대들었더니, 엄마가 "내가 시집와서 일군 재산이 하나도 없다. 자식 대에 너희들은 팔아도 나는 조상 뵐 면목이 없어서 못 판다!"라고 말씀하셨지요. 그 이후에도 여러 번의 유혹이 있었지만, 그때마다 "나는 딸자식들이 용돈을 다 주기 때문에 돈이 필요가 없어요!"라며

무 자르듯 단호하셨지요. 엄마! 요즘 재테크 잘하시는 집안 오빠가 걱정스럽게 말하기를 '조상님이 바라는 것은 물려준 것을 잘 개발하여 후손들이 넉넉하게 사는 것을 원할 것'이라면서 저를 조금 답답하게 생각합니다. 그때마다 엄마가 그러하셨듯이 이 서방하고 제가 벌기 때문에 먹고사는 것에 부족함이 없고, 딱히 큰돈도 필요 없다고 조심스럽게 말씀드립니다. 마치 엄마가 시키기라도 하듯, 모전여전 답변이 너무 닮은 꼴이죠.

쉰이 넘고 보니 나름의 원칙도 생겼습니다. 조상의 땅은 단순히 부의 축적이나 투기의 대상이 아니라, 조상의 얼과 생명이기에 불가피한 경우를 제외하고는 그저 지켜내야 함을……. 그래서 저 또한 조상님이 물려주신 유산을 아들에게 무사히 안착시키고 싶습니다. 엄마는 제게 가르침보다는 스스로 깨우쳐 알게 하셨는데, 제 아들 녀석은 어떨지 솔직히 자신이 없습니다.

신기하게도 엄마 가시고 선물처럼 아들을 가졌고 슬픔을 뱃속의 아이와 출산으로 이겨냈습니다. 결혼을 앞둔 제게 굵고 짧게 한 말씀 "이 서방은 참 좋은 사람인데 네가 나쁜 사람으로 만들지 마라."라는 엄마의 당부 때문인지, 지금까지도 남편의 잘못 뒤에 제가 있지는 않았는지 살피고 있습니다. 엄마! 엄마는 잘 모르시겠지만, 이 서방은 송혜교보다 내가 훨씬 낫고, 또 배우 강소라하고 닮았다며 싱거운 말들도 잘합니다. 그리고 시어머님은 뭐가 그리 고마우신지 항상 고맙다고 말씀해 주시며 사돈 제사에 가끔 생선도 사주십니다. 이만하면 저 잘 살고 있는 거 맞지요?

엄마! 제가 비교적 젊은 나이에 전원주택으로 이사 온 이유 또한 제사입니다. 전국 각지에 사는 자매들이 현실적으로 평일 제사에 참석하기에는 힘들어서 아버지 제삿날 전주 토요일에 합제하고, 일요일까지 1박 2일로 가족 간 친목계를 더하니 조카의 자녀들까지 전원 참석하여 후손들이 벅적벅적합니다. 평소 엄마는 신문물을 빨리 받아들이셨기에 딸들의 이러한 선택에 박수갈채를 보내리라 확신합니다! 그랬기에 남들이 의아스럽게 생각하고 비웃는 듯한 뉘앙스를 보여도 아무렇지도 않고 오히려 대견해하실 부모님을 생각하니 콧노래가 나왔습니다. 엄마가 그렇게 좋아하시던 외숙모도 정말 잘했다고 응원해 주셨답니다. 이후 부모님 제삿날은 우리 집안의 제일 큰 행사이고, 관심의 대상이 되어 자발적 참여 100%입니다. 행여나 음식과 일거리 때문에 부담스러우면 오래가지 못함을 잘 알기에 오후 7시 정해진 시간에 오라고 합니다. 그래서 토요일 낮에는 볼일 다 보고 참석하여 제를 모신 후, 음주와 가무도 즐기는 1박 2일 연중행사로 자리매김을 하였습니다.

사실은 엄마한테 못 한 말이 있습니다. 초등 6학년 때 장롱문을 열었는데 엄마의 새 옷이 보였고, 저는 안 사주고 엄마 옷만 샀다고 울고 불고 떼를 쓰며 투정을 부렸지요. 언니가 눈치를 주며 그러지 말라고 했는데 제가 왜 그랬을까요? 당시 시골 부모님들의 여행은 어버이날 즈음 부녀회에서 추진하는 효도 관광이 전부였는데……. 그날 입고 가실 옷이었다는 것을 뒤늦게 알았고, 내내 후회했지만, 죄송했다는 말씀을 드리지 못했습니다. 물론 저의 착각이겠지만 그다지 부모님 속을 썩였던 기억이 없는데 이 일만은 너무 죄송합니다!

엄마! 엄마가 가신 후 어버이날이 너무 슬프고 속상했어요. 누가 볼세라 빨간 카네이션을 사지도 못하고 한참을 바라보다가 하얀 국화 한 다발 사서 산소에 갔었지요. 원망도 많이 했습니다. 딸을 낳은 엄마는 그 딸이 아이를 낳을 때까지는 무조건 살아줘야 한다며 나름의 한도 생겼고요. 그땐 친정엄마의 보살핌을 받는 산모들이 얼마나 부럽고 또 서러웠던지…….

엄마, 하늘나라에서 언니는 만나셨는지요? 언니가 엄마 대신 동생들에게 너무 희생하면서 대들보 역할까지 하였기에 엄마의 빈자리를 느끼지 못할 정도였는데, 그 세월이 그리 길지는 않았습니다. 저의 40대, 10년은 뇌졸중으로 쓰러진 언니를 간호하는 데 다 바쳤습니다. 남들은 부모도 아니고 언니한테 어떻게 그리 잘할 수 있냐고 하였지만, 더는 사랑하는 가족을 빨리 보내고 싶지 않았고, 부모님께 못해 드린 효도를 대신한다는 속내도 있었지요. 그리고 언니는 엄마 이상이었기에, 그 사랑에 보답하고자 마지막까지 최선을 다해 보내 주었습니다. 울 엄마! 막내딸 안 낳았으면 집안 대소사 어찌 다 하셨을까요? 어느 남동생, 어느 오빠도 저처럼 하지는 못했을 겁니다! 그렇죠?

엄마, 아버지, 올해는 5월 8일 어버이날이 두 분을 모시는 날입니다. 아주 특별한 기일이지요. 코로나로 인해 2년째 막내딸 부부의 절만 받으시겠지만 서운해하지 마세요. 대신 기쁜 소식을 많이 전합니다. 사천의 조카네 아들이 서울에 취직을 하였고 제주도 조카도 경기도로 시험이 됐다고 언니가 방방 뜨고, 군 복무 중인 제 아들 승찬이도 더없이 좋은 소식을 전해와 이 서방과 저는 입꼬리가 자꾸 올라갑니다. 참, 우리 집안의 귀한 사촌 남동생이 몇 해 전 고시 합격했다고 인사를 왔었는데 이번에는 승진했다고, 큰어머니와 큰아버지 제사에 참석하겠다고 하니 기특하고 대견할 따름입니다. 언니들은 이 모든 소중한 선물들이 막내가 부모님 제사를 정성으로 모셨기 때문에 복을 받은 것이라며 은근히 공을 저에게 몰아 줍니다.

엄마, 저도 엄마를 닮아서인지 식물을 좋아해서 자꾸만 마당 돌 정원이 좁게만 느껴집니다. 퇴직 후에는 부모님의 평생 일터였던 고향 땅을 일굴 겁니다. 지천으로 크고 작은 예쁜 꽃을 심고, 철철이 수확하는 과일이며 곡식을 고향에 찾아오는 이의 양손에 쥐여 주며, 못 오는 이는 택배로 보내 조상의 그늘을 알게 할 것입니다. 최근에는 생전의 부모님 모습처럼 그리 살고자 살짝 노력했을 뿐인데, 우리 동네 어르신들께 제법 칭찬을 듣습니다. 그래야 제삿밥 잡수러 오시는 부모님 어깨가 당당하고 흐뭇해하실 것을 잘 아니까요.

김수임 여사님!

막내의 울음소리는 저승까지 들린다고 엄마 친구분들이 저를 다독이며 편하게 가시도록 그만 울라고 나무라시던 때가 생각납니다. 지우고 쓰고 하다 보니 저의 나이만큼이나 길어진 편지글이 고약하지는 않으셨는지요?

아버지, 아버지께는 정말 죄송한 마음입니다. 어릴 적에 돌아가셔서 기억도 추억도 많이 없기에 저에게 언제나 부모님의 대명사는 엄마입니다. 하지만 제가 엄마라고 부를 때 아버지도 같이 부르고 있다는 것을 아시리라 믿어요. 그리고 코로나가 하루빨리 종식되어 내년 봄 부모님 기일에는 집안 자손들이 모두 절을 올릴 수 있기를 간곡히 빌어봅니다.

엄마, 아버지! 두 분의 자식이어서 행복하고 자랑스럽습니다. 사랑합니다!

2021년 5월 5일

막내딸 올림

# 다시 우리 엄마로

방 미 주
덕정초등학교 교사

사랑하는 엄마에게

잘 지내고 계시나요? 거기 날씨는 어때요?

여기는 햇살도 좋고 바람도 적당히 불어서 좋은, 돋아난 새싹에 푸릇함이 느껴지는 상쾌한 봄 날씨예요. 햇살이 좋아서 날이 적당해서 기분이 좋아지는 오늘 내가 참 좋아하는 엄마를 큰 소리로 불러 봐요. 엄마! 엄마! 사랑하는 엄마! 보고 싶은 엄마!

막상 엄마라고 불러 놓고 보니 미안한 것도 많고 고마운 것은 더 많이 생각나고, 전하지 못했던 말들도 생각나네요. 꽃을 참 좋아하던 엄마! 엄마가 좋아했던 벚꽃이 올해는 빨리 피고 작년보다 더 이뻤는데 거기에서도 봤어요? 그렇지만 봄비가 한차례 오고 나서는 예뻤던 벚꽃이 다 떨어져버려서 많이 아쉬웠어요. 아름다운 것은 금방 지나가버린다더니 벚꽃만큼 예뻤던 엄마의 삶도 그렇게 빨리 져버린 걸까요?

남편 걱정, 돈 걱정, 자식 걱정, 손주 걱정 내려놓고 이제 좀 허리 펴고 살 수 있을 만큼 여유가 생기고 친구분들과 해외 여행도 다니며 행복한 미소 짓던 엄마가 보기 좋았는데, 그렇게 빨리 먼 여행을 떠나게 될 줄은 정말 몰랐어요. 믿을 수 없었고, 믿고 싶지 않았던 엄마의 마지막을 준비해야 하는 우리에게 엄마가 담담하게 그랬잖아요.

“나 죽거든 진 빠지니깐 많이 울지 말어. 그리고 답답한 땅속에 묻지 말고 좁기만 한 납골당에도 넣지 말고 들이고 산이고 바다고 어디든지 갈 수 있게 화장해서 멀리멀리 뿌려줘.”

엄마의 그 말에 선뜻 그러겠다고 대답하지 못했던 나였어요. 그때는 그렇게 말한 엄마의 마음을 먼저 헤아리지 못하고 내 생각을 먼저 했던 것 같아요. 엄마가 한 줌 재가 되어 들로 산으로 바다로 날아가 버리면 어디서도 엄마를 볼 수 없다는 생각이 먼저 들더라고요. 하얀 가루가 되어 흩어져버리면 아주 없어져 버리는 것 같기도 해서 많이 속상하기도 했고요.

하지만 ‘70 평생을 하고 싶은 대로 못 하고 살았던 엄마의 인생, 말하지 않아도 다 아는 고단함의 연속이었던 장손 며느리의 삶, 경제력이 없던 남편을 대신해 가정경제까지 챙겨야 했던 순탄치 않았던 아내의 삶, 재주 많고 욕심 많은 세 아이의 엄마로 자식들을 위해 엄마 것은 내려놓고 살아야 했던 삶!’

그 삶들을 억척스레 살아내셨던 엄마의 마지막 소원을 들어드려야 했지요. 마지막은 엄마가 원하는 대로 답답한 땅속 말고 좁디 좁은 납골당 말고 가고 싶은 곳 어디든 갈 수 있도록.

반년을 무서운 암과 싸워내시던 엄마는 많이도 야위어지셨지요. 야위어진 그 몸으로 먼 여행을 어째 가셨을지 걱정이 많이 되더라고요. 힘들면 다시 돌아오라고, 다시 돌아오면 된다고 그렇게 그렇게 한참을 불렀나 봐요. 다시 못 볼 것 같아서, 절대 놓으면 안 될 것 같아서, 엄마 없는 삶에 자신이 없어서, 엄마 없이는 아무것도 못 할 것 같아서, 절대 잊어버리고 싶지 않아서, 마지막이라는 게 너무 무서워서…….

목이 터져라 엄마를 부르던 제게 엄마를 잘 아는 스님이 "좋은 곳으로 가셨어! 살아생전 덕을 많이 쌓으신 분이라 좋은 곳으로 원하는 곳으로 가셨어! 편하게 보내드려."라며 따뜻하게 위로해 주셨어요. 그 큰 위로 덕분에 엄마를 보내드릴 수 있었기도 했어요. 꿈에서 엄마가 큰 새가 되어 훨훨 날아가는 모습을 본 뒤로 진짜 엄마는 새가 되고 바람이 되어서 세상 어디든 훨훨 날고 있을 것 같은 생각이 들어 그리운 마음을 접어서 마음 한구석에 넣어둘 수 있었지요.

나는 엄마를 참 많이 닮은 딸이었잖아요. 엄마처럼 작은 체구에 아담한 키에 작은 손과 발, 빠른 손놀림, 먹는 식성도 엄마를 닮아서 고기반찬을 좋아했던 언니와 동생과는 달리 나는 나물 반찬을 더 좋아했지요. 근데 요즘 그 좋아하던 나물과 야채를 잘 안 찾고 있어요. 왜냐면 엄마가 해주던 그 맛이 아니더라고요. 그 맛은 기억이 나는데 그 맛을 찾을 수가 없어요, 엄마 손으로 몇 번 조물락조물락거리면 기가 막히게 맛있던 그 나물 맛이 세상 어디에서도 찾을 수가 없네요. 엄마가 해준 그 따뜻한 밥과 반찬이 너무 먹고 싶어요.

있잖아요 엄마! 나는 엄마가 천년만년 언제나 내 곁에 살아

계실 줄 알았나 봐요. 엄마라고 부르는 내 목소리만 듣고도 힘이 있는지 없는지, 배가 고픈 건지, 아픈 데가 있는지, 속상한 일이 있는지 없는지 척척 알아채 주는 엄마가 언제나 내 전화를 받을 줄 알았던 거겠지요.

담도암 판정을 받고 개복수술을 하고도 더 이상 손쓸 수 없다는 의사의 말에도 "괜찮다. 걱정 말아라. 먼 길 피곤할 텐데 자주 오지 마라, 엄마는 잘 있다. 애들 먼저 챙겨라. 밥 잘 챙겨 먹어라. 피곤하니 어여 쉬어라"라고 오히려 우리를 걱정하던 엄마가 아픈 채로라도 5년을, 10년을 더 살아내 주실 줄 알았어요. 누구보다 자식들을 위하셨던 그런 분이었으니깐요. 치사율이 80%가 넘는 그 무서운 담도암도 이겨낼 수 있는 우리 엄마라고 믿고 싶었던 거겠지요. 그렇게 빨리도 먼 여행을 떠나실 줄 알았더라면 아픈 신음 소리마저 마음껏 내지르지 않던 엄마의 손을, 엄마의 얼굴을 더 많이 쓰다듬고 더 많이 만지고 더 많이 안아줄 걸 그랬어요.

엄마, 엄마를 많이 닮은 아영이가 벌써 초등학교에 들어갔어요. 대영이는 벌써 저보다 키가 한 뼘은 더 자랐고요. 애들 크는 것만 봐도 배가 부르다는 엄마 말이 무엇을 뜻하는 건지 좀 이해가 되는 요즘이에요. 근데 그럴수록 내 볼을 따뜻하게 쓰다듬어주던 엄마가 많이 보고 싶어지네요.

그럴 때면 휴대폰 속 사진을 꺼내 보곤 하는데 웃을 때 소녀 같았던 엄마 사진이 많이 없어서 그게 속상하고 미안하고 그립기도 해서 또 눈물이 나더라고요. 아무리 내리사랑이라지만 우리 애들 사진 찍을 때 옆에 있던 엄마도 좀 찍어둘걸 그랬어요.

둘째를 낳고 육아에 바빠서 엄마랑 같이 못 갔던 베트남 여행. 둘째 크면 그때 가자고 빠졌던 그 여행이 마지막 가족여행이 될 줄은 몰랐었지요. 엄마 암 선고받고 항암치료 받으며 봄을 지날 때 여름 방학하면 꼭 가자고 예약해뒀던 제주도 여행. 여름방학이 되기 전에 엄마가 돌아가셔서 그 여행도 못 가게 될 줄 진짜 몰랐어요. 방학 기다리지 말고 바로 갔더라면 이렇게 사무치게 그립지는 않았을까요?

엄마, 나는 청소도 잘하고, 빨래도 잘하고 설거지도 잘해서 늘 착한 딸이라고 얘기해줬잖아요. 공부도 못하지는 않았고, 갖고 싶은 거 사달라 떼쓰지도 않았고 식당 일로 바쁜 엄마 대신해서 도시락도 스스로 싸 다니고, 앞장서서 엄마 심부름 내가 했고, 대학교 다닐 때는 아르바이트하면서 등록금도 마련했고, 졸업 후 바로 임용되어 교직에도 바로 서고. 그런 나를 자랑스러워하고 든든해했잖아요. 그래서 그랬을까요? 나는 엄마한테 늘 강했고 엄마는 늘 미안해만 했지요.

듬성듬성 가위로 오린 임용 결과지가 실린 신문을 들고서 기뻐하던 엄마에게도 임용합격은 오롯이 나의 노력에 의한 것이라고 의기양양했잖아요. 좋은 옷, 좋은 가방 못 사줬으니 네 거 사라고 엄마는 괜찮다고 말하던 엄마에게 매달 받는 그 월급으로 무엇 하나 제대로 사주지 못했던 부족했던 딸이었다는 걸 이렇게 늦게 깨달아서 정말 미안해요.

돌이켜보니 엄마에게 미안한 게 참 많네요.

'그때 엄마 옆에서 더 많이 손잡아 주고 안아주지 못해서 미안해요.'

'그때 엄마 사진 엄마 영상 많이 담아두지 못해서 미안해요.'

'그때 엄마랑 언니랑 같이 여행 가지 못해서 미안해요.'

'그때 엄마에게 좋은 화장품 좋은 옷 좋은 가방 사주지 못해서 미안해요.'

'그때 엄마에게 사랑해! 보고 싶어! 고마워! 우리 엄마 최고! 엄마 딸이어서 너무너무 행복해! 다시 태어나도 나는 엄마 딸하고 싶다는 말 등등 전하지 못한 말 많은 것도 정말 미안해요.'

오늘도 그립고, 어제도 그리웠고, 내일도 그리울 우리 엄마.

엄마가 주신 넘치는 사랑 덕분에 사랑 줄 줄도 알고 사랑받아서 행복해하는 어른이로 잘 지내고 있는 것 같아요. 지나가는 바람 속에서도, 내리는 빗속에서도 눈 내리는 겨울에도 엄마의 품속인 양 따뜻하게 잘 지낼 수 있는 것 같아요. 그래서 말인데 엄마, 다시 태어난다면 나 또 엄마 딸로 태어나면 안 될까요? 엄마! 엄마! 부르고, 부르고 또 불러도 부를 때마다 보고 싶어지는 엄마! 다음 생에서 또 엄마와 딸로 만나요. 나 꼭 다시 엄마 딸 하고 싶어요. 다시 만나면 따뜻하게 안아주고 쓰다듬어주고 '미주야, 이쁜 내 딸아.' 하고 따뜻하게 불러줘요. 우리가 다시 엄마와 딸로 만나는 그날까지 안녕.

엄마의 74번째 생일날, 2021년 4월 27일

사랑하는 딸 미주 올림

# 엄마, 미안해.

김 인 숙
거제상문고등학교 교사

엄마.

엄마가 떠나시고 두 번째 봄을 맞았어요. 코로나로 멈춰 버린 일상 속에도 여지없이 봄 향기가 스며드는데, 마음은 닫힌 문을 바라보듯 쓸쓸하기만 해요. 근데 내 봄은 정수리에 제일 먼저 내리나 봐요. 언제부턴가 봄만 되면 머리칼이 한 움큼씩 빠져요. 오늘 아침에도 소복소복 떨어진 머리카락을 스카치테이프로 살뜰히 붙이다가, 아! 벌써 4월이네, 화들짝 놀라는 저를 발견했어요. 근데 올해는 봄이 정수리로 직사했나 봐요. 더 빠지네요. 새 학교로 발령이 나서 그런가 봐요. 아무리 경력이 쌓여도 신임학교서의 낯설고 주뼛주뼛한 그 3월은 길이 들지 않아요. 나이가 드니 그 생경함에 소름이 돋기도 하네요. 난 왜 공립학교 선생이 되었을까요.

어제는 삼덕사에 다녀왔어요. 주차장 맞은편 언덕배기에 스님이 키운 파밭이 있어요. 얼마나 손길이 갔는지 스님의 얼굴처럼 정갈한 파밭에 4월의 햇살이 가득했어요. 줄기가 튼실해

쪽파인지 양파인지도 모를 파밭에 쏟아지는 햇살을 바라보고 있자니 왠지 코끝이 알싸해졌는데, 그것이 파밭에 쏟아지는 햇살 때문인지 불현듯 눈에 밟히는 우리 아들 때문인지 알 수가 없었어요. 참, 나는 엄마 모셔놓은 절에 와서도 엄마보다 우리 아들이 먼저 생각나데요. 미안해요, 엄마.

유난히 꽃을 좋아하는 스님 덕분에 주차장에서 산문까지 1km 남짓 호젓한 산길에 영산홍이 흐드러지게 피었는데, 영산홍이 점령한 꽃밭에 마거리트가 기차게 피어난 것이 대견했어요. 그제야 엄마가 생각났어요. 엄마도 스님처럼 꽃을 좋아하셨죠. 솔직히 친정 갈 때마다 집 무너질까 겁났어요. 건축 전문가도 아니고 여기저기 공사장에 따라다니며 시다 역할에만 이골이 난 순애 삼촌이 대충 눈대중으로 지어 올린 집에 굳이 옥상까지 만들고 어찌나 화분을 올려다 놓았던지……. 또 화분들은 얼마나 컸게요. 30리터 드럼통까지 화분으로 만들어 금목서를 심어놓은 그 의지가 지금도 오싹해요. 사시사철 사금파리처럼 눈부시게 햇살을 받으니 꽃들은 기승을 부리며 피어났지만, 그 좁은 옥상 계단에 어떻게 화분들을 들고 올라가신 게유. 겨울엔 또 어땠게요. 어린 꽃들이 얼어버릴까, 그렇지 않아도 좁아터진 방 안에 잔뜩 화분을 들여놓는 통에 우린 잘 자리도 없었어요. 게다가 꽃을 위해 보일러도 못 틀어서 건넌방은 하루 종일 냉골이었고……. 그러니 가난해도 자식이라면 끔찍하게 여기는 줄 알았던 우린 겨울이면 매번 엄마한테 배신감을 느껴야 했다우, 알우? 오죽했으면 아버지까지 나서서 투덜거리셨을까요. 누구한테 타박 한마디 하는 법 없던 아버지 아니우. 꽃에 대한 아내의 유난스러운 집착이 얼마나 견디기 힘들었으면 기어이 소리를 내셨을까요. 참, 엄마, 그곳에서 아버지랑 재회하셨나요? 목사가 세 분이나 계신 독실한 기독교 집안에서 태어나 불교 집안으로 시집와 50년 넘게 사셨으니, 엄만 지금 어느 세계에 존재하는 거유?

엄마, 수세미처럼 까칠한 작은딸이 웬일로 삼덕사를 찾았나 싶죠? 본당에 엄마를 모셨다곤 하지만 엄마 기일에 빼꼼 얼굴만 들이미는 작은딸인데……. 혁이 자대배치가 코앞으로 닥쳤어요. 아시다시피 제 불심이란 다분히 샤머니즘적이잖우. 바라는 게 있으면 절 문턱이 닳다가 제 신상 편해지면 사월 초파일에도 입금하고 그만이야. 이래저래 이번 나의 삼덕사행은 염치가 없네요.

자식은 아름답게 방목해야 한다지만 아들과의 거리 두기 따위는 애시당초 개나 줘버린 나의 맹목적 모정은 아들을 옥죄고 종내 내 숨통을 끊어놓을 거야요. 그 사실을 모르는 것도 아니고, 명색이 선생이라면서 저는 여전히 주책스러운 모정을 여기저기 줄줄 흘리고 다녀요. 스스로 다잡아 틀어막아도 소용이 없어요. 평생을 지치지 않고 타이르던 송 서방도 아들이 군대 가고 나서는 포기한 것 같아요.

그래도 산문을 들어서면서부터 분명 엄마를 떠올렸어요. 그래 명치끝이 아려 몸이 접힐 것 같았어요. 핑계가 생기더군요. 그래, 나는 이런 느낌이 싫어서 엄말 가슴 저 깊은 곳에 숨겨

두고 살아가는 거야. 엄말 생각하면 질곡이란 단어 외에는 다른 단어가 떠오르지 않아. 왜 외할아버지께서는 늘그막에 사업을 하셔서……. 교장으로 퇴임하셨으면 우아하게 말년을 보내시지, 듣도 보도 못한 멸치어막은 다 뭐야. 경험도 없이 가격탄력성도 없는 사업에 퇴직금을 다 집어넣으셨으니 끝은 뻔한 거 아냐. 근데 참 회복탄력성도 없는 분이시지, 어려서 엄마를 여의고, 외롭게 자란 박복한 딸이 불쌍하지도 않으셨나, 사업 실패 후 그 길로 행방불명이시라니.

엄마께서 종교까지 개종하며 시집을 온 데에는 그러한 저간의 사정 때문이었지만 다행히 인물 좋고 착한 남편을 만나셨어요. 행자 이모도 늘 그러셨죠. 부모 복 없는 년은 남편 복도 없다는 말도 다 허랑하다고. 그게 뜻하지 않은 엄마의 결혼생활에 대한 축복인지, 이모 자신의 신세타령인지 알 수가 없었어요. 행자 이모는 부잣집 고명딸로 귀히 컸지만 정작 이모부는 일찍 돌아가셨잖우. 그러나 이모가 부러워한 엄마 복도 딱 그기까지뿐이었어요. 엄마 없이 못 사실 것 같던 아버지는 쓰러지신 그날로 세상과 연을 끊으시고, 홀로 남은 엄마의 마지막 길은 왜 그리도 더디고 험하셨는지, 착한 사람이 복 받는다는 말도 다 허랑해요. 사람의 마지막을 보면 그 사람 살아온 내력을 알 수 있다고 누가 말했을까요. 어찌나 어이가 없었는지, 장례식에서 그 무뚝뚝한 한열이 삼촌까지 목 놓아 우셨다우. 곰처럼 순하고 착한 것이 왜 그리 몹쓸 말년을 보냈는지 모르겠다고, 손재주 발재주 다 뛰어나 동네 애들 해산바라지며, 동네

처녀들 결혼 이바지 음식으로 쌓은 공덕만 해도 앞바다를 메우고 남을 판인데…….

그래요. 엄마의 마지막은 순 엉터리였어요. 치매에, 암 말기에, 욕창으로 검은 물이 쏟아지는데도 엄마의 정신은 다시 맑아져 그 아픔을 속속들이 다 느끼시는데, 급기야 엄마의 순한 큰딸은 충격으로 쓰러지고 말았어요. 그러니 어떡해, 젤 까칠한 작은딸에게 얹혀 세상을 떠나실 밖에……. 이보다 더한 엉터리가 어딨어요.

엄마, 미안해요. 속으로 몇 번이나 엄마를 포기했던 죄를 조금이라도 닦아 보려고 부처님 곁에 모셨지만, 제가 본당을 찾은 것은 우리 아들 때문이었어요. 특히나 그 애가 군대 가고 나서는 절에라도 안 오면 내가 어떻게 견딜 수 있었을까요. 아들 입대일이 정해지고 이번만은 담대한 엄마의 모습을 보여주려고, 타버린 양은 냄비 긁어내듯 심장을 빡빡 긁어 굳은살을 앉혀봤지만, 입대가 가까워질수록 더해지는 그 생생한 고통이라니. 코로나로 인해 입소식이 취소되기 망정이지, 부모들을 한자리에 모아 놓고 입소식 하고, 훈련소 넓은 운동장에서 아들이 내게 큰절이라도 했다면 나는 아주 혼을 놓을 뻔했다우. 훈련소에서 드라이브스루 입소를 하라고 거듭 공지를 해서인지, 추위를 이긴 2월의 대견한 햇살 아래서 다른 이들은 아름답고 점잖은 이별을 했건만 나는 기어이 위병의 제지를 뚫고서 훈련소 정문까지 돌진했더랬어요. 그리고 거의 질질 끌려 나오다시피 하면서 꺼이꺼이 울었다우. 참 내가 생각해도 너덜너덜한 집착인데, 스스로도 주체가 되지 않더라구요.

스님께선 코로나 때문에 대면을 안 하시겠다고 합장 후 곧바로 거처로 들어가시더니, 제가 산문을 떠날 적에는 일주문까지 나오셔서 안타깝게 바라보시네요.

"보살님, 이기적으로 사세요. 부모는 부모대로, 자식은 자식대로 각자 이기적으로 살다 보면 세상이 아름답고 지혜롭게 되는 겁니다……."

스님께선 볼 때마다 이기적으로 살라고 하시네요. 엄마, 따지고 들면 저만큼 이기적인 사람이 없는데, 저는 이 이기적이고 그악스런 모정 때문에 상기도 숨이 가쁜데……. 송 서방의 고통을 생각해서라도 자제해야지, 하는데도 나는 그이가 퇴근하자마자 눈을 까뒤집고 달라들어요. 우리의 현실과 국제정세에 저주를 퍼부으며 우리 아들이 입대할 때까지 끝나지 않은 이 분단상황에 거품을 물기 시작하죠. 그러다 아들에 대한 그리움이 그 무엇인가에 대한 분노로 폭발하면, 저는 자면서 침을 뱉기도 해요. 자다가 꿈에 침을 뱉으면 액땜이 된다고 할머니가 얘기한 기억이 나요. 앞으로 20개월 동안 꿈속에서 침을 뱉어대면 이 분단상황이 끝날까요?

엄마, 미안해요. 나는 한 번도 엄마가 처음인 적이 없었어요. 어려서는 내가 우주의 중심이었고, 송 서방을 만나서는 내 안에 어떻게 이런 열정이 숨어 있었나, 스스로 놀랄 정도로 그이에게 집중했어요. 아들을 낳고서는 세상에 어쩜, 이렇게 놀라운 존재가 있나, 내가 어쩌다 이런 존재를 탄생시켰나, 스스로의 자부심에 취해 늘 아들만 바라보느라 눈앞이 아득했어요. 자식을 낳으면 부모 심정을 안다는 말도 다 거짓말이에요. 나는 아들을 낳고서 나의 위대함에 놀랐을 뿐, 엄마의 심정을 이해할 겨를이 없었어요. 근데 엄마, 아들이 군대에 가고서, 비로소 엄마의 심정을 알게 된 것 같아요. 코로나로 인해 외박까지 취소되고 바로 자대배치되는 격리가 주는 고통 속에서 엄마의 마음이 조금씩 보이기 시작했어요. 한번도 엄마를 1순위에 놓아보지 않았던 작은딸이 이제 엄마를 진심으로 그리워하는 순간이 생기기 시작한 거예요.

엄마, 심약하신 외할아버지 때문에 선생하고는 연애도 하지 않겠다고 결심했던 내가 선생 마누라가 되어 변함없는 남편과 한평생 소풍 같은 삶을 살고 있고, 착하고 예쁜 아들을 낳아 삶의 윤기란 걸 체감하고 있어요. 이 모든 게 엄마의 덕이란 걸, 엄마의 공이란 걸 알게 된 것 같아요. 그래서 그 지독한 엄마의 마지막도 엄마의 업보를 최대한 지고 떠나려는 엄마의 몸부림이 아니었을까, 하는 생각도 하게 되었어요.

엄마, 6월이면 능소화가 둑처럼 터지던 예하리 자췻집이 생각나요. 주인 부부가 새벽부터 논에 나가고 나면 집 안은 하루종일 정적에 휩싸였고, 저는 농밀한 고요 속에서 흡사 물방개처럼 유영했어요. 간헐적으로 울리는 전화기 속에 엄마의 그리움도 있었을 테지만 나는 전화기가 자지러지다 제풀에 끊어질 때까지 손가락 하나 까딱하지 않았어요. 대낮에 형광등까지 켜

놓고 눈앞이 아롱아롱해질 때까지 천장을 쳐다보고 있으면 그 가수면 상태는 중독성이 강해서 나는 방학이 끝나도록 집에 내려가지 않았어요. 아버지께서는 원양어선을 타셨고 청상과부인 할머니는 하루 종일 앙칼진 잔소리를 침처럼 며느리에게 내뱉았으니, 엄마의 팍팍하고 신산한 일상을 직접 목도하는 건 너무 큰 고통이었어요. 엄마에 대한 연민을 견딜 수 없다고 생각했지만 기실 저는 제 마음이 다치는 게 싫었던 거예요. 스스로 상처 받은 짐승이라고 여겼지만, 실상은 응큼한 갑각류였는지도 몰라요. 몸을 접을 필요도 없었는데 지레 몸을 웅크리고 편안히 돌아눕는 절지동물이었는지도 몰라요.

엄마, 아까부터 아파트 공터를 바라보고 서 있어요. 우리 집 어디서든 아파트 공터가 맞바라다 보여요. 아파트 모델하우스 앞에서 밤을 새워 이 집을 뽑은 것도 우리 아들이 저 공터에서 노는 것을 실시간으로 지켜보기 위해서였어요. 베란다 쪽으로 나가면 아들이 학교에 오가는 것도 볼 수 있었죠. 아파트 단지의 외곽 동은 춥고 습해서 꺼린다는데, 대기줄 2번이라 맘대로 로얄층을 선택할 수 있었지만 다른 건 묻지도 따지지도 않았어요.

아파트 공터에 봄 햇살이 가득한데 점심때라 아이들은 보이지 않고 세발자전거 한 대가 널브러져 있어요. 봄날의 특별하지 않은 풍경인데, 계속 눈물이 나요. 그게 노안으로 인한 안구건조증 때문인지, 이 봄에 한 뼘 자란 나의 성장통인지 모르겠지만, 엄마, 이젠 어떤 고통이 밀려온대도 나는 엄말 추억해야겠어요. 내 안의 은밀한 고통을 마주 보며 최대한 천천히 쓰다듬어야겠어요. 살아 한 방울의 분홍 꽃물로도 물들지 못했던 엄마의 삶, 이제 봄꽃처럼 피어나 제 마음속에 확실한 영역을 차지하고 영원히 거하시길 빕니다. 그래서 꺼내 보는 것만으로도 생채기에 소금을 치대는 아픔을 느낀다 해도 저는 오래오래 엄마를 그리워할래요. 이제 치기스러운 저의 욕망을 위해 엄마의 단잠을 방해하지도 않을 거예요. 엄마가 위치하는 곳이 그 어디라 해도 엄만 그저 그 여름의 완벽한 유영처럼 부드럽고 가볍게 물살에 몸을 맡기고 편히 쉬세요. 엄마, 미안해요, 정말 미안해요.

2021년 5월 어느 시린 봄날

엄마의 작은딸 수기

# '처음' 전하는 딸의 인사

최 순 종
거창덕유중학교 교육 행정 9급

'엄마, 안녕?'

이 짧은 인사 한마디가 왜 이리 낯설고 어색하기만 한 걸까? 내 기억 속엔 없는 단어라서 그런가 봐. 이 흔한 인사조차 한 번을 제대로 전하지 못했네. 미안해.

엄마 딸이 지금 얼마나 평온하고 행복한 삶을 살고 있는지 엄만 이미 다 알고 있지? 그러니 내 안부는 따로 전하지 않을게. 그저 엄마가 잘 지내고 있는지, 내가 없는 그곳은 평온한지 궁금해. 계속 '평온'이란 단어가 튀어나오는 걸 보니 우리의 삶이 썩 평탄하지는 않았었나 봐. 그렇지?

누구에게나 흔하고 뻔한, 그런데 너무 소중한 '엄마'라는 말을 난 왜 그렇게 하기 힘들었을까? 아니, 하기 힘들었던 게 아니라 할 기회가 많이 없었다고 하는 게 더 정확하겠다.

이제 와 이런 말들을 하는 게 무슨 소용일까 싶어 망설여지긴 해. 엄마의 목소리를 들을 수 없고 엄마의 얼굴을 볼 수도 만질 수도 없으니까. 그래서 결국 혼자 쏟아내는 투정이 되어 버릴지도 모르니 말이야. 그래도 엄마. 오늘은 엄마라고 맘껏 부르며 그동안 단 한 번도 전할 수 없었던 내 진심을 담담히 전해보려 해. 짧았던 엄마와의 추억을 떠올리는 것부터 마지막 인사까지.

엄마와의 추억을 떠올리는 일은 참 어려운 일이야. 아주 아기 때 기억은 엄마가 빨래를 널러 가는 뒷모습이 전부거든. 사실 그 뒷모습이 실제인지 꿈속에서 본 모습인지조차 모르겠지만 이상하게 그 장면이 사진처럼 떠올라. 빨랫감을 들고 걸어가다 한 번 뒤돌아보며 환하게 웃어줬는데 마치 멀리 떠나는 사람 같아 보였어. 지금 생각해보니 어쩌면 정말 날 떠나던 그 날이었을지도 모르겠다. 그리고 그 뒷모습 다음으로 기억하는 건 내가 10살 때. 엄마와 함께 보낸 2박 3일. 기억나? 초등학교 3학년 겨울방학이었지. 난 신기하게도 그 3일은 정말 너무 생생하게 기억해. 기차를 타고 5시간을 달려 서울역에 도착했을 때 빨간 목도리를 하고 달려오던 엄마 모습, 쭈뼛쭈뼛하던 나에게 단숨에 달려와 꼭 안아줬었지. 희미한 뒷모습이 전부였던 나에게 엄마라는 이름으로 짠 나타난 거야. 그땐 너무 어려서 왜 뜬금없는 만남을 가져야 하는지, 왜 계속 함께 지낼 수 없는지 이해할 수 없었어. 사실 그땐 이해할 필요도 없었지. 어린 나에겐 엄마랑 함께 보내는 그 시간이 그저 즐겁고 행복했으니까. 난 다른 생각을 할 겨를도 이유도 없이 그 순간에 집중하기 바빴거든. 그런데 그거 알아? 그 3일이 내 생애 가장 행복했던 순간이었다는 걸. 그 기억으로 지금을 살아가고 있다는 걸. 엄마가 머리도 묶어주고 자주색 예쁜 핀도 사서 꽂아줬어. 인어공주가 그려진 예쁜 하늘색 옷도 사줬지. 할머니가 그 옷 작아졌다고 이웃 동생에게 준다고 했을 때 얼마나 울었는지 몰라. 내 생애 처음으로 영화관도 가 보고 큰 광장에서 자전거도 탔어. 예쁜 카페에서 아이스크림도 먹고 목욕탕도 같이 가고. 그렇게 즐거운 시간을 보낸 기억은 아직도 생생한데 그러고 난 후에 어떻게 헤어졌는지는 기억이 안 나. 헤어질 때 내가 울었던가? 슬펐었나? 작별인사는 어떻게 했더라? 진짜 신기할 정도로 기억이 나지 않아. 그저 함께 웃었던 그 시간만 내 기억 속에 남아 있어. 잠깐 꿈을 꾸다 깬 것처럼 말이야. 그러고 나서는 아무 일 없었던 것처럼 엄마란 존재를 까맣게 잊고 살았어. 그런 시간이 다시는 오지 않을 거라고 확신했던 걸까? 특별했지만 특별하지 않았던 시간으로 묻어 두며 지냈던 것 같아.

늘 내 곁엔 할머니와 숙모께서 엄마의 빈자리를 채워주셨어. 채워주셨다기보다 이미 엄마의 빈자리가 없었다고 느껴질 만큼 과분한 사랑을 주셨어. 난 왜 엄마, 아빠와 함께 살 수 없는 걸까 우울해하지도 않았고 그 사실이 날 힘들게 한 적도 없어. 버스도 다니지 않는 산길을 매일 걸어 다니는 것도 나에겐 그저 평범한 일상일 뿐이었지 힘들다고 생각한 적은 없어. 지금 생각해보면 나 스스로 참 기특하기도 하고 놀랍기도 해. 어쩌면 너무 어려서부터 그렇게 지내 온 터라 너무 익숙하고 당연하게 받아들였던 것일지도 몰라.

그러던 어느 날. 아무 탈 없이 지내던 내 삶에 엄마가 다시 불쑥 나타났어. 함께 살자고. 내가 싫다고 엉엉 울었는데 어른들은 날 어르고 달래서 엄마에게 보냈지. 모든 것이 낯설었고 심지어 엄마조차 낯설었던 나에게 펼쳐진 생활은 지옥과도 같았어. 그렇게 힘든 나날을 더 힘들게 했던 게 뭔지 알아? 그곳에서도 엄마와 함께 지낼 수 없다는 사실이었어. 처음 보는 사람들과 지내야 했고 엄만 기껏해야 한 달에 한 번 정도 볼 수 있었지. 내 방도 생겼고 좋은 옷도 입었지만 내가 바라는 건 그런 게 아니었어. 내 방이 없어도 엄마와 함께 껴안고 잘 수 있기를 바랐고 좋은 옷이 아니더라도 엄마와 함께 쇼핑하길 바랐는데 내 곁엔 엄마가 없었어. 내 방은 어두운 터널이었고 난 늘 그 안에서 웅크린 채 숨어 있어야 했어. 학교 다녀오는 길 공중전화부스에서 숙모랑 통화하며 매일 울었어. 엄마보다 숙모가 더 좋다고 하면서 막 울었어. 지금 이 말을 들으면 엄마는 더 마음 아플지도 모르겠다. 난 한 번도 엄마에게 좋아한단 말 해본 적도 없으니 말이야. 지금도 생각해. 그때. 그 순간에. 엄마가 내 손을 잡아줬더라면 어땠을까? 나에게 힘들다고 얘기해줬더라면 어땠을까? 서로 힘들다고 다 털어놓았더라면 어땠을까? 한 번만이라도 부둥켜안고 서로에게 투정 부렸더라면 서로에게 힘이 될 수 있었을까?

결국 사기를 당한 엄마는 엄청난 빚더미에 시달렸고 또다시 난 할머니 댁으로 돌아가야 했어. 큰 트럭을 타고 다시 돌아가는 그 몇 시간 동안 내 머릿속에 엄마는 없었어. 할머니와 숙모를 만날 수 있다는 사실에 내심 기뻤거든. 엄마는 그저 원망의 대상일 뿐이었어. 날 데리고 간 엄마가 행복했던 내 삶을 빼앗아 간 기분이었으니까. 엄마가 얼마나 날 그리워했는지, 혼자 모든 걸 감내하며 자식을 지켜내고자 얼마나 노력했는지는 생각조차 할 수 없었어. 나보다 훨씬 큰 고통 속에서 지냈을 엄마의 삶을 들여다볼 여유가 없었던 거야. 난 나밖에 몰랐던 거야. 그리고 너무도 쉽게 너무도 빨리 엄마라는 이름을 지워갔지.

엄마가 어떤 삶을 살고 있는지 궁금하지도 않았고 그저 내 삶을 살아내는 데 온 힘을 쏟았어. 열심히 공부해서 내 힘으로 대학교에 갔고, 4년 장학생으로 등록금 걱정 없이 당당하게 반짝반짝 빛나는 20살을 보냈어. 이제야 자랑하는 것 같아 괜히 웃음이 난다. 대학교 합격했던 날 엄마에게 엄청 자랑하고 싶었는데 자랑할 곳이 없더라. 다른 어른들은 그냥 '기특해라. 가엾어라, 가엾어라.' 하셨는데 왜 그런 말을 나에게 하는지 이해할 수 없었어. 분명 기쁜 일인데 칭찬받고 싶었는데 난 매번 위로받고 있더라구. 위로도 칭찬이라 생각하고 웃으며 넘기던 그때의 나는 마냥 즐거웠어. 스스로 어른이 되었다고 생각했고 나만 잘 지내면 모든 게 행복한 것인 줄 알았거든.

그런데 엄마가 쓰러졌다는 전화를 받은 날. 중환자실에 누워있는 엄마를 본 날. 그 엄청난 빚을 혼자 다 갚았다는 이야기를 들었던 날. 나와 함께 살기 위해 혼자 발버둥치며 살아왔을, 아니, 버텨왔을 엄마의 삶을 생각하니 세상이 무너져버리는 것 같았어. 나만 잘살면 되는 줄만 알았던 나는, 힘없이 누워있는 엄마 앞에서 아무것도 할 수 없었던 나는, 그저 작고 가여운 아이일 뿐이었어. 내가 할 수 있는 건 정말 아무것도 없었어. 짧게 허락된 면회 시간 동안 그저 엄마 얼굴을 바라보는 것밖에. 그때 손이라도 꽉 잡아줄걸. 사랑한다고 얘기할걸. 아니면, 왜 연락 안 했냐고, 왜 바보같이 살았냐고 화라도 내 볼걸. 난 엄마와 나 사이에 그럴 시간이 남아 있을 거라고 생각했어. 서로 원망도 하고 미안하다고 얘기할 시간이 있을 거라고 믿었어. 바보같이. 많이 좋아지고 있다는 의사 선생님의 말 한마디에 학교로 돌아갔던 그때의 나를 얼마나 붙잡고 싶은지 몰라. "방학 때 올게"란 말 한마디가 마지막 인사가 될 줄은 꿈에도 몰랐어. 외롭게 홀로 싸워 온 엄마의 삶에 이젠 내가 들어가 함께하려고 했는데……. 난 또 내 생각만 하느라 엄마를 마지막까지 혼자 있게 했어. 마지막 가는 길까지 혼자 외롭게. 마치 내 얼굴 봤으니 이제 됐다 하는 것처럼 그렇게 급히 떠나다니, 마지막 순간까지 원망스럽더라. 21살 나이에 너무 철없고 겁이 많았던 난 엄마의 마지막을 배웅하는 것조차 제대로 하지 못했어. 부둥켜안고 엉엉 울어보기라도 할걸. 편안하시라 인사라도 할걸. 엄마의 마지막을 생각하면 온통 후회뿐이야. 그저 먼발치서 숨죽여 눈물만 흘리던 내 모습을 보며 엄만 어떤 마음이었어? 보나 마나 또 내 걱정만 하며 미안하다 하셨겠지.

사실 엄마를 떠나보내고 난 금방 내 삶으로 돌아왔어. 엄마가 없는 삶은 이미 나에게 익숙한 삶이었거든. 어디선가 잘 지내고 계시겠지 하며 살아온 여느 날과 다를 게 별로 없었어. 불쑥불쑥 엄마에게 연락이 오진 않을까 부질없는 기대를 하긴 했지만 늘 그래왔듯이 난 내 삶을 살아내고 있어.

그렇게 엄마를 떠나보낸 지 어느새 15년이 훌쩍 지났고 그 사이 난 결혼도 하고 예쁜 딸도 키우고 있지 뭐야. 결혼 준비하면서 진짜 엄마 생각 많이 났어. 그냥… 엄마가 있었더라면 어땠을까? 이런 생각을 하는데 도저히 상상이 안 되더라구. 그리고 내가 엄마가 되고 보니 그제서야 나와 함께 사는 것이 엄마에게 얼마나 간절한 일이었을지 이해가 됐어. 엄마 삶의 목표는 나와 함께 사는 거였지? 그것만을 위해 살아낸 시간들이 너무 맘 아프고 안타까워. 우리가 함께 지낸 시간을 꼽아보면 1년은 될까? 내가 기억하지는 못하지만 엄마의 기억 속에는 살아있는 나의 어린 시절이 있다면 꼭 나중에 들려줘.

엄마와의 추억을 생각하니 유난히 엄마가 그리워진다. 어쩌면 난 온전히 엄마를 보내 주지 못한 것 같아. 엄마 맘을 헤아리지도 못하고 그저 나 힘든 것밖에 몰랐던 이기적인 딸을 두고 떠나는 엄마 맘이 얼마나 아팠을까? 그래서 그렇게 난 엄마의 눈물이 보이나 봐. 그 먼 곳에서 아직까지 울고 있는 건 아니지? 날 마음껏 볼 수 있는 그곳에선 항상 웃으면서 지내길 바라. 난 엄마를 볼 순 없어도 맘껏 그리워하고 가끔은 투정도 부리고 그럴게. 그때마다 내 곁에서 토닥토닥해 줘.

주절주절 두서없이 엄마에게 다 털어놓으니 마음이 후련하다. 엄마의 이야기를 듣고 싶은 마음이 간절해지기도 하지만, 그래도 이젠 엄마에게 편안히 인사할 수 있을 것 같아.

'엄마, 안녕?'

이건 잘 지내고 있는지 묻는 딸의 흔한 인사이자 진심을 담아 엄마를 떠나보내는 마지막 인사야. 사랑해. 그리고 미안해. 하늘에서 만나는 날엔 내가 빨간 목도리 하고 달려가서 안아줄게. 영원히 함께 살자.

2021년 5월 16일

엄마의 품이 그리운 딸

# 보내지 않을 편지

김 서 정
거제양지초등학교 교사

나. 엄마가 갖은 고생으로 낳고 기른 딸이야. 연년생인 네 남매 육아에, 배신에 치를 떨게 하는 이혼에, 하루하루 피 마르게 하는 가난에 엄마가 얼마나 고생이 많았을까. 그렇게 수많은 관문을 거쳐 길러낸 엄마 딸, 고생한 만큼 엄마에게 딸이 얼마나 소중한 존재일지 모르겠어. 근데 미안해. 딸은 스스로가 소중하지 않아. 나, 나를 정말 사랑하지 않아. 미안해.

아홉 살, 해가 쨍한 낮에 엄마는 우리에게 물었어. 우리가 사는 7층에서 떨어지면 죽을지 살지에 대해 끊임없이 물었어. 글쎄, 옥상에서 떨어지면 몰라도 7층에서 떨어지면 몸은 망가져도 정신은 붙어있을 수도 있지 않을까? 나름대로 머리를 굴려 대답하면 엄마는 그렇지, 그렇지 하다가 또 몸이 어느 정도로 망가진 채 살아가게 될지 물었어. 나도 몰라. 그게 왜 중요해. 그게 우리랑 무슨 상관이야. 엄마는 그러다 죽고 싶다는 말을 반복했어. 빨래하다가, 청소하다가 우리에게는 쓰지 말라고 가르친 욕설을 마구 뱉다가 또 죽고 싶다고 중얼중얼했어. 엄마 왜 자꾸 죽고 싶다고 이야기하냐고 그러면, 엄마는 자기가 그랬냐며 소스라치게 놀랐어. 애들 앞에서 이런 말을 뱉으면 안 되는데 하다가도 또 집안일을 하다가 죽고 싶다는 나쁜 말을 뱉어냈어.

그 말, 지금은 내가 자주 해. 나, 세상에서 사라지고 싶다는 생각을 자주 해.

열네 살 봄, 마트 배송원 아저씨인 줄 알고 문을 벌컥 열어 줬는데 현관 앞에 아빠가 있었을 때, 나는 너무 놀랐어. 어쩔 줄 모르고 있을 때 엄마가 거실에서 나와 멀찍이 서서 아빠에게 가라고 소리를 질렀어. 아빠는 요지부동이었지. 아빠는 우리가 보고 싶어서 찾아온 것 같았어. 현관문을 열어 주고 동그마니 서 있는 내게 아빠는 자기에게 오라고 이야기했어. 엄마는 멀찍이서 또 소리를 질렀지. 애들 보러 온 거면 그냥 다 데리고 가라고. 다 데려가고 다시는 내 눈앞에 나타나지 말라고. 아빠는 손 내밀면 닿는 곳에 내가 서 있어도 오라는 말만 계속했어. 아빠는 내 손목을 바로 앞에 두고도 잡지 않았어. 엄마는 계속해서 가라고 소리를 지르고, 아빠는 이미 다른 가정이 있으면서 못 지킬 말만 반복했지.

나 사랑받을 자격이 있는 사람인가? 무조건적 사랑을 베푼다는 부모도 서로 못 떠넘겨서 안달인데, 나 앞으로 누군가에게 사랑받을 수 있을까?

열다섯 여름방학, 성적 장학금이 통장에 들어오자마자 혼자 버스를 타고 피부과에 가던 나의 답답한 심정을 엄마가 이해할지 모르겠어. 내 종아리에 있는 커다란 점 있잖아, 유치원 다닐 때 애들이 똥 묻었다고 놀리던 거. 엄마가 나 임신했을 때 일찍 딸이라는 사실을 알고는 아들이 아니라서 받았던 주변 시선으로 스트레스가 심했다고 했잖아. 엄마가 받은 스트레스 때문에 종아리에 커다란 점이 생긴 것 같다고 이야기했잖아. 나 이 점 때문에 정말 큰 스트레스를 받고 살았거든. 여름에 긴 바지만 입고 다니는 내게 꽂히는 시선을 견뎌내야만 했어. 잘못해서 드러나면 사람들이 똥 묻었다고 수군댈까 봐, 많은 신경이 내 종아리의 커다란 점에 집중되어 있었어. 나중에는 치부가 되어서 종아리에 뭔가 닿기만 해도 수치스러웠어. 엄마는 내 커다란 점을 부끄러워하며 중학생이 되어 교복을 입기 전에 꼭 점을 치료시켜주겠다 약속했어. 근데 정작 교복을 입게 되는 직전까지도 피곤하다며 약속을 미뤘어. 그래서 중학생이 되어서야 스스로 돈을 구해 수술했지. 엄마한테 들키기는 싫어서 집에 있는 동안 늘 긴 바지를 입고 지냈어.

돈이 없어서 애써 내 아픔을 모른 척한 거지. 엄마가 뭘 할 수 있었겠어.

열여섯 가을, 아무 고등학교나 가라던 엄마의 말에 나는 엄마에게 내밀려던 고등학교 지망 지원서류를 거두고 나에게 필요한 학교를 찾으려고 노력했어. 결정한 곳은 관외에 있는 기숙형 고등학교였어. 가정환경이 어려운데 열심히 공부하려는 학생들에게 적극적으로 지원해준다는 이야기를 듣고 내 꿈을 이루고 싶어서 그 학교로 지원했어. 입학 지원서를 내가 전부

작성하고 엄마한테 사인만 받았어. 다음 날 시외버스를 타고 1시간 걸리는 학교 소재지까지 직접 갔는데 학교 앞에서 돌연 엄마한테 전화가 와선 원서 내지 말고 그냥 돌아오라는 이야기를 했어. 돌아오니 엄마가 다른 학교에 원서를 쓰겠다고 연락했다 하더라고. 왜 나와 아무런 상의를 하지 않고 그런 결정을 했던 거야? 엄마가 어릴 적에는 그 학교가 수준 떨어지는 학교였다고 집에 도착하고서야 이야기했어. 지금은 그렇지 않다고 내가 들은 내용을 엄마에게 전달하려고 했어. 엄마는 귀를 막고 내 이야기를 전부 묵살해 버리더라. 울고불고 내 이야기 좀 들어 달라고 소리를 질러도 엄마는 더 큰 소리로 내 말을 묻어 버릴 뿐이었지.

처음엔 무관심했고, 나중엔 나를 존중하지 않던 엄마가 너무 미웠어.

스물두 살 봄, 엄마랑 맛있는 거 먹으러 가는 버스 안에서 엄마는 어릴 적 나를 키우던 엄마의 기억을 떠올렸어. 독박 육아로 스트레스가 만만치 않아 울어대는 두 아가를 던져버리고 싶을 만큼 힘들었다고 이야기했어. 내가 어릴 때 눈물이 많던 엄마는 오랜만에 또 붉어진 눈시울을 따라 눈물을 떨구더라. 엄마가 정말 고생이 많았지. 이십 대가 되어서야 엄마의 마음을 발끝만큼이나마 이해할 수 있을 것 같아. 그전에는 이기적이게도 내 생각만 하느라 엄마의 입장을 헤아리기 어려웠나 봐.

그렇지, 그렇지. 간간이 엄마가 그렇게 고생하면서도 나를 위해줬던 기억이 나. 나 일곱 살 때 예쁘다고 뽀뽀해 줬잖아.

아홉 살 때 치아 관리가 하나도 안 돼서 자기 전마다 고통에 시달리며 신음하던 때, 바빠서 병원은 못 데려가도 같이 아파해 줬잖아. 열한 살 때 엄마 생일에 빵집에서 산 카스테라에 생크림이랑 초콜릿을 얹어 보잘것없는 케이크 만들어 주면 입이 귀에 걸려선 이모에게 전화해서 자랑했잖아. 열세 살 때 상장 많이 받아 오면 퇴근할 때 피곤한 눈으로 너무 잘했다고 칭찬해 줬잖아.

근데 나는 또 화가 나. 엄마 때문에 나는 살아오면서 너무 힘들었어.

엄마는 왜 나를 나약한 사람으로 만들었어? 나, 봄이 오면 밝고 따뜻한 공기가 나를 부끄럽게 해서 밖에 못 나가겠어. 봄의 푸른 생기가 너무 아름다운데 나는 그렇지 않아. 나와 상반된 청량한 기운이 나를 세상 밖으로 밀어내는 것 같아. 봄이 올 때마다 나는 죽고 싶어.

엄마는 왜 나를 진심으로 아끼고 사랑하지 않았어? 나 누군가에게 사랑을 주기가 두려워. 다른 사람들이 내게 주는 사랑이 모두 가식 같아. 나는 사랑받을 만한 사람이 아닌데, 진심일 리 없잖아. 나만 진심이어서 마음을 주다 상처 받으면 어떡해.

엄마는 왜 나와 하는 약속을 지키지 않았어? 내가 엄마에게 던지는 말은 허공으로 퍼져 메아리로도 돌아오지 않아. 나의 말은 소통의 목적을 잃어서 누군가와 있어도 입을 다물고 지내는 시간이 많아. 내 이야기는 무시당해 마땅해.

엄마는 왜 내 마음을 들여다봐주지 않았어? 내 마음이 존중

받을 만한 건지 모르겠어. 누군가가 나에게 좋아하는 것을 물어보면 잘 모르겠어. 내 취향도 호불호도 없어. 그게 중요한 건지 모르겠어. 누가 관심을 둔다고. 누가 내 취향을 존중해 준다고.

엄마는 버스에서 계속해서 나에게 이야기해. 그럼, 유치원 다니던 시절부터 들어서 달달 외고 있지. 엄마와 할머니의 관계에 관한 이야기 말이야. 할머니가 돈 없다는 이야기를 입에 달고 살아서 성적이 높은데도 좋은 학교에 진학하지 못했던 우리 엄마. 실업계 학교를 나와 공장에서 근면히 일해 다시 집을 일으키고 동생들 공부도 시킨 우리 엄마. 할머니 등쌀에 중매로 결혼하고 이혼에 이른 우리 엄마. 엄마는 할머니 원망을 많이 하잖아. 엄마가 한 번씩 할머니랑 통화할 때 마지막엔 서로 감정이 상해서 화를 벌컥 내고 끊는 것을 알고 있어. 할머니가 나 어릴 적 한 번씩 우리를 보살피러 올 때 엄마 이야기를 하며 미안함에 눈물을 흘렸던 것도 나는 알고 있어. 엄마는 할머니의 행동을 이해하지 못했지. 할머니는 엄마를 이해할 수 있을까? 엄마가 할머니에게 상처 받고 자랐듯이 할머니는 엄마에게 또 상처를 받는구나.

결국 엄마도 받은 것 없이 자라 줄 줄 모르는 사람이었구나. 나는 엄마에게 편지를 전달하지 않을래. 우리 둘끼리 주고받는 상처를 그만 끝내고 싶어. 가족을 원망하는 일이 가장 무가치하고 한심한 행동이라고 하잖아. 근데 나, 내 마음을 풀 곳이 없어 지금까지도 속에 있는 원망이 사라지지 않아. 엄마도 어쩔 수 없었던 것을 알아서 한 번도 엄마에게 진지하게 나의 상처들을 꺼내 보인 적이 없었어. 결국 그게 엄마한테도 상처가 되잖아. 나 어떻게 하면 이 상처를 회복할 수 있을까?

밥 먹으면서 엄마는 그래도 힘든 시절 다 지나가서 후련하다고 이야기해. 엄마, 너무 고생 많았어. 나도 너무 고생 많아. 여전히 고생 중이야. 내가 너무 사랑스럽지 않아서 그래. 엄마 나 밥 먹이느라 너무 고생했는데, 나는 마음이 메말라서 목말라 죽겠어. 다 엄마 탓인데, 엄마 탓을 못 하겠어. 엄마 너무 힘들었잖아. 그게 엄마의 최선이었잖아. 어쩔 수 없었던 것 알아. 누가 이 원망을 사라지게 해줄 수 있을까? 내 얼룩진 마음이 흰 평면과 잉크에, 떠도는 공기에게 공감받고 씻겨지면 좋겠어. 이 편지가 아무에게도 닿지 않길 간절히 바라.

2021년 5월 21일

엄마가 사랑하는 둘째 딸, 서정 올림

# 3. 아버지께 가는 길

# 아버지께 가는 길

황 명 훈
웅상고등학교 교사

9시 9분 전.

아버지. 웬일일까요? 오늘은 휴대 전화 알람 없이도 서늘한 기운에 눈을 떴습니다. 이제 막 동이 터오는 새벽의 그 촉촉한 공기를 참으로 오랜만에 느낄 수 있었던 순간이었습니다. 어느새 계절은 바뀌어 봄은 어김없이 찾아오고 그 빨갛고 노란 꽃잎들 아버지께 가는 길 위로 나비처럼 흩날리며 햇살에 반짝거리겠지요. 아버지께 가는 길. 오랫동안 외면하고 살았던 그 길을 오늘에서야 다시 찾아가게 되었습니다. 출퇴근길에 매일 지나치면서도, 늘 마음 한구석 무거운 숙제로 남아 있었음에도 애써 고개를 돌리고 지나쳤던 그 길을…….

가벼운 복장에 운동화 차림으로 집을 나서니 저 위로 금정산이 가까운 듯 먼 듯 그렇게 누워있습니다. 숲속으로 난 오솔길을 따라 한 시간 남짓의 가벼운 산행이었지만 집으로 돌아오니 온몸이 푸른빛으로 물든 듯 손끝에서도 풀 내음이 느껴집니다. 샤워하고, 면도하고, 아침밥을 먹고, 짙은 색 정장을 입고,

그리고 지하 주차장으로 내려갑니다. 아 참, 잊을 뻔했군요. 아버지가 좋아하셨던 막걸리. 어젯밤 퇴근길에 사두었던 막걸리를 냉장고에서 꺼내와야지요.

집에서 고작해야 승용차로 10분 거리밖에 되지 않는 이 길이 오늘따라 새삼스러운 건 또 어떤 이유 때문일까요. 두실 지하철역을 지나 자동차는 곧장 범어사역 방향으로 속도를 올립니다. 그리고 범어사 지하철역을 지나자마자 바로 우회전. 약간의 오르막을 넘어서면 이제 곧 아버지가 계신 곳입니다. 금정도서관을 왼쪽으로 스쳐 지나가면 다시 우회전. 울창한 숲이 터널을 이루는, 곱게 포장된 길 끄트머리 주차장에 차를 멈추고 밖으로 나오니 아버지가 계신 단순한 디자인의 단층 건물이 바로 눈앞에 우뚝 서 있군요. 아, 하지만 여기서 잠시 멈추어야 합니다. 아버지를 만나려면 아직 몇 분의 시간을 더 기다려야 하기 때문입니다.

9시 7분 전.

아버지. 건물 주위로 온통 초록의 물결이 하늘로 쭉쭉 뻗어 있고 그 사이로 반짝거리는 햇살이 그저 풍요롭고 평온하게만 느껴지는 오월의 아침입니다. 하지만 저 푸르고 무성한 이파리들이 이 아침의 가벼운 떨림을 더욱 선명하게 하듯이 문득 가슴 한구석 휑하니 바람이 부는 것은 무슨 까닭일까요. 무릇 삼라만상의 새 생명이 대자연의 기운을 온몸으로 받아들이며 마음껏 이 계절을 음미하는 봄의 정중앙에서 왜 저 혼자만 이렇듯 까닭 모를 슬픔의 한 덩이를 목구멍 깊숙이 삼켜야만 하는 걸까요.

아버지. 주차장 옆 돌계단에 앉아 저는 조용히 아버지, 하고 혼잣말로 속삭여봅니다. 입속에서 맴도는 그 모음과 자음의 건조한 발음은 먼 옛날 제 유년의 한때로 저를 불러들입니다. 언제였던가요? 패티김의 노래를 유난히 좋아하셨던 아버진 그 굵직한 저음으로 해 질 녘이면 자주 노래를 부르셨지요. 지금도 기억납니다. "가스음… 소오게 스으며드으는 고오독이 몸부림치일 때에 가알 길 없는 나아그네에 꾸움은 사라져……." 그 옆에서 숙제장을 펼치고 엎드려있던 저는 아마도 초등학생이 아니었나 싶습니다. 그러고 보니 그것도 벌써 40년 전의 아득한 일이로군요. 언제나 어린아이로, 청년으로 머물러 있을 줄만 알았었는데 어느덧 저도 오십을 넘긴 나이가 되었습니다.

9시 3분 전.

아, 그러면서도 저는 저 혼자서만 나이를 먹는 줄 알았던 바보였습니다. 몇 년 새 부쩍 늘어난 아버지의 흰머리를 저는 왜 그때는 알아차리지 못했을까요. 지나고 나니 온통 후회만 남습니다. 낡은 가족 앨범의 흑백사진 속에서 환하게 웃고 있는 아버지는 언제나 건장한 청년의 모습. 어쩌면 저는 그 젊은 시절의 아버지만을 기억하고 싶었는지도 모릅니다. 아마도 그건, 어쩔 수 없는 세월의 무게 속에서 하루하루 늙고 초라하게 변모해가는 아버지의 모습을 차마 인정하기 싫었던 까닭일 것입니다.

아, 아버지. 저는 얼마나 아버지를 원망했던가요. 철들 무렵, 아버지가 이제는 어린 저의 든든한 울타리가 될 수 없다는 냉혹한 현실을 깨달으면서 저는 참 많이도 아버지를 미워했었습니다. 거실 한쪽, 책장 가득 쌓여있는 〈현대문학〉 계간지들을 바라보면서도 저는 문학을 사랑하는 아버지의 그 낭만보다는, 남들처럼 생활을 꾸려나가지 못하는 무능력한 한 집안의 가장을 먼저 떠올리곤 했었지요. 무능력은 열등감을 낳고, 그것은 곧 부글거리는 분노로 바뀌어 저녁때면 어김없이 밥상이 엎어지고……. 사춘기의 소년은 그때마다 걷잡을 수 없는 슬픔과 분노에 휩싸여서 마구 골목길을 내달리며 가슴속이 꽉 차오를 때까지 소리 질렀습니다. 아버지, 미워, 미워, 미워요, 제겐 아버지 따위 필요 없어요!

9시 2분 전.

그랬습니다. 한쪽 폐를 절단하는 대수술 이후, 아버지는 정상적인 사회생활을 유지하실 수가 없었지요. 직장을 잃고 늘 집에서 자리를 보전해야 하는 그 조그맣고 가느다란 삶을 이해하고 받아들이기에 저는 그때 너무 어렸던 것입니다. 학교에서 배우는 교과서의 삽화 속에 등장하는 아버지들은 늘 한결같이 넓은 어깨로 가족들을 부양하고 있었지만, 학교를 마치고 집으로 돌아와서 마주쳐야 하는 현실 속의 아버지는 저의 눈에 그저 무책임하고 무능력한 한 남자로밖에 보이지 않았습니다. 그래서 저는 그 시절의 친구들이 집으로 놀러 오는 것을 끔찍이도 싫어했지요.

아버지. 얼핏 인기척이 느껴져 고개를 들어보니 어느새 관리인으로 보이는 듯한 제복을 입은 중년의 사내 둘이서 오늘 일과를 시작하는 듯 출입문 쪽 입구를 환하게 밝히고 서 있습니다. 이제 곧 아버지를 만날 시간입니다. 아직 이른 아침이어서인지 주차장 주변은 그저 고요만 가득할 뿐, 가끔 이 나무 저 나무 위로 분주히 날아다니는 작은 새들의 지저귐만이 이 고요를 깨어있게 합니다. 그리고 나지막이 깔리는 아버지의 목소리. 명훈아, 아무래도 나는 실패한 인생을 산 것 같구나…….

9시 1분 전.

2년 전 겨울, 집 근처 종합병원 벤치에서 제 귓가를 울렸던 그 쓸쓸하고 메말랐던 아버지의 목소리. 아, 하지만 실패한 인생이라니요? 아닙니다, 아버지. 아버지의 삶을 그토록 짧고 차가운 문장으로 요약하는 건 용납할 수 없습니다. 한 인간의 삶을 경제적 능력으로 판단하다니요, 아니 될 말씀입니다. 이제 더 이상 저는 예전의 그 사춘기 소년이 아닌걸요. 그동안 세월은 흐르고 흘러서 어느새 저도 결혼을 하고 아이를 낳고, 그리하여 한 집안의 어엿한 가장이 되었는걸요. 그렇습니다, 아버지. 우리네 삶은 삶 그 자체로 가치 있고 소중한 것임을 저는 자식을 낳아보고서야 깨달을 수 있었습니다. 후, 너무 늦은 깨달음이었지요. 하지만 아버지. 아버지의 노년 마지막 한때를 한 지붕 아래에서 같이할 수 있었다는 것이 그나마 저에겐 커다란 위로가 됩니다. 병세는 악화되어 결국엔 집 안에서도 12시간 이상을 산소발생기에 의존해야만 하는 힘든 시기였지만 아버지는 손자랑 함께 보내는 그 시간을 또 얼마나 행복해하셨던지요. 요놈, 요놈, 요 녀석이 할애비를 쏙 빼닮아 고집이 이렇게 세구나, 허허허. 한여름 돗자리를 펴놓고 갓난쟁이 손주의 재롱을 흐뭇하게 바라보시던 그 모습이 손에 잡힐 듯 눈앞에 선합니다.

보고 싶은 아버지. 이제 곧 아버지를 뵈러 일어서야 할 것 같습니다. 하지만 지금 제 가슴은 왜 이다지도 알 수 없는 감정에 무거워지는 걸까요. 철모르던 어린 시절 말 없는 가운데 가만히 저를 내려다보시며 머리를 쓰다듬어 주시던 아버지의 그 손길이, 문득 지금 이 순간 찌르르 온몸을 떨리게 하는 것은 무슨 까닭일까요. 아버지의 그 속 깊은 사랑을 정작 아버지가 떠나시고 난 다음에서야 깨닫게 되는 것은 이 또 무슨 삶의 아이러니일까요.

9시 정각.

자, 이제 들어오셔도 됩니다! 아침의 정적을 깨는 목소리에 뒤돌아보니 제복을 입은 사내 중 한 명이 누구에게랄 것도 없이 입장을 알립니다. 그러고 보니 오늘은 제가 첫 방문자인 셈이군요. 하나, 둘, 셋, 걸음을 옮길 때마다 돌계단이 조금씩 흐려집니다. 얼핏 주위를 둘러보니 온통 초록으로 치장한 나무들, 삐이삐이 떼를 지어 날아오르는 새들, 화들짝 놀란 듯 온몸을 붉히는 꽃들, 그리고 저 멀리서 희미하게 들려오는 자동차 경적들……. 아, 삶은 이렇게 아름다운 것인데! 어제와는 또 다른 오늘이 저렇듯 약동하며 하루를 시작하고 있는데! 이 세상 모든 생명 있는 것들은 저토록 삶의 숨결을 뜨겁게 내쉬고 있는데!

스물셋, 스물넷, 스물다섯. 계단을 다 오르고 나서 현관문을 열고 들어서니 순간 훅, 하고 서늘한 기운이 온몸을 휘감습니다. 언제나 섭씨 15도의 실내온도를 유지하는 냉방시설 때문이겠지요. 가로 30cm, 세로 30cm. 똑같은 크기의 네모난 봉안함이 평등하게 줄지어 서 있는, 이제는 제법 낯이 익은 실내의 풍경들을 지나치며 뚜벅뚜벅 발자국을 옮겨 아버지가 계신 곳 바로 앞에 섰습니다. 향년 69세. 편히 잠드소서. 위패 속 동전 크기만 한 사진 속에서 표정 없는 눈빛으로 나를 바라보시는 얼굴. 무거웠던 삶의 굴레 벗고 이젠 가벼운 한 줌 재로 화하여 오늘 이렇듯 지상의 가장 낮은 곳에서 잠들어 계신 아버지, 아버지, 아버지. 거듭 불러도 아무런 대답이 없으십니다. 위패 아래에 돋을새김으로 선명하게 찍혀 있는 숫자 76621. 십여 년 전 겨울, 아무런 예고도 없이 그렇게 우리 곁을 떠나신 아버지가 이 세상에 남기고 간 마지막 번호, 칠만 육천육백이십일. 그 엄청난 숫자의 무게감에 짓눌리듯 두 무릎은 굽혀지고, 살아오는 동안 오랜 시간을 같이했음에도 아버지 사랑해요, 따뜻한 말 한마디 드리지 못한 회한의 눈물. 차가운 철제 봉안함을 쓰다듬는 손바닥은 저 너머 이 온기를 전하지 못하고 아아, 삶과 죽음이 대면하는 이곳에 와서야 비로소 저는 또 한 통의 편지를 아버지께 씁니다. 그리고 그 시작은 이렇게 고쳐 쓸 것입니다. 나의 사랑하는 아버지께, 라고.

2021년 오월의 어느 날
아들 명훈 올림

# 아빠의 계절은 어때?

예 상 희
진주혜광학교 교사

아빠…. 아빠…. 아빠….

그 여름은 몸, 마음, 눈물 하나도 남김없이 모두 다 말라 버리라는 듯 하늘의 태양이 우리를 뜨겁게 불태웠어.

차가워진 아빠의 얼굴을 만지며 하염없이 "아빠 일어나."를 외쳤지. 아빠는 잠자다 깰 때, 마치 잠자고 있지 않았던 사람처럼 벌떡 일어났었잖아. 늘 그랬듯이 벌떡 일어났었어야지. 그런데 매정하게도 아빠는 영영 일어나지 않았어.

치매 증상이 점점 심해지던 할머니는 장례식장에 도착해서 새집으로 이사 왔다고 좋아하면서 아빠도 데려오라고 했고 엄마는 몇 번이고 쓰러졌어. 언니는 금방 바람에 날아갈 듯 위태로웠고 그렇게나 덩치가 크던 아빠 막내아들은 한없이 작아 보였어. 난 믿어지지 않았어. 쫙 빼입은 체크무늬 정장에 중절모를 쓰고 내가 사준 가방을 옆구리에 끼고 나타날 것만 같았어. 왜 이렇게 된 거지? 지금 여기가 어디지? 내가 왜 울고 있지? 무슨 상황이 벌어진 거지? 사실이야?

사람들이 몰려왔어. 아빠의 어제를 이야기해 줬어. 난 왜 모르고 있지? 아빠의 마지막 모습을 본 것이 반년 전이라는 것이 허망스러웠어. 마지막 목소리를 들은 것이 두 달 전이라는 것이 너무 가슴 아팠어. 타지에 산다는 핑계로 아이들 키운다는 핑계로 일하며 바쁘다는 핑계로 코로나를 핑계로 왜 내가 아빠를 만나지 않았을까? 왜 내가 아빠에게 전화하지 않았을까? 왜 내가 아빠를 모르고 살았을까? 가슴을 치며 후회했어. 입관할 때 아빠의 모습은 평온해 보였어. 평소에 아빠가 자는 모습을 봤을 때는 하나도 편안하지 않은 느낌이었거든. 근데 입관하던 그 모습은 정말 평온해 보였어. 나를 이렇게나 찢어지게 아프게 만들어 놓고 평온한 모습으로 잠든 아빠를 보니 너무 원망스럽고 미웠어. 아빠를 땅속에 묻고 흙을 덮으며 계속해서 사랑한다는 말을 되풀이했어. 아빠도 듣고 있었지? 사랑한다고 한 번도 말하지 못하던 내가 말이야 아빠. 그동안 사랑한다는 그 한마디를 못 한 미안함이었을까? 아니면 이젠 영원히 할 수 없을 것만 같아서였을까? 미뤄왔던 그 말을 폭포처럼 쏟아냈어.

삼 일간의 장례를 치르고 집으로 돌아왔을 땐 코로나 확진자가 급증해 나라가 발칵 뒤집어졌어. 그리고 나의 세상도 뒤집어졌어. 아빠가 없는 나의 세상은 완전히 뒤집어졌어. 모든 것이 변했어. 뒤집어진 세상 속에서 버티고 또 버텼어. 토할 것 같고 어지러웠어. 언제쯤 뒤집어진 이 세상에 적응하며 잘 살 수 있을까 걱정하며 하루하루를 보냈었지.

영천의 그곳. 아까운 아빠의 남은 인생이 덩그러니 놓여 있는 그곳. 미완성된 영천 집에 가면 아빠가 더 그리웠어. '완성되지 못한 그곳의 허전함'만큼이나 내 가슴속에도 아빠의 빈자리가 아주 크게 구멍 뚫렸어. 아빠! 다 하고 가야지. 왜 이렇게 가버린 거야? 고기 구워 먹을 야외 테라스 만들었다고 자랑하던 아빠는 어디로 간 거야? 이제 텔레비전만 달면 된다고 뿌듯해하며 사진 보내며 자랑하던 아빠는 왜 없어? 불판 달린 식탁 개시도 못 해보고 왜 떠나간 거야? 엄마가 완성하면 노래방 기계 사준다고 했잖아. 우리 다 같이 고기 구워 먹고 노래 부르며 놀기로 했잖아. 칸이와 노이는 낮과 밤을 가리지 않고 울부짖으며 아빠를 찾아. 나는 텔레비전을 못 봤어. 음악을 못 들어. 아빠의 죽음을 알리던 그 전화벨 소리가 내 심장을 철렁 내려앉게 해.

작열하던 태양의 온기는 점점 사라지고 차가운 바람이 스치는 가을이 왔어. 갑자기 색소폰을 배우겠다며 큰 가방을 들고 집에 온 아빠에게 "이건 뭐고?"라고 물었을 때 "아빠는 가을 남자 아이가~"라고 말하던 아빠의 계절! 그 가을. 아빠의 생일도 함께… 내 손으로 직접 아빠 생신상 한 번 차려주지 못했는데 이렇게 속절없이 아빠 생일이 와버렸네. 이 세상에서 제일 맛있다던 엄마가 해준 음식들, 손녀들이 용돈 모아 산 케이크. 맛있게 잘 먹었어? 손녀들이 준비한 장구 공연도 잘 봤어? 이렇게 예쁘고 사랑스러운 손녀들은 더 예뻐지고 더더욱 사랑스러워질 텐데 왜 다 보지 못하고 가버린 거야?

그래도 이제 한 계절이 바뀌었고 해결해야 할 현실이 남아 있으니 조금은 정신을 차려야 할 것 같았어. 차려야만 했어. 슬퍼하며 마냥 울기만 하는 내 모습을 보는 것도 정말 싫었어. 모든 것이 혼란스럽고 괴로웠지만 어지럽게 돌던 나를 잠시 붙잡아 두고 하나씩 시작했어. 여러 곳에 전화를 많이 했어. 해야 할 일들이 너무 많이 남았었거든. 아빠가 하던 일들을 하나씩 하나씩 마무리하면서 이렇게나 많은 일을 하고 있다는 걸 그제야 알았어. 미루고 미뤘던 사망신고도 했어. 엄마는 도저히 못하겠다고 해서 내가 사망신고서를 썼어. 모든 것들이 실수투성이였고 처음 해보는 어려운 일들이 너무나도 많았어. 아빠는 나한테 숨겨놓은 정답지 같은 존재였어. 어렵고 골치 아픈 수학 문제를 풀 때 몰래 숨겨놓은 정답지처럼 내가 혹시 문제를 풀다가 모르더라도 행여나 틀리더라도 마음 한쪽이 놓이는 그런 사람이었어. 그런데 이제는 어떻게 마음 놓고 나에게 닥쳐진 문제들을 풀 수 있을까? 이제 나는 누구에게 정답을 물어봐야 해?

"저 선생님이 아직 어리다던데 아버지가 참 일찍 돌아가셨다." "갑자기 죽은 거라며? 왜 그렇게 된 거래?" "너희 외할아버지가 젊은데 돌아가신 거네. 너희 외할아버지는 일찍 죽은 거야." "술을 많이 마셔서 죽은 거야." 사람들은 아빠의 죽음을 그냥 가십거리로 대한다고 느꼈어. 그냥 단순한 동정심이었을 거야. 연민이었을 거야. 아니면 아무 의미 없이 그냥 내뱉는 말들이었을 거야. 그런데 그때의 나는 내게 하는 모든 말들이, 아빠에 대한 모든 말들이 내 심장을 찔러대는 것 같아 너무 아프고 슬펐어. '나의 아빠'가 죽었다는 이런 상황 자체가 싫고 괴로웠던 것 같아. 죽음에 대해 단 한 번도 진지하게 생각하지도 않았던 내가 가장 사랑하는 사람을 잃고 죽음이 주는 아픔에 묶여 빠져나오지 못하는 이 현실 자체가 힘들었던 것 같아. 그런데 나는 나에게 솔직하지 못했어. 나를 위로하던 친구들에게 말했어. 우리 아빠는 열심히 일했고 퇴직 후에는 영천으로 가서 집 짓고 실컷 놀다가 갔다고 조금 더 놀다 갔으면 좋았을 텐데 그게 조금 아쉽지만, 이 세상에서 잘 지내다 갔다고. 그냥 담담한 척했어. "나는 괜찮아."라고 막무가내로 우격다짐했어. 내 감정을 얼버무려버렸어. 이렇게 말하면 괜찮을 줄 알았어. 슬퍼하며 우는 내 모습을 견딜 수가 없어서 괜찮다고만 했는데 … 차라리 그때 펑펑 울 걸 그랬나 봐.

어느 날 퇴근길 차에서 얼마나 울었는지 몰라. 아빠가 몰던 차가 내 옆 차선을 지나 나를 앞질러 갔어. 왈칵 눈물이 쏟아지기 시작했어. 저녁을 먹다가 울었어. 설거지하다가 울었어. 자다 깨서 울었어. 아침에 눈뜨자마자 울었어. 모든 것들이 버거웠었나 봐. 눈물을 참고 참아서 넘쳐흘러 버렸나 봐. 그냥 막 집어삼키려고 해서 소화가 안 돼서 탈이 났나 봐. 아무렇지 않게 출근을 하며 남들과 똑같은 일상을 살아가지만 사실 난 모든 게 멈춰 있었어. 아닌 척했지만 여전히 뒤집어진 세상에 적응하지 못하고 어지러워서 움직일 수가 없었거든.

아직도 손끝에서 느껴지는 아빠의 차가운 얼굴처럼 시린 어느 겨울날, 경찰서에서 전화가 왔어. 부검 결과가 나와서 이제야 아빠의 죽음에 대한 수사가 종결됐대. 코로나 때문에 부검이 오래 걸렸어. 십여 장의 부검 결과서를 읽으며 그 여름 아빠가 어떤 하루를 보냈을지 찬찬히 눈을 감고 그려봤어. 참 아프고 고통스러웠어. 아빠도 그랬어? 왜 아픈 걸 말하지 않았어? 약봉지는 왜 이렇게나 많은 건데? 자식들에게 짐이 되고 싶지 않았던 거야? 엄마가 토요일에 대구 내려와서 병원 가자고 했잖아. 왜 늘 가던 큰 병원으로 안 가고 하필이면 문 닫힌 작은 동네 병원에 간 거야?

오랜만에 영천을 갔어. 그동안은 영천 가는 것을 계속 미루고 회피했어. 정말 가고 싶지 않았어. 그곳에 가면 아빠가 버선발로 뛰어나와 우리를 반겨야 하는데… 그냥 집에 있으면 '아빠가 영천에 있겠지.' 생각할 수 있는데… 진짜로 영천에 가면 아빠가 없을 테니 '정말 아빠가 없구나.' 나 스스로 총을 겨누며 확인 사살하는 기분이었어. 그래도 용기를 내서 갔어. 아빠가 너무나도 보고 싶었거든. 그곳이 아빠의 온기가 여전히 많이 남아있는 곳이잖아. 가족들과 아빠와의 추억 이야기도 하고 아빠가 만든 그네에서 사진도 찍고 아빠가 만든 불판 식탁에서 고기도 구워 먹고 해먹에 누워 풍경 소리도 듣고 주말을 편안히 잘 지내다 왔어. 그리곤 '이젠 마주해야겠지? 받아들여야겠지?' 생각하며 휴대폰에 저장된 아빠 사진들을 찾아봤어. 사실 아빠 영정사진을 보는 것도 얼굴을 떠올리는 것도 힘겨웠거든. 참 많이 늙었더라. 얼굴에 주름도 많이 지고 머리도 새하얗고 키도 작아진 것 같았어. 아이들한테 참 고마웠어. 무뚝뚝한 딸은 아빠와 단둘이 찍은 사진 한 장 없는데 아이들이 외할아버지랑 사진을 많이 찍어 놨더라. 장난기 가득한 사진도 많았어. 아빠 웃는 모습을 보니깐 나 임용 합격하던 날이 떠오르더라. 엄마에게 '몰래카메라'를 하자며 개구쟁이처럼 웃던 아빠의 얼굴이 떠오르면서 마음이 따뜻해지더라. 아빠 딸이 교사가 되었다고, 그것도 특수교사가 되었다고 자랑하고 다니면서 내가 전화할 때면 일부러 옆에 있는 사람들이 잘 들리게 "어~ 예 선생~"이라고 전화받던 아빠의 목소리가 귓가에 맴돌았어. 사진을 보면, 아빠를 꺼내면 더욱더 그립고 슬프고 아프고 힘들 줄 알았는데 다행이었어.

해가 바뀌고 집 대청소를 했어. 잃어버렸다고 생각하며 괴로워했는데 청소를 하면서 아빠가 보낸 카드를 찾았어. 어찌나 반갑던지 소리를 질렀어. 손녀들이 태어난 날 병원으로 보낸 꽃바구니와 그 카드의 향기가 내 마음 가득 번졌어.

그래 아빠. 다행히 조금씩 적응하고 있었어. 언니는 점점 효녀가 되어가고 있어. 엄마에게 매일 전화하고 명절에만 가던 대구 집도 부쩍 자주 가더라. 아빠의 희망 아들은 열심히 일하면서 엄마를 잘 지키고 있고 아빠의 하나뿐인 손녀들은 하루가 다르게 쑥쑥 잘 크고 있어. 나도 소중한 일상을 되찾기 위해 애쓰고 있어. 매일 '마음 샤워'도 하면서 아빠 손녀들의 말처럼 슬픔 속에서보단 기쁨 속에서 아빠를 생각하고 있어.

엄마는 미뤄뒀던 나머지 한쪽 눈 수술을 했어. 잘 안 보여서 힘들었을 텐데 계속 미룬 걸 보면 어쩌면 엄마도 또렷하게 세상을 보고 싶지 않았을 것 같아. 내가 아빠의 죽음을 외면하고 싶었듯이 엄마도 흐리게 세상을 보고 싶었는지도 몰라. 그래도 다행히 수술은 잘 되었고 잘 회복됐어.

3월이 오고 교실이 바뀌고 살랑살랑 따스한 바람이 불고 나비가 노니는 봄이 왔어. 그리고 손녀들은 초등학생이 됐어. 하늘에서 손녀들 입학하는 모습 보고 있었지? 입학식 날 하늘이 참 예쁘더라. 아빠가 있는 곳이 예뻐서 다행이야. 슬프면 맘껏 슬퍼하고 아빠와의 기분 좋은 추억이 떠오르면 그때로 돌아간 것처럼 즐거워하며 있는 그대로의 나를 받아들이기로 했어. 이제는 슬퍼하며 우는 내 모습을 봐도 점점 괜찮아졌어. 당연한 거니깐. 텔레비전도 잘 봐. 조금씩 음악도 들으려고 노력해. 전화벨 소리가 미친 듯이 내 심장을 뛰게 할 때도 있지만 이겨내고 있어. 나비와 함께 공원에서 뛰어다니는 아이들을 보면 포근해. 아이들은 나비가 외할아버지라고 해. 외할머니가 그랬다고 하면서 말이야. 맞아. 엄마가 나비를 좋아해서 엄마가 어릴 때부터 모은 나비 표본들을 아빠가 잘 보관하면서 하나씩 꺼내서 나한테 이야기도 많이 해줬었지. 비록 외할아버지는 하늘나라로 떠났지만 늘 외할머니 곁에 머물고 싶어서 나비로 다시 태어났다고 해. 그날은 선글라스를 써도 가려지지 않을 햇살만큼이나 눈부셨어. 나비가 참 예뻤어. 따스했어. 아빠가 우리를 꼭 안아주는 것 같았어.

아빠… 그동안 고생 많았어. 아빠를 더 많이 사랑하지 못해서 미안해. 사랑한다고 더 많이 표현 못 해서 미안해. 아빠가 짊어진 무거운 삶의 짐을 나눠 들어 주지 못해서 미안해. 그래도 나는 아빠에게 자랑스러운 딸이었지? 아빠 휴대폰에 '나의 보람'이라고 저장되어 있더라. 아빠가 나를 부를 때처럼 '빼빼로, 울보, 작은 공주' 이런 건 줄 알았는데 난 아빠의 보람이었어. 언제나 자랑스러운 아빠의 딸이 될게.

사람들은 이야기했어. 시간이 다 해결해 줄 거라고…….

아니었어. 시간 속에서 노력하는 내가 해결해 주는 거였어. 그 노력이라는 것이 그냥 모든 것을 잊고 잘 지내는 것이라고만 생각했어. 너무 아프고 쓰라리고 힘드니깐 그냥 눈감고 괜찮다고 스스로 이야기하는 것이 노력이라고 생각했어. 근데 그것도 아니었어. 내 안의 감정을 고스란히 받아들이고 들여다보고 빠짐없이 느낄 수 있도록 노력해야 하는 거였어. 모든 순간을 기꺼이 껴안아야 했어. 카타르시스까진 아니어도 나에게만은 충분히 솔직해야 했어. 그래서 솔직해지기로 했고 솔직해졌어. 충분히 슬퍼하고 아파하고 힘들었으니 이젠 점차 힘이 생겼어. 아빠의 죽음은 내가 어찌할 수 없는 일이고 되돌릴 수도 없고 누구나 다 겪는 일이라고 생각해. 난 받아들이고 잘 겪어낼 거야. 여전히 난 잘 지내고 있고 앞으로도 잘 지낼 거야. 먼 훗날 아빠 다시 만날 때 이렇게나 잘 살았다고 자신 있게 말할 수 있게 정말 잘 살 거야. 하늘에서 항상 지켜봐 주고 응원해 줘야 해.

이제 곧 뜨거운 여름이 올 거야. 작년 여름은 너무 무섭고 타들어 갈 듯 아팠지만 이젠 뜨거운 태양과 당당하게 마주하면서 땀 흘리며 열심히 잘 살게. 조금 두렵기도 하지만 잘 해내 볼게.

아빠 아주 그립고 보고 싶어. 그리고 사랑해.

아빠……. 아빠는 어떻게 지내고 있어?

아빠의 계절은 어때?

2021년 5월 19일

아빠의 '보람' 둘째 딸 상희가

# 부재의 부정

이 송 이
숭진초등학교 교사

하루 종일 치이고 치인 날 퇴근길엔 유난히 전화기에 손이 더 많이 갑니다. 어딘가 전화를 걸어 이야기를 하고 싶은 날 여전히 가장 먼저 떠오르는 번호는 당신의 번호입니다. 아직 지우지 못한 그 번호의 프로필 사진에는 낯선 사람이 웃고 있지만 손에 익은 그 번호를 차마 지우진 못했습니다.

신규 발령을 받고 생전 처음 집을 떠나 낯선 곳에서 생활하며 근무했던 그 당시는 매일이 모험 같은 하루였습니다. 그날은 아이들과 함께 캠페인을 해야 한다기에 두꺼운 종이를 칼로 잘라 피켓을 만들고 있었습니다. 소란스러운 아이들을 앞에 두고 서툰 칼질을 하다가 그만 엄지손을 깊게 베이고 말았지요. 손가락에서 피는 흘러넘쳤고 당황한 나는 옷자락으로 피를 막아보려 했습니다. 하지만 얇은 셔츠 자락을 적시고도 남는 피가 교실 바닥에 뚝뚝 떨어졌습니다. 안절부절못하는 나의 행동을 보며 눈치를 챈 아이들이 웅성거리기 시작했습니다. 저는 당황하여 아이들에게 아무 말도 남기지 못하고 보건실로 뛰어갔지요. 보건 선생님은 제 손을 들여다보시며 상처가 깊어 꿰매어야 할 것 같다 하셨습니다. 그리고 학년 부장님께 연락을 취해 뒷일을 정리해 주셨습니다. 그 순간, 이제껏 무능함을 내색하지 못하고 당당하게 세워왔던 교사로서의 모습이 와르르 무너진 채 어찌나 눈물이 나던지요. 피가 흘러넘치는 손가락은 크게 아프지 않았던 것 같은데 왜 그리도 서럽게 울었는지 모르겠습니다.

학교 근처 병원에서 손가락을 꿰매고 집으로 돌아가는 길에도 눈물은 멈추지 않았습니다. 그 와중에도 제일 먼저 생각난 건 당신이었습니다. 어서 이 상황을 하소연하고 싶은 마음에 한껏 어리광을 마음에 담아 당신께 전화를 걸었습니다.

"퇴근했어?"

라는 당신 목소리로 듣자마자 다른 느낌의 눈물이 가슴에 차오르기 시작했습니다. 손가락이 아파서 우는 울음은 아니었습니다. 집을 떠나 먼 곳에서 혼자 지내며 다치기까지 한 상황에 대한 서러움의 눈물도 아니었습니다. 당신 목소리는 이전보다 더 쉬어 있었고 힘들게 느껴졌습니다. 그 순간 나의 아픔을 하소연하겠다는 생각은 사라져 버리고 당신 목소리에 온 감각을 빼앗겨 버렸던 것 같습니다. 억지로 눈물을 삼키고 붕대를 감은 손가락을 감싸 쥐며 겨우 목소리를 내어 말했습니다.

"오늘 많이 아파?"

라고 물어본 뒤 나는 곧바로 무너져 버리고 말았습니다. 나의 아픔과 당신의 아픔이 한순간에 내 가슴을 옥죄어 오는 것 같았습니다. 그 순간 세상 속에서 당신과 나만이 떨어져 나온 것 같았습니다. 고독하고 외로운 당신의 목소리만 크게 들렸습니다.

"아니 안 아파. 자다가 일어나서 그래."

하지만 전화기를 타고 오는 그 공기의 흐름만으로도 당신이 이전보다 더 많이 쇠약해졌다는 것을 느낄 수 있었습니다. 그러나 나는 끝내 모른 척하고 나의 아픔을 토로했습니다. 내가 당신의 아픔을 인정하는 순간 당신이 정말 아픈 사람이 되어 버릴까 봐 두려웠습니다. 내가 부정하면 당신은 아프지 않은 사람이 될 수 있을 것 같았습니다. 그래서 짐짓 모든 상황을 모른 척하고 한껏 어리광을 부린 채 손을 다친 이야기를 풀어놓았습니다. 아직까지도 그날의 행동은 내 인생의 큰 후회로 남게 되었습니다. 왜냐하면 그때 당신이 당신의 고통보다 나의 상처 때문에 더 많이 아파했다는 것을 뒤늦게 식구들에게 들었기 때문입니다. 먹은 것을 다 토해내고 링거액조차도 받아들이지 못할 정도로 쇠약해진 몸. 가끔은 통증을 이기지 못해 마구 소리를 지르던 날들. 처방된 마약 성분의 진통제조차도 듣지 않는 고약한 병세로 당신은 물론 가족들 모두 괴로운 시간을 보내고 있었던 때가 바로 그 시기였다고 합니다. 그 모든 상황을 알게 된 뒤로는 그날의 일을 떠올릴 때마다 차오르는 눈물을 주체할 수가 없었습니다.

참을 수 없는 고통의 시간 속에서도 나의 작은 아픔과 하소연을 다 받아주고 달래주던 당신의 그날 그 목소리가 아직도 귓가에 맴돕니다. 그저 내 이야기를 마음껏 할 수 있는 존재가 있었다는 것만으로도 나에게는 큰 위안이 되었습니다. 그 사실이 이제야 뒤늦게 실감 나 가슴이 저려옵니다. 이제 당신은 없지만 나의 왼손 엄지에 깊게 남은 흉터를 바라볼 때마다 그날의 일이 떠오릅니다. 몸에 남은 작은 흉터는 그날의 기억과 아픔을 고스란히 간직하고 있습니다. 아무렇지 않게 아문 상처지만 여전히 누르면 저 깊은 곳에서는 찌릿한 감각이 느껴집니다. 상처가 아픈 것인지 마음이 아픈 것인지 잘 모르겠습니다.

아픈 사람과 함께하는 공간은 아프지 않은 사람에게도 아픔이었습니다. 함부로 먹지도 웃지도 못하는 가족들은 행복이나 즐거움은 죄책감처럼 여기고 지내야만 했습니다. 당신의 통증을 조금이나마 잊게 하고자 우리 집은 환자를 두어도 환자가 없는 것처럼 짐짓 어색하고 불편한 기류 속에서 당신의 마지막 3개월을 함께했습니다.

"내가 환자처럼 굴지 않으니 아픈지 모르나 본데 내가 한번 마음 놓고 아파볼까?"

라며 장난기 어린 웃음을 짓던 당신의 그 말이 우리 모두를 위한 위로였다는 것을 알고 있습니다. 그런 농담에 겉으로는 유쾌한 듯 웃었지만 마음속으로는 쓰디쓴 울음을 감췄던 우리들은 당신의 아픔을 온몸으로 견뎌내고 있었습니다.

자식들에게 단 한 번 큰 소리나 화를 낸 적도 없고, 사소한 선택조차 강요한 적 없던 당신. 늘 집안의 중심에서 웃음기 어린 장난과 재치 있는 말들로 가족들은 물론이거니와 주변 모든 이들을 행복하게 해주던 당신. 기둥처럼 늘 든든하게 자리를 지켜주던 당신이 아픔에서 해방되어 우리 곁을 떠나고 나니 그 빈자리는 우리 모두를 흔들어 버릴 만큼 큰 공백으로 다가왔습니다. 모두들 예전 같지 않은 분위기 속에서 버텨내고자 했지만 서로 얼마나 흔들리고 아팠을지는 말하지 않아도 알 수 있었습니다. 누구 하나 표현하지 못했던 이유는 말해버리는 순간 모든 것이 한번에 무너질 것 같은 두려움 때문이었을 겁니다. 그 정도로 당신의 빈자리는 가족들에게 인정하기 힘든 현실이었습니다.

그래서 당신이 떠나고 난 뒤에 나는 모든 것을 잊은 척 살아갔습니다. 당신의 마지막 모습도, 통증이 몸을 잠식하기 전 마지막 나눈 당신과의 대화도, 당신의 기일도 마치 없는 일처럼 여깁니다. 그래서 나는 아직도 당신의 사진을 마음껏 보지 못합니다. 때마다 찾아야 하는 당신의 묘소에도 일부러 등을 돌립니다. 누군가에게 당신과의 이별에 대해 구구절절 이야기한 적조차 없습니다. 말해버리는 순간 현실이 되어버릴 것 같은데 그 현실을 버텨야 한다는 사실이 아직도 나에게는 힘들기 때문입니다. 당신의 전화번호를 지우지 못하는 것도 같은 이유입니다. 당신이 아닌 걸 알면서도 그 번호를 가지고 있으면 당신과 연결될 수 있다는 생각에 위안을 얻습니다. 당신의 부재를 인정하는 것 자체가 너무나도 힘이 듭니다. 인정하지 않는 것이 나를 더 편안하게 만들지만 위태롭긴 마찬가지입니다.

건강하게 웃고 있는 당신의 모습이 내 추억 속 마지막 모습이면 좋겠다고 생각했던 적도 많았습니다. 그러나 아파했던 당신. 마음처럼 움직이지 않는 몸 때문에 바람 앞 풀잎처럼 쓰러지던 당신. 신음을 삼킬 정신력이 바닥나 울부짖던 당신의 모습을 애써 숨겨두려던 내 마음의 커튼을 걷어보려 합니다. 하지만 그런 당신의 모습이 드러나는 것은 여전히 감당하기 힘듭니다. 당신과의 좋았던 기억만을 되짚어가는 것이 지금 내가 당신을 추억하기 위해 선택한 방법입니다.

이제껏 당신이 만들어 준 아름다운 추억이 너무 많습니다. 그래서 무엇을 먹든, 무엇을 하든 어린 시절 기억이 보석처럼 영롱하게 떠오릅니다. 언제나 웃음이 가득하던 우리 집의 그 따뜻한 저녁 시간. 가족들이 함께했던 수많은 여행의 기억들. 그 모든 것이 나를 얼마나 값지고 단단하게 만들어 준 것이었는지 이제야 그 가치를 깨닫게 됩니다. 당신과의 첫 추억은 갓난아이인 나를 위해 매일 산을 올라 약수를 받아다가 목욕을 시켜주었다던 그 이야기입니다. 내가 돌이 될 때까지 한겨울에도 산을 타고 올라가 약수 떠다 나르기를 거른 적 없다는 무용담이 섞인 그 이야기는 언제 들어도 기분이 좋았습니다. 미소를 지으며 시작된 추억여행은 어둡고 절망적이었던 당신과의 마지막 날에 다다릅니다. 마지막을 기억해야 하는 것이 힘들어 애써 외면했던 추억여행이지만 이제는 좀 더 의연하게 다가가야겠지요?

그러나 아직도 제 마음이 단단해지지 못했나 봅니다. 아무리 굳게 마음을 먹어도 또다시 차오르는 눈물을 막을 수가 없습니다. 당신 곁을 떠나 지내야 했던 마지막 시간들을 좀 더 소중하게 보내야 했었는데 그러지 못한 나의 모습에 회한이 가득합니다. 꿈을 이룬 나의 모습을 누구보다 자랑스러워했을 당신에게 학교생활에 대해 조금 더 이야기를 많이 해줄걸 그랬습니다. 아파하는 당신 곁에서 잠시라도 팔다리를 주물러주고 만져줄걸 그랬지요. 그때는 몰랐던 당신과의 마지막 대화 날 나누었던 미래의 나의 신랑감과 결혼식에 대한 얘기들을 조금 더 진지하게 나누어야 했습니다. 이런 미련과 후회가 파도처럼 일어나 저를 집어삼켜 버릴 것 같아 괴로울 뿐입니다.

오늘 퇴근길엔 유난히 몸이 힘듭니다. 이제 내 옆에는 내가 챙겨야 할 아이가 셋이나 생겼습니다. 늘 똑같아 보이는 학교생활이지만 아직도 손에 익지 않은 일들로 인해 버거운 상황도 더러 생깁니다. 이런 날에 더욱 그리워지는 당신이지만 닿을 방법을 몰라 마음이 무거워집니다. 당신의 부재를 인정하면, 사진이라도 꺼내놓고 그리워하면, 묘소라도 찾아가 하소연하면 이 무거운 마음이 홀가분해질까요?

지금보다 내 마음이 더 단단해지면 좋겠습니다. 당신에게 전하지 못할 이 편지를 쓰고 나면 당신과 나의 현실을 받아들일 수 있을까요? 나는 이제 당신의 부재를, 나의 슬픔을 그대로 받아들여도 무너지지 않아야 할 만큼 중심을 잡아야 하는 나이가 되었습니다. 또 누군가의 부모라는 삶의 무게를 지고 매일매일을 살아내야 합니다. 그러나 여전히 당신을 기억하는 일 앞에서는 한없이 약해지기만 합니다. 이번 기일에는 꼭 당신 묘소에 찾아가리라 지킬 수 없는 다짐을 하지만 지킬 수 없다는 걸 알고 있습니다. 그렇지만 당신이 남겨준 추억과 삶의 기억들로 힘을 내봅니다.

2021년 4월 20일

이제는 의연해지고 싶은 딸 송이 올림

# 설명이 필요한 밤에 대하여

김 도 현
죽림초등학교 교사

아빠, 저에게는 남들보다 유난히 긴 밤을 보내던 때가 있어요. 잠들고 싶어도 잠들지 못하는 그 밤들이 어찌나 길고 외롭던지……. 이러다 큰일 나는 건 아닐까 싶어 혼자 훌쩍거리길 며칠, 여느 때와 같이 눈만 깜박거리던 새벽에 조용히 열리는 방문 소리를 듣고 제가 얼마나 놀랐는지 아빠는 모르실 거예요. 깨어있다는 걸 들키기 싫어 눈을 꼭 감고 있는 나를 아는지 모르는지 한참 얼굴만 바라보다 조용히 문을 닫고 나가셨잖아요. 그날 이후로 꼭 며칠에 한 번씩은 자는 척하는 나를 들여다보신 것, 다 알고 있어요.

있잖아요, 아빠. 그날은 내가 아빠를 미워하기로 마음먹은 지 꼭 3달이 되는 날이자, 처음으로 아빠의 사랑을 눈으로 목격하게 된 날이었어요.

어린 날의 나에게 아빠는 세상에서 가장 커다란 사람이었다는 거 아세요? 잘 웃지 않는 무뚝뚝한 표정, 단호한 말투와 목소리, 가장의 책임을 얹은 그 등이 나에게는 세상 무엇보다 커다랗게만 보였어요. 그래서 나는 아빠가 사랑한다는 말을 해주지 않아도 괜찮았어요. 아빠는 강한 사람이라 표현에 익숙하지 않을 수 있다고 생각했으니까.

그에 비해 나는 사람으로 인해 상처도 잘 받고 눈물도 많은 아이였잖아요. 엄마는 그런 나에게 마음이 강한 사람이 되어야 한다고 얘기하곤 했어요. 내 눈물이 멎어갈 때쯤 한숨을 쉬며 했던 말을 아직 기억해요.

"가장 닮지 않기를 바랐던 부분을 닮아버려서……."

그 말 안에 담긴 의미를 어렴풋이 짐작하게 된 지금에 오기까지, 그 말이 얼마나 야속하게만 들렸는지. 나는 그때까지만 해도 내가 엄마를 아주 많이 닮았다고 생각했어요.

"엄마, 나 그때 그 말 속상했어. 좀 달래주지, 왜 말을 그렇게 한 거야?"

한참 담아두었던 이야기를 꺼냈던 날, 엄마는 상처가 되라고 했던 말이 아니었다며 고개를 내저었어요.

"마음이 여리면 얼마나 힘든지 엄마가 봐왔으니까, 너는 힘들게 안 살았으면 좋겠다 싶어서 그랬지……."

20년을 넘는 시간 동안 아빠의 인생을 가장 가까이서 지켜봐 온 엄마가 내가 몰랐던 아빠의 이야기를 시작했을 때, 나는 비로소 내가 어른이 되고 있음을 깨달았어요. 엄마의 이야기 속 아빠는 내가 알던 것과는 달리 너무 여린 사람이었기 때문에, 꼭 아빠가 아닌 것만 같았어요. 아빠의 여린 부분을 조금씩 알게 되면서 나는 나의 여린 마음을 질색하기 시작했어요. 아마 그때는 인정하고 싶지 않았던 것 같아요. 누구보다도 강한 사람인 줄 알았던 아빠가 사실은 아주 여린 사람이라는 것을.

덧붙여보자면, 어린 날의 저는 여린 사람이라는 게 강한 사람이 아니라는 말인 줄만 알았어요. 하지만 지금은 여리다는 것이 약하다는 의미가 아니라는 걸 알아요. 여린 사람이라 사람들에게 많은 상처를 받을 수 있음에도 가족을 지키는 일을 마다하지 않았잖아요. 상처 받을 것이 두려워 피하지 않고, 맞서는 아빠의 강함을 나는 이제 알고 있어요.

어쨌든, 아빠는 정말로 여리고 솔직해서 감정을 숨길 줄 모르는 사람이었어요. 슬픈 것을 보면 눈물을 참기 위해 입을 꾹 다무는 습관이 있었고, 화가 나면 얼굴이 붉어지며, 기쁜 일이 있으면 웃음을 숨길 줄 몰랐죠.

저렇게 감정이 풍부한 사람이 어쩜 나에게는 표현 하나 해주지 않는 건지, 야속한 마음과 서운한 마음이 들기도 하더라고요. 그 서운함은 시간이 갈수록 커지기만 해서 결국 나는 아빠를 미워하기로 마음먹었어요. 지금 생각해보면, 그 치기 어린 마음이 아빠에게 어떻게 보이지 않았겠어요.

아빠, 사실은 다 알고 있었죠?

그런 마음이 괘씸할 법한데도 아빠는 한결같은 모습으로 나를 대했어요. 그저 지켜보기만 했죠. 혼자서 마음을 갉아먹어 가는 딸의 모습을 지켜보는 아빠의 마음은 어땠을지, 지금도 저는 알지 못해요.

다만 힘든 일이 겹쳐 위태로운 날들을 지새울 때, 함께 잠을 설쳐가며 나를 지켜주는 사람이 있었다는 게 얼마나 큰 위로였는지 아빠가 알아주었으면 좋겠어요. 그날 이후로 잠드는 것에 다시금 익숙해지기 시작했던 것 같아요.

아빠, 아빠는 여전히 내 새벽을 지켜주고 있나요? 아빠의 사랑은 내게 너무 어려워서, 가장 위태로운 순간에야 내가 알 수 있게 되었어요. 여전히 아빠에게 직접 묻기에는 용기가 없어서, 엄마에게 물었던 적이 있어요.

"아빠가 새벽에 나 자는 거 확인하더라. 엄마 알고 있었어?"

엄마는 몰랐는지, 놀란 표정을 짓더니 이내 그랬어? 하고 말았어요. 그러더니 넌지시 말을 건넸어요. 너에 대한 아빠의 사랑은 참 무겁다고. 아무 말 하지 않는 나를 보며 엄마는 혼잣말처럼 얘기했어요. 바람에 날려갈 가벼운 '사랑해'라는 말보다, 보이거나 들리지 않더라도 무거운 네 아빠의 사랑이 참 좋지 않냐고. 그러면서 보여준 아빠의 지갑 속에는 나도 몰랐던 내 사진들이 가득했어요.

아빠, 나는 스물이 넘은 나이가 되어서야 무언 속에 담겨있는 아빠의 사랑을 알아가기 시작했어요. 그리고 그 순간 깨닫게 되었어요. 나는 표현하지 않는 아빠에게 서운함을 느끼고 미워하기로 마음먹었지만, 그 미움의 순간마저도 나에 대한 아빠의 사랑을 한 번도 의심한 적이 없었다는 것을요.

"어디에서 네 자랑을 그렇게 하더라.", "아빠가 너 보고 싶어 해. 주말인데도 집에 안 온다고 어찌나 불평하는지.", "아빠가 네 전화 기다리더라." 이따금 엄마가 들려주는 이야기를 통해, 나는 아빠의 사랑을 확인할 수 있었어요.

그래도 나는요, 한 번 더 눈으로 확인하고 싶었어요. "보이지 않는 것을 어떻게 눈으로 확인할 수 있겠니?"라고 묻는다면, 아무 말도 할 수 없겠지만 그때의 나는 그랬어요. 그 생각마저도 잊혀 갈 때쯤, 하나의 사진을 보게 됐어요. 아주 어린 나와 엄마가 똑 닮은 자세로 잠들어 있는 사진.

사람들은 간직하고 싶은 순간을 사진으로 남기곤 하잖아요. 나는 여태껏 아빠가 누군가를 사진으로 남기는 모습을 본 기억이 없어요. 그런데 나와 엄마가 담긴 그 사진을 아빠가 찍었다는 거예요. 한참 동안 그 사진을 바라봤어요.

아빠가 사랑하는 모든 것이 거기 있었어요. 마침내 나는 눈으로 확인하게 된 거예요. 아빠의 사랑을요.

아빠는 늘 나를 사랑하고 있었기 때문에, 나는 아빠의 사랑이 뭔지 잘 모르고 있었어요. 스물일곱이 된 지금의 나는 올곧은 아빠의 사랑을 알아요. 여전히 아빠와 나 사이에는 수많은 침묵이 있지만, 그 사이에는 분명 서로를 향한 사랑이 존재한다는 것도 알아요. 어려서 아무것도 보지 못했던 내가 아빠의 마음에 상처를 남겼을 것 또한 알고 있어요. 엄마는 아빠와 내가 꼭 닮았다고 말했으니까. 이제야 건네는 말이지만, 죄송해요. 그리고 아무 말 않고 저를 지켜봐 주셔서 감사하다는 말을 전하고 싶었어요.

가만히 생각해보면, 우리는 서로 너무 닮아있었기 때문에 바라는 것도 같았던 것 같아요. 누구보다 아빠가 강한 사람이기를 바라는 나, 내가 언제까지고 기댈 수 있는 든든한 등이 되어주고 싶은 아빠. 나는 언제나 아빠의 등만을 바라보고 있었기 때문에 아빠의 여린 모습을 알 수 없었어요. 그리고 지금도, 평생 아빠의 의지로 그런 여린 모습을 내게 보여줄 일이 없다는 것을 알아요. 아빠는 끝까지 나에게만은 강한 사람이고 싶을 테니까.

나는 내 세상이 끝날 때까지 아빠의 든든한 등만을 바라보고, 기억하게 되겠죠. 아빠, 이게 무슨 의미인지 알아요? 내가 나이가 들더라도, 내 세상에서는 영원히 아빠가 가장 강한 사람이라는 이야기예요. 아마도 우리는 변하지 않을 거예요.

여전히 아빠는 무뚝뚝할 거고, 저도 많은 말을 하지 않겠죠. 앞으로도 아빠는 나를 사랑하는 흔적을 어딘가에 남겨놓을 것이고, 항상 한 발 느린 저는 뒤늦게 아빠의 사랑을 깨닫게 될 거예요. 다만, 가끔은 제가 사랑한다는 말을 내뱉을 수 있게 노력해볼게요. 아빠가 나를 사랑하지 않는 게 아니라, 그 애정을 담아낼 말이 없어 입 밖으로 내뱉지 못한다는 것을 이제 저는 알고 있으니까요.

이렇게 보니 저도 솔직하게 표현하는 일에는 영 재주가 없는 것 같아요. 그럼에도 불구하고 더 늦기 전에 한 번쯤은 이렇게 말씀드리고 싶었어요. 아버지의 큰딸이 이렇게나 당신을 사랑하고 있노라고.

언제나 그랬듯이, 아빠를 사랑하고 있어요. 아주 많이.

2021년 5월 8일 여름의 초입에서

큰딸 도현

# 당신과 함께하는 오늘

배 미 주
수월중학교 교사

잘 지내고 계신가요?

몇 번을 망설이고 망설이다 글을 씁니다. 그 시절엔 참 다정한 사이였는데 지금은 인사 건네는 것조차 어색해졌네요.

이곳은 봄의 절정을 지나 여름이 머리를 들이밀고 있어요. 모를 심으려고 논에 받아 놓은 물이 오늘따라 유난히 반짝입니다. 연초록과 진초록이 수놓은 산 위로 새하얀 구름이 바람결에 유유히 떠다니는 모습을 보고 있노라니 그 시절 당신과 함께 논길을 산책하던 생각이 나네요.

커다란 당신 손을 잡고 걸어가던 길은 한없이 길고 멀어 보였지만 '함께'라는 든든함이 산책 시간을 즐겁고 행복한 시간으로 바꿔주었습니다. 당신의 커다란 자전거 뒤에 타고 그 길을 달릴 때는 코끝을 스치는 아카시아 향에 두 눈을 감고 따스한 등에 기대어 '행복'이라는 걸 만끽하기도 했죠.

지금도 아카시아 향을 맡으면 그때의 포근함이 제 뺨을 타고 전해오는 듯합니다.

삶이란 항상 그런 것일까요?

지금 알고 있는 것을 그때도 알았더라면……. 하고 한참 시간이 지난 뒤 후회하고 있는 걸 보면 삶이란 현명하지 못한 선택의 연속이라는 생각이 듭니다.

수많은 선택의 갈림길에서 가장 현명한 판단을 했다고 여겼는데 그 길에 들어서고 나면 가지 않은 길에 대한 후회와 아쉬움과 '만약 그랬더라면…….' 하는 마음이 드는 건 제가 아직도 지혜롭지 못하기 때문인가 봅니다.

어린 시절에는 마흔이라는 나이가 되면 그 어떤 어려운 선택 앞에서도 지혜롭게 판단하고 현명하게 처신할 수 있는 줄로만 알았습니다. 힘든 일도 아무렇지도 않게 쓰윽 해내는 초인적인 능력을 갖추고 항상 당당하게 삶을 살아가는 것이 마흔이 갖는 위력이라고 여겼습니다.

제가 그렇게 생각한 건 아마도 어린 시절 늘 보아왔던 당신의 위풍당당한 모습의 영향인 것 같아요. 몸이 10개라도 할 수 없을 것 같았던 수많은 일들을 웃으면서 해내시는 그 모습이 아직도 생각이 납니다. 늘 열심히 무언가를 하고 계신 그 모습을 보며 어른이 되면 저렇게 멋있어지는 거라고 믿으며 컸으니까요.

너무 지쳐서 소파에 누워 아무것도 할 수 없을 만큼 무기력해졌을 때, 믿었던 사람이 뒤에서 저의 험담을 한 것을 알게 되어 배신감에 속상할 때, 선택의 갈림길에서 망설여질 때, 제 깜냥에 감당하기 힘든 어떤 일로 인한 책임감에 스트레스를 받을 때…….

그럴 때마다 당신은 어떤 모습이었는지를 떠올려 봅니다.

제가 마흔이 되고 보니 마흔의 당신도 어쩌면 저처럼 힘들고 지치고 후회하며 그렇게 하루하루를 살고 계셨을 거란 생각이 드네요. 단지 그 마음을 알지 못했던 어린 저는 그저 웃고 계신 그 얼굴만 보고 당신이 세상 그 모든 악당도 두려워하지 않는 슈퍼맨으로 보였나 봅니다.

잘 지내고 계신가요?

제 삶에 치여 자주 전화를 드리지도 못했는데, 몇 달 만에 한 번 건 전화에 "고맙데이."라고 얘기하시는 목소리에 너무 부끄러워 얼굴이 벌게졌습니다.

어린 시절의 저는 제가 놓인 상황에 만족하고 감사하기보다는 불평, 불만을 늘어놓기 일쑤였어요. 지금 생각해보면 그리 가난하지도 않았고, 그렇다고 원하는 것을 하지 못하는 상황이었던 것도 아닌데 왜 그리 나 자신을 타인과 비교하며 당신을 못살게 굴었던 걸까요? 그런 저의 불평, 불만을 아무 말 없이 들어주시던 당신은 그때 어떤 마음이었을까요?

마흔에 접어든 요즈음 그 시절의 당신을 떠올려 보면 마음 한구석이 아려옵니다. 아들 많은 집의 셋째로 태어나 제대로 배우지도, 가지지도 못한 채 늘 그림자처럼 그렇게 익명의 삶을 살아오신 당신. 당신의 마음속엔 얼마나 불평, 불만이 많으셨을까요?

6 · 25 전쟁으로 인해 먹을 것조차 변변치 않았을 농촌에서 유년기를 보내며 동네 친구들은 책가방을 메고 학교에 가는데 당신은 소를 몰고 들판으로 향하는 그 발걸음이 얼마나 무거웠을지 감히 상상조차 할 수가 없습니다. 공부를 할 수 있다는 것이 감사한 일이라는 생각조차 하지 못하고 살아왔기에 학업에 대한 당신의 열망이 한편으론 이해가 되지 않았습니다.

그 시절 당신은 새벽이슬 맞으며 소를 몰고 친구들과 다른 방향으로 발걸음을 옮겨 놓으며 공부가 너무 하고 싶어서 소맷자락으로 흘러내리는 눈물을 훔쳐냈다 하셨죠. 소를 풀어놓고 저 멀리 등교하는 아이들을 바라보며 형들 어깨너머로 본 것들을 혼자 외우곤 하셨다는 그 말이 저에겐 소설 속의 한 장면만 같았습니다.

뒤늦게 태어난 여동생들과 함께 겨우 학교에 진학하셨다지요. 그러나 형들의 고등학교 진학으로 인해 당신의 학업은 이어지지 못했고, 도리어 부산에서 공부하는 형에게 쌀이며 밑반찬을 나르는 심부름을 하며 집안일을 도와야 했던 그 삶을 어찌 설명해야 할까요?

집안의 장남이 학업을 이어나가야 했기에 학업을 다 잇지 못하고 다시 집안일을 도와야 했던 당신은 교복을 입고 학생모를 쓴 또래의 학생들을 보며 태어난 순간부터 끊임없이 양보하고 인내하며 살아야만 하는 자신의 삶에 대해 불만과 불평이 생기거나 주어진 삶의 굴레에서 벗어나고 싶지는 않으셨는지요.

전 당신의 청년기 삶이 어떠했는지 잘 모릅니다. 지금 생각해보니 당신에게 물어본 적이 없네요. 그저 흘려듣듯 트럭에 무엇인가를 싣고 여기저기 떠돌며 장사를 했다는 것이 생각납니다. 한때는 원양어선을 타고 저 멀리 나갔었다는 얘기는 당신의 얘기였는지 다른 사람의 얘기였는지 가물가물하네요.

당신 곁에 있을 때 좀 더 많은 얘기를 들어둘 것을……. 마흔이 넘어 이제야 당신의 삶에 조금의 관심을 보이다니, 참 이기적이죠?

서른이 넘어 커다란 느티나무가 동네를 지키고 있는 그 어느 산골 마을의 딸 많은 집 셋째 딸과 결혼을 하고 작은 단칸방에서 신혼살림을 시작했다죠? 가진 것이 없어 먹고살기 힘들던 그 어느 날 당신의 어머니께 찾아갔다 홀대당했다는 얘기는 참으로 제 마음을 아프게 했습니다.

그 어떤 사연이 있는지 모르겠지만 지나가는 나그네에게도 따뜻한 밥 한 끼 대접하는 게 우리네 정서가 아니던가요? 그 시절 모두가 먹고살기 힘들었던 때라 그러셨을 거라 이해하려 해봐도 속상한 마음은 금할 길이 없습니다.

어린 시절 당신의 손을 잡고 당신 어머니의 집에 갔던 기억이 나네요. 다른 언니, 오빠에게는 유독 살갑게 구시던 당신의 어머니. 아들이 아닌 딸이라서 그분은 제게 차가운 시선을 보일 뿐이었어요. 아랫목에 숨겨두었던 단것들은 언제나 언니, 오빠들의 몫이었고 저는 옆에서 그저 쳐다보아야만 했죠. 어린 시절 당신도 그렇게 형들을 바라보아야만 했던 거겠죠.

만약 형들처럼 당신도 고등학교까지 학업을 마쳤더라면 다니던 회사에서 승진을 하여 번듯한 임원이 되었을지도 모르겠다는 생각이 듭니다. 번듯한 회사에 취직하여 능력을 인정받았지만 학력 때문에 결국은 짐을 싸서 나오셔야 했던 그 어느 날 밤. 불 꺼진 방에서 가만히 앉아 허공을 응시하고 계시던 당신의 모습이 떠오르네요. 세상 그 어느 것보다 든든하고 커 보이던 두 어깨가 그날은 한없이 왜소하고 움츠러들어 보였어요. 지금 제가 그곳에 있을 수 있다면 새 둥지 속에 비 맞은 아기 새처럼 흐느끼고 있던 당신을 꼭 안아드리고 싶네요.

잘 지내고 계신가요?

몇 번을 망설이다 핸드폰을 꺼내 전화번호를 누르고는 할 말이 없어 늘 이 말만 반복하다가는 당신께서 "미안하다. 해준 게 없어서."라고 말씀하시는 목소리에 그만 참았던 눈물이 터져 나오고야 말았습니다.

자신이 해준 것도 없는데 이렇게 잘살고 있어 줘서 고맙다는 당신, 자신을 위해 그 어느 것 하나 욕심낸 적도 없으면서 왜 그리 저에게 미안해하시는 것인지…….

그 어느 날 직장 생활을 하다가 스트레스를 많이 받아서 푸념을 늘어놓았을 때 아버지께서 그러셨죠. 그 사람도 다 이유가 있어서 그랬을 거라고, 다들 저 사느라 힘들어서 주위를 돌아볼 마음의 여유가 없어서 그럴 수밖에 없었을 거라고, 그러니 너라도 그 사람 마음을 보듬어주고 이해해주라고 하셨죠. 그때는 아버지의 말씀을 도무지 이해할 수 없었습니다.

다른 사람에게 빌려준 돈을 제때 받지 못하셨을 때도 다 그럴 이유가 있어서 그럴 거라며 한없이 기다리시고, 누군가 돈을 빌려달라고 하면 다른 사람에게 빌려서라도 그 사람 문제를 해결해주시던 그 모습들이 너무 답답해 보였어요. 자기 것을 챙기고 살아도 살기 힘든 세상에 주위 사람들을 챙기면서 한없이 퍼주는 삶을 사셨던 당신의 모습이 한편으로는 미련스러워 보였고 다른 한편으로는 존경스럽기도 했습니다.

당신은 어머니의 그 푸대접도 다 이유가 있어서 그랬을 거라고, 일찍 남편을 여의고 큰아들에게 의지하며 사느라 힘들어서 그러셨을 거라고 그렇게 이해하며 젊은 시절의 힘든 삶을 스스로 살아내셨던 거겠지요. 어머니의 마지막 삶의 한 해를 당신 집에 모시며 따뜻한 밥을 대접하고 말벗을 해드리며 젊은 시절 느꼈던 섭섭함과 아쉬움을 녹여내셨던 것이겠지요.

후회는 아무리 빨리해도 늦다는 말이 생각납니다. 당신이 좀 더 건강하실 때, 지금처럼 무릎이 아파 절룩거리지 않으셨을 그때 당신을 모시고 그 흔한 해외여행 한 번 가지 못했던 것이 후회됩니다. 20대엔 제가 젊음을 즐기고 노느라, 30대엔 아이를 낳고 키우느라 제 삶에 바빠 그렇게 오롯이 '나'에게 초점을 맞춘 삶을 살다 보니 어느덧 저도 40대가 되고 당신은 70대가 되었네요.

몇 년 전, 당신의 생신 때 동생네 식구들과 함께 펜션에 1박 2일 갔던 여행 기억나시나요?

생신상을 어떻게 차릴까 고민하다가 펜션에 가서 고기 구워 먹으며 보냈을 뿐인데……. 자식들, 사위들, 손주들과 함께하는 그 시간에 감사함을 표하며 눈물 훔치시던 당신.

왜 그리 청승을 떠시느냐고 타박을 했지만 제가 삶에 여유가 생기고 보니 너무 늙어버리신 당신의 모습에 마음이 아팠습니다.

우리가 함께할 날이 얼마나 있을까요? 당신이 암 판정을 받았다는 동생의 말에 하늘이 무너져 내리는 막막함을 느꼈던 것이 벌써 5년 전 일이네요. 그땐 정말 자주 전화를 드리고, 자주 찾아뵙겠다고 다짐했었는데 또 그러지 못한 채 시간이 흘러버렸습니다. 다시 또 5년 뒤에 후회하지 않도록 '당신과 함께하는 오늘'들을 만들어 보려고 합니다.

어느 소설에서 아버지가 자식에게 하는 말을 보고서 깨달았습니다. 제가 잘나서 이렇게 잘 살고 있는 것이 아니라 제가 잘난 삶을 살 거라 믿어주신 당신 덕분에 이렇게 잘 살고 있다는 것을 말입니다.

아버지, 한 생을 잘 살아주셔서 감사합니다.

한없는 사랑으로 저를 기다려 주셔서 감사합니다.

다 이유가 있어서 그럴 거라며 전화도 없는 무뚝뚝한 딸을 한없이 기다려 주신 아버지. 이제는 당신이 기다리시지 않도록 당신의 남은 날들을 당신과 함께하는 오늘들로 채우겠습니다.

2021년 5월 14일

큰딸 미주 올림

# 아버지, 힘을 내주세요.

조 선 욱
밀양교육지원청 장학사

아버지.

요즘 가장 많이 불러보는 이름이 아버지입니다.

올 설 전까지만 해도 자전거 타고 노인정도 가시고, 이발소도 가셨던 아버지께서 지금은 방 안에 누워만 계시니 저뿐만 아니라 우리 가족에게 다가온 충격은 이루 말할 수 없습니다. 정말 거짓말같이 어제까지만 해도 건강하셨던 분이 하루아침에 못 일어날 정도가 되어 방에만 누워 계시니 처음엔 '이건 꿈이야.' 하고 스스로 위로도 해 보고 '금방 툴툴 털고 일어나시겠지.' 하고 희망도 걸어보았습니다. 그러나 하루가 지나고 이틀이 지나도 못 일어나시고, 사흘이 지나도 못 일어나고 계십니다. 이제는 그렇게 누워 계신 지 벌써 3개월째가 되었습니다. 얼굴은 붓기가 오르다가 빠지기를 매일 반복하고, 몸이 추웠다 나아지기를 시간 시간 반복하면서 목소리에 힘이 없어지고 가끔씩 기억하지 못하는 모습을 보니 제가 어떻게 해야 할지 모르겠어요.

아버지.

바깥에는 벌써 추위가 다 물러가고 동네 둑길 벚나무는 며칠 밤사이 팝콘 터지듯 톡톡톡톡 꽃망울을 터뜨리더니 어느새 작디작은 꽃이파리들은 연분홍빛 꽃바람을 일으키고 사라졌습니다. 그리고 그 자리에 새록새록 조그만 잎들이 돋아나고 있습니다. 둑 너머 고수부지에는 샛노란 유채꽃이 봄 바람결에 한들한들거리고 나비들도 함께 팔랑팔랑 춤을 추고 있습니다. 둑 따라 잔잔히 흘러가고 있는 강물도 봄볕에 따사롭게 반짝거리고 있구요. 작년에는 이토록 눈부시게 좋은 봄날을 아버지께서 직접 보고, 만지고 향기도 맡으셨을 텐데요, 올해는 방 안에서 천장만 바라보고 계시네요.

지난달에 아버지 첫 손자 우남이가 서울에서 내려왔지요. 저도 우남이가 보고 싶어 퇴근하자마자 아버지께 달려갔는데 아버지께서는 우남이가 열심히 일해서 용돈을 줬다고 자랑을 하셨어요. 그리고 하신 말씀……,

"이제는 내가 이 돈을 쓸 데가 없다."

친구도 좋아하시고 약주도 적당히 좋아하시는 아버지, 평소 같으면 지인들에게 소주 한잔 사시면서

"우리 손자가 취직해서 열심히 일해 번 돈으로 나한테 용돈 줬어. 우리 손자 참 기특하지."

하고 자랑을 한껏 하셨을 텐데요, 이제는 일어나질 못하시니 친구도 못 만나시고, 손자 자랑도 못 하시고…….

지난주 일요일, 제가 태어나서 처음으로 아버지 목욕을 시

켜드렸어요. 엄마가 걱정을 많이 했어요.

"느거 아버지, 목욕 한번 할 때가 되었는데, 내가 시켜 줄라고 해도 목욕시키다 둘 다 넘어질까 겁이 나서 못 시키고 있다."

그 말 듣고 제가 얼마나 죄송했던지요. 아버지 아프다고 잠깐잠깐 집에 들렀다 갈 뿐 제가 해 드린 게 아무것도 없었네요. 제가 목욕시켜 드린다고 했을 때 처음에 아버지는 "괜찮다. 다리에 힘이 없어서 못 일어난다. 그리고 니도 힘들고." 하셨는데, 그래도 그날 목욕을 잘 시켜 드린 것 같아요.

지난달에 언니가 목욕을 한 번 시켜드렸다고 했는데, 그 뒤로 벌써 한 달이 다 되어 얼마나 갑갑하셨을까요? 욕조에 구부정하게 앉아 계시는 아버지는 그동안의 세월을 몸에 다 품고 계시는 듯합니다. 팔과 다리는 잎이 다 떨어지고 말라비틀어진 앙상한 나뭇가지 같습니다. 그나마 있는 물렁물렁한 살은 잡으면 마치 늘어진 풍선마냥 주욱 늘어납니다. 3개월 정도 일어나지 못했다고 이렇게 근육이 다 빠져버리다니요. 그야말로 뼈와 살가죽뿐입니다.

우리 4남매 키우시느라 그동안 정말 힘겹게 버텨왔을 팔과 다리와 등을 밀어드립니다. 때를 미니 살갗이 빨개집니다. 아플까 봐 살살 문질러 보지만 때수건이 지나갈 때마다 살가죽도 이리저리 힘없이 딸려 움직입니다. 그리고 다시 빨개집니다.

아버지,

오른쪽 등에 깊게 패인 긴 자국이 아직도 선명하네요. 어렸을 적 보고는 한동안 못 보았는데……. 아버지 젊었을 적 늑막염을 앓고 수술한 자국이라고요. 그때 엄마가 아버지 살리려고 고생을 많이 했다고 하셨지요. 모두가 수술 후에도 한쪽 폐 없이 오래 살지 못할 것이라고 했다 하지요.

가곡동에 살 때 아버지 환갑잔치 기억나시죠? 엄마가

"느거 아버지 오래 못 산다. 환갑까지 산 것도 기적이다. 동네 사람들 다 불러 놓고 잔치 한번 하자. 환갑 안 챙기면 내가 평생 후회할 것 같다."

하셨어요. 그래서 그때 가곡동 우리 집 뒤 둑에 돗자리 펴고, 평상 펴고 해서 동네 사람들 다 불러놓고 잔치 음식 차려놓고 덩실덩실 춤도 추셨잖아요. 환갑잔치 기운 덕인지 그 뒤로 아버지께서는 큰 지병 없이 칠순을 맞이하고 팔순을 맞이하셨는데……. 그때 대학생이었던 제가 벌써 아이가 둘이 있는 엄마가 되었어요.

아버지,

우리 아들 상보, 얼마나 고집스럽고 까탈스러웠습니까? 직장 핑계로 상보를 엄마, 아버지한테 맡겨 놓고 학교로 출근했는데, 상보가 막 말을 배우기 시작했을 때 "할부지, 염남누, 염남누." 하고 하도 졸라대서 비 안 오는 날이면 매일매일 영남루 맞은편 고수부지까지 자전거에 태워서 바람을 쐬러 갔다 하셨지요. '영남루' 발음이 안 되어서 '염남누'라고 하던 아이가 벌써 대학생이 되었어요. 수현이도 엄마, 아버지께 맡겨두고 또 그렇게 직장 일하러 다녔고요……. 수현이도 벌써 고3이 되었습니다.

아버지께서는 자꾸자꾸 제게 사랑을 내려주셨는데 저는 이제야 겨우 아버지 목욕을 시켜 드리고 있네요.

그날 목욕을 마치신 아버지께서 자리에 누우셔서 제게 이런 말씀을 하셨지요.

"내가 살 만큼 안 살았나. 나도 갈 때가 되었지. 내 나이와 비슷한 내 친구들하고 친척 중에 내하고 한 명 더 이렇게 오래 살고 있다. 26명 중에 다 죽고 2명만 남았다. 오래 살았지. 그런데 안 아프고 죽었으면 좋겠다."

눈물이 또 납니다. 평소 어디 아파도 좀처럼 병원에 가시지 않고 스스로 견뎌내셨던 당신께서 얼마나 아프시면 이런 말씀을 하실까요?

만남 뒤에는 언젠가는 이별이 있다지만 저는 그 이별이 두렵고 무섭습니다. 그래서 지금은 그 이별을 생각하기가 너무 싫어요.

제가 아버지 보고 싶을 때 어떡하냐고 물었을 때 아버지께서는 '그래도 다 잊혀진다.' 하셨지요. 그런데 저는 잊혀지는 게 더 무서워 싫습니다.

아버지,

조금 있으면 산에 밤꽃이 지천으로 필 거예요. 그리고 아카시아꽃도요…….

봄에 놓쳤던 벚꽃 좀 못 보았으면 어떻습니까? 여름맞이 꽃

보면 되지요. 제가 하루 휴가 낼 테니 아버지, 엄마와 같이 여름맞이 꽃 보러 같이 가요.

그리고 아버지, 약속 하나 꼭 해 주세요. 상보, 12월에 군에 가거든요. 상보가 군에 갔다 오고, 대학 졸업하여 취직하고 첫 월급 타는 날까지 건강하셔야 함을 약속해 주세요. '염남누' 하던 고 녀석, 까탈스런 고 녀석, 매일 자전거에 태워 영남루까지 드라이브시켜줬는데, 고 녀석에게서 용돈 한 번은 꼭 받아봐야 하지 않겠습니까? 그리고 친구분들에게 "우리 막내딸 아들, 영남루까지 매일 드라이브시켜 줬던 고 녀석이 벌써 취직해서 나한테 용돈 줬어." 하고 어깨 한번 으쓱하시면서 술 한잔 사야 되지 않겠습니까?

아버지,
얼른 이불 걷고 일어나기를 막내딸이 밤마다 기도합니다. 우리 아버지 안 아프게 해 달라고 빕니다. 예전처럼 자전거 타고 밀양 시내 휘이휘이 다니시면서 친구도 만나고 소주도 한잔 하시게 기운을 내주세요. 꼭이요!

아버지, 사랑합니다.

2021년 4월 어느 늦은 봄날 오후

막내딸 선욱 드림

# 4. 오늘도 아름다운 나

# 느슨해도 괜찮아!

윤 정 숙
용남초등학교 교사

2020년 8월 26일 저녁 6시, 이름을 부르는 소리에 진료실로 들어갔지. 5초쯤 지났을까? 정적을 깨고 의사가 말했어.

"병원에 너무 늦게 오셨어요. 몸에서 암세포가 발견되었습니다. 당장 대학병원으로 가 보십시오."

순간 눈앞이 아득해지고 머릿속이 하얘지며 온몸이 덜덜 떨리더라. 개학 전날 8월 19일에 초음파 검사를 할 때까지만 해도, 의사가 조직검사를 해 보자는 말을 했을 때도, 간단한 시술로 끝날 거라 여기며 크게 걱정을 하지 않았지. 체력이 좋지는 않아도 몸살 치료나 링거를 맞으러 병원에 가는 일 외에 기저질환으로 특별히 진료를 받는 일은 없었기에 더더욱 믿을 수가 없었지.

하루라도 빨리 정밀 검사를 받을 수 있는 대학병원을 찾아 예약하고, 초음파 검사와 MRI 촬영, 뼈 스캔 검사 등 힘든 검사가 이어졌어. 대학병원에서 최종 검사 결과가 나오기 전까지는 절망하지 말자고 마음을 다잡았건만, MRI 촬영이 끝난 뒤 다리에 힘이 풀려 검사실 바닥에 푹 주저앉아버렸어. 순간 눈물이 주르륵 흐르더라. 내 몸의 주인은 나인데 내 몸에서 무슨 일이 벌어지는지 모르고 있는 나……. 앞으로 벌어질 일에 두려움이 앞서고 온갖 생각이 들었어.

검사 결과 유방암 최종 진단을 받았어. 뇌나 다른 장기에 전이는 발견되지 않았다는 것만으로도 가슴을 쓸어내렸지. 병원에서는 최종적으로 몇 기인지는 수술 현장에서 알 수 있다고 최대한 빨리 수술 날짜를 잡자고 했어.

중증질환 산정 특례 대상자로 등록된 내 이름을 보며 '암 환자가 되었구나'라고 실감을 했어. 2주간 폭풍처럼 휘몰아치는 일에 정신을 차릴 수가 없었어. 40대 초반인 내게 어떻게 이런 일이 벌어질 수 있을까? 믿기지 않았어. 아니 믿고 싶지 않았어. 이건 꿈이 아닐까? 부정하고 회피하고 싶었어. 유방암에 대해 찾아보다, 입원 전 짐을 싸다 흐느껴 울기도 여러 번이었어.

나름 지금까지 열심히 살아온 것 같은데, 어떻게 나한테 이런 일이 벌어질 수 있을까? 내가 뭘 잘못한 걸까? 내 운명이 원망스러웠어. 사람마다 정해진 운명이 있다면, 내 운명은 여기까지밖에 되지 않는 걸까? 하는 극단적인 생각도 들며 가슴 한편이 아려왔어.

수술 전날 입원 수속 뒤 의사한테 수술 설명을 듣는데 무섭더라. 만약 오른쪽 팔 임파선 부위에 전이가 확인되면 오른팔 임파선을 모두 잘라낼 것이며, 그리되어 림프부종이 생기면 오른팔로는 평생 2리터짜리 생수병도 못 들 수 있다고…….

9월 10일 7시, 첫 수술이라 밤새 잠을 설치고 '그래도 괜찮을 거야…….'라고 마음을 다잡으며 수술실에 들어갔어. 수술실 앞에 누워 대기하고 있을 때는 떨리더니 담당 간호사랑 수술실로 들어가니 이상하게 마음이 평온해지더라. '그냥 이것도 한바탕 꿈이겠거니, 한숨 자고 나면 다 끝나 있겠지.' 되뇌며 스르르 마취에 빠져들었어. 간호사가 내 이름을 부르는 소리가 아득히 들리며 정신이 다시 들었을 때는 입술이 덜덜 떨릴 정도로 극심한 고통이 느껴졌어. 병실로 옮겨져서 진통 주사를 맞고서야 수술이 어떻게 되었는지 말이 나오더라.

수술 전날 제일 걱정하고 무서웠던 수술 부위 오른쪽 팔 임파선 전이도 없었고, 수술은 잘되었다고 했어. 그 말을 들으니 나도 모르게 흐르는 눈물은 다른 장기로의 전이, 수술 부위 쪽 팔 임파선 전이라는 큰 두 개의 산을 넘은 기쁨인지, 감격의 눈물인지…….

문제는 퇴원한 이후부터였어. 오른쪽 팔 임파선에 전이가 되었는지 알아보기 위해 감시 림프절을 달아 잘라냈는데 여기에 진액이 차면서 퉁퉁 붓고 팔을 올리지도 못할 정도로 통증이 느껴졌어. 2주 정도 지나니 상처 부위가 아물며 점차 나아지더라구.

그 2주 동안의 시간이 수술 전보다 더 힘들게 느껴졌어. 항암 치료를 해야 할 것인지, 안 해도 될 것인지 검사 결과를 기다려야 했거든. 항암제의 부작용은 익히 들어 알고 있었기에 '만약 항암 치료를 해야 한다면 병가 기간이 끝나도 바로 학교로 돌아가기 힘들겠구나.'라는 생각도 들며 초조하게 검사 결과를 기다렸어.

검사 결과는 다행히 항암 치료까지 필요 없는 1기로 판명되었어. 방사선치료 20회, 호르몬주사와 타목시펜 투약으로 치료를 위한 최종 진단 내용이 결정되었지.

'항암'이라는 마지막 세 번째 산을 넘었구나! 그래도 최악의 경우는 피했구나! 하는 안도감으로 가슴을 쓸어내렸어.

매일 5분여간의 방사선치료를 하기 위해 20일간 입원을 하기엔 챙겨야 할 가족들이 마음에 걸렸어. 대신 매일 병원을 오가며 방사선치료를 받기로 했지. 방사선치료 동안 아침에 출근했다가 오후에 날 태우고 병원을 오가는 남편이 참 고마웠어. 그렇게 꼬박 3주, 15번의 방사선치료 뒤 마지막 5번의 방사선치료를 앞두고, 병가 기간이 끝나 복직을 했어. 바로 휴직을 할까? 고민도 했었지만 학교로 돌아가야겠다는 생각이 들더라. 갑작스러운 수술로 반 아이들에게도 미안하고, 6학년 부장임에도 진학 업무를 하지 못해 동 학년 선생님들께도 죄송한 마음이 들어 졸업 업무라도 해야겠다는 생각이 들었어.

드디어 20번의 방사선치료가 끝나고 일상으로 돌아왔어. 물론 3개월에 한 번씩 병원에 가서 검사도 하고 진료를 받아야 하지만, 진단 전에 누리던 생활로 서서히 돌아갈 수 있었지.

하지만 암 진단과 수술이라는 태풍이 휩쓸고 간 자리에는 '내 마음 다스리기'가 오롯이 남게 되었어. 처음에는 내가 왜 암에 걸렸을까? 무엇이 문제일까? 하는 원인을 찾다 보니 주변에 있는 가족들이 원망스러웠어. 한편으로는 그래도 이만한 것이 얼마나 다행인 건가? 진료를 미루다 개학 전날 병원에 가지 않았다면, 6개월 뒤에 수술을 받게 되었다면 어떤 상황이 발생했을까? 생각하면 매일이 감사한 나날이라는 생각이 들었어. 방사선치료 받으러 다닐 때 보호자나 간호사의 부축 없이 방사선치료를 받는 환자들은 드물었거든. 혼자 힘으로 방사선치료실로 걸어 들어갈 수 있는 것도 얼마나 감사했는지 몰라.

시간이 지나자 문득 이런 생각이 들었어. 겸손해져야겠다고, 무엇보다 내 몸에 겸손해져야 한다는 생각이 들었어. 누구도 내일 어떤 일이 벌어질지 몰라. 나 역시 내 몸이 이런 신호를 주지 않았다면, 내 몸을 혹사하며 내가 하고 싶은 것을 미루며 해야 하는 일부터 하고 있었을 거야. 지금이라도 내 몸을 아끼고 내 몸의 주체가 되라고 이렇게 신호를 준 거라 생각이 들었어. 물론 그 신호의 세기가 약했으면 더 좋았겠지만…….

그러니 오늘을 감사하고 지금, 이 순간을 행복하고 건강하게 보내는 방법을 실천해야 한다는 것! 꾸준히 걷고 요가도 하며 내 몸을 아끼고 사랑해주려 해.

또 하나, 아프고 나니 좀 더 자유로워지고 편안해졌어. 그전에는 엄마로, 아내로, 딸로, 며느리, 선생님으로 해야 할 일들이 내가 하고 싶은 일보다 항상 앞섰거든. 이제는 내게 주어져 있던 역할의 의무에서 한 발짝 거리를 두고 살아도 괜찮은 거야. 헐렁하게 살아도 아무 일도 일어나지 않더라고.

한편으로 생각해보면 나 스스로 부족한 부분을 채워 맡은 역할을 잘 해내려 내 몸과 마음을 힘들게 만든 부분도 있는 것 같아. 그 과정에서 내 몸은 스트레스를 받지만, 스트레스를 해소할 방법을 찾지 못하고 쌓였던 게 아닐까?

이제 느슨하게 한번 살아보려 해. 병원에 있을 때 제일 후회된 게 내가 하고 싶었던 것을 미루었던 거였어. 이제 내게 진짜 중요한 것, 내가 좋아하는 것은 무엇인지 찾아보고 재미있게 살아보려고. 물론 지금도 순간순간 마음이 흔들리며 힘들어질 때가 있어.

나는 왜 다른 사람보다 스트레스에 취약해서 몸이 아픈 걸까?
내가 좀 더 편안하게 살았다면 아프지 않았을까?
앞으로 또 아프면 어떡하지?
이런 생각이 가지를 뻗어 내 마음을 어지럽히면,
아직 벌어지지 않은 일에, 이미 일어난 일에 마음을 두지 말 것!
지금, 이 순간에 집중할 것!

가슴을 펴고 크게 호흡하며 내 마음을 내가 토닥토닥해 줄 것이다.

윤정숙!
넌 누구보다 성실히 살았고,
힘든 순간에도 꿋꿋이 버티며 잘 해왔어.
앞으로도 마음 맞추어 건강하게 잘 지내보자!!

2021년 5월 29일
나를 더 사랑하기로 다짐한 내게

# 7월의 너에게

송 영 미
남상초등학교 교사

7월하고도 일곱 번째 날에 태어난 너여서인지, 유독 7월을 닮은 너.

늦은 저녁, 보름달이 일렁이는 강가를 혼자 조용히 걷다가 문득 너를 생각했지. 누구보다 지금, 한창 7월을 겪고 있는 너를.

그래, 목련이 겨우내 숨겨왔던 새하얀 속살을 드러내듯 너에게도 그렇게 보드랍고 향긋한 3월이 있었다. 사실 3월은 학교에 몸담은 지 20년이 지난 지금도 나에겐 늘 유난히 춥고 어려운 달이란다. 새 학년도가 시작되는 달이고 새로운 동료들을 만나고 새로운 아이들을 대해야 하는, 서로에게 서로가 설익은 기간이라서 마음이 더 춥게만 느껴지는 달이지. 안 그래도 봄 기분 내려고 모처럼 옷장 깊숙이서 꺼내 입은 얇은 옷깃을 더욱 여미게 되는 달이다. 그러고 보니 '처음'이라는 단어는 '나'라는 사람에게 늘 어렵고 힘들게 다가왔었다는 걸 느껴. 지금의 나조차 이러하니, 너의 3월은 얼마나 더 서툴고 철없고 추웠을까. 처음 갓 발령받아 마주한 30명의 장난기 가득한 웃음과 그 자유분방한 움직임의 열기를 대했을 때, 마치 절대로 해결할 수 없을 것 같은 어려운 숙제를 떠안은 것처럼 너는 무섭고 낯설어서 그냥 울어버렸지. 그때는 7월의 여유도 그냥 웃어 넘길 요령도 없었을 때였으니, 설익었던 네가 할 수 있는 최고의 대응이었을 거야. 그래, 누구에게나 그렇게 서툴고 풋내나는 3월이 있지. 지금 생각하면 웃음도 나고 기억은 가물가물하고 조금은 아련한 그때가 말이야.

그런데 어쩌면 그때부터 너는, 학창 시절 꽤 이기적이고 까칠했던 네가 드디어 첫발을 내디딘 학교라는 사회가 너라는 사람과 참 맞지 않는 곳이라는 걸 이미 깨달아 버렸던 건지도 몰라. 너는 늘 학교가 너랑은 맞지 않다고 입버릇처럼 말하곤 했었다. 다른 일을 했으면 더 잘했을 거라며 은근 있는지 없는지도 모를 너의 다른 능력을 과시하면서. 하지만 3월의 뽀얀 벚꽃이, 4월의 순진한 제비꽃이, 5월의 완벽한 작약이 가슴 벅찬 감동을 주듯이 그렇게 너는, 뽀얀 얼굴의 순진한 웃음을 지닌 수백 개의 소우주가 서서히 빛을 발현하는 그 완벽하고 소소한 감동 때문에 지금, 이 순간까지 학교에 서 있다. 어쩌면 처음부터 너는, 학교와 참으로 잘 맞았던 건지도 모른다. 알고 보면 너는 작은 것을 소중히 여기고 이내 감동할 줄도 아는 이기적이고 까칠한 아이였으니까.

언젠가 선배들이 푸념 섞인 목소리로 어린 나에게 말했듯이, 나도 겪어보니 세월은 참으로 빠르구나. 그분들이 그냥 내

뱉었던 소리가 아니었어, 정말. 어느덧 네가 7월의 교사가 되었으니 말이야. 경력 20년 차의 온통 푸릇한 이파리를 가득 껴안은 7월의 나무를 닮은 교사. 때론 학교 현장의 모든 경우의 수를 다 겪었다며 아는 척하기도 하고, 어렵게만 보이던 교장, 교감 선생님과 농담도 나누고, 옆 반 일까지 간섭하며 이래라 저래라 큰소리도 내고……. 7월의 나무가 지나가는 소나기에 몸을 그저 흔들어주고 내리쬐는 햇볕을 오롯이 받아주듯이 그렇게 너는, 학교라는 날씨 속에서 곧잘 버티는 그런 유연한 교사가 되어 있구나. 네가 이렇게 인간미 풍기며 서 있을 수 있는 건 온전히 학교와 함께였기 때문이라고 나는 생각해. 학교 속에서 어여쁜 아이들을 만나고 학교 속에서 좋은 선배들을 만나고 학교 속에서 괜찮은 너 자신을 조금 더 발견할 수 있었으니 말이지. 그러니 솔직히 '학교'라는 단어를 빼면 도무지 너를 설명할 수가 없을 지경이야. 생각해보면 결국 너는 학교랑 같이 지금껏 자라오고, 살아오고, 나이 먹고 있는 중이구나, 그래.

그런데 말이야, 지금보다 더 나이 들어간다는 것. 7월이 가고 8월……. 결국 10월, 11월을 맞이한다는 것은 아직 나에게 두렵고 슬프게만 느껴지는 게 사실이야. 하지만 지난가을, 너무도 화려한 단풍에 숨 막혀 하며 올려다본 하늘. 또 그 하늘이 너무나 청명하여 한 번 더 감탄을 토해냈듯이, 분명 너의 10월도 숨 막히게 화려할 것이야. 세상의 아름다움을 더 잘 볼 수 있는 눈을 가진, 우리 반 한 아이의 작은 서툶이 더 이상 호들갑을 떨 큰일이 아님을, 조금만 기다리면 언젠가는 하나의 완성된 인격체로 훌륭하게 커 갈 것임을 그저 알고 있는 눈을 가진, 그런 진짜 교육자의 단풍을 단 아름다운 계절일 거야. 그러니 더 이상 10월, 11월을 맞는 것을 슬퍼하지 말 것. 약속!

그리고 우리 약속한 김에 하나만 더 하자.

깊은 11월, 제법 쌀쌀해진 출근길에서 마주했던 은행나무를 기억하지? 온통 가을이라고 세상에 번잡스럽게 알려주던 도롯가의 그 은행나무들 말이야. 그렇게 수다스럽던 은행나무들이 한순간에 잎을 떨구며 황금 비를 내리던 그 놀랍던 풍경. 신호대기하며 멈춰있던 내 차 창문 위로 우수수 한꺼번에 떨어지던 아직 생기 가시지 않은 샛노란 그 은행잎들. 그런 광경을 처음 목격했던 나는 이상하게 조금 우울했고 동시에 은행나무가 위대해 보였어. 어떻게 그 화려했던 잎을 주저 없이 한순간에 떨어낼 수 있을까, 누가 나무라지도 않았는데! 그런데 그때, 나는 직감했단다. 그래서 은행나무가 가로수로 서 있을 자격이 있음을. 그러니 7월의 너야, 언젠가 너도 분명 11월의 끝을 마주할 것이다. 그땐 너도 아무 말 없이 네 화려했던 자존심을 은행잎 떨구듯이 털어내기로 하자. 화려함으로 받은 세상의 모든 칭찬을 과감히 후배들에게 물려주자꾸나. 너의 11월과 12월은 기꺼이 후배 교사들의 거름 같은 존재가 되자. 후배 교사들이 온 마음으로 학교를 사랑할 수 있도록 조금 궂은 일은 네가 하고 조금 귀찮고 단순한 일도 즐거이 네가 하렴. 5월, 6월의 너에게 선배들이 그래주었듯이 말이야. 11월의 은행나무는 수많은 나에게 그걸 몸소 보여주려고 그곳에 그렇게 오래도록 서 있었던 게지.

오늘도 치열하게 7월의 하루를 보낸 너.

학교에서는 이제 나이순으로 중간보다 위에 있고, 제법 큰 업무를 맡아 남들 눈에 안 띄게 혼자 조용히 허둥대고 있으며, 그동안 쌓일 대로 쌓인 경력으로 나름의 눈높이는 높아져서 무슨 일에도 적당히 넘어가기가 힘들어 스스로를 괴롭히고, 집에서는 까칠한 고딩, 중딩들의 식당 아줌마, 운전기사 노릇을 하느라 퇴근하고 나서도 쉴 틈 없는 7월의 오늘을 보낸 너.

7월의 너야, 나는 안다.

네가 그동안 얼마나 순간, 순간을 열심히 살아왔는지를.

3월의 앙상한 나무가 7월의 짙은 그늘을 만들기까지 얼마나 많은 날을 비에 젖고 바람에 흔들리고 봄볕에 그을려 왔는지를 말이다. 그러니 너도 잠시 멈춰서서 그 풍경을 바라볼 줄 알아야 해. 7월의 나무가, 네가, 얼마나 푸르고 풍성하고 멋진가를!

그리고 찬찬히 둘러보렴. 한때 네가 사랑으로 껴안았던 수많은 제자를, 지금도 너를 좋은 사람으로 기억하는 따뜻한 동료들을, 여전히 네 손길의 소중함을 아는 너의 가족들을. 사실 너는 줄곧 혼자가 아니었단다. 지금 너의 짙은 그늘 밑에서 편안함을 느끼는 그들을 너도 기꺼이 느껴보려무나.

7월의 너야, 나는 잘 안다.

지금껏 그래왔듯이 내일도 묵묵히 나무처럼 서 있을 너를 말이지.

비록 따가운 여름 햇살에 조금 지치긴 해도 너의 넓은 그늘로 품을 수 있는 사람들이 있음에 누구보다 행복해할 사람이 너라는 걸. 게다가 너는 지금껏 충분히 훌륭하게 살아왔으니 앞으로도 그럴 거라는 것을 말이지!

훗날 네가 7월의 순간들을 얼마나 열심히 살아냈는지 스스로 깨달을 때쯤엔 아마 네 얼굴은 웃음으로 환하게 빛날 거다. 그러니 웅크리지 말고 힘내길 바라. 내가 토닥토닥해줄게.

2021년 4월 12일
강가의 달빛 따라
집으로 돌아오는 발걸음이
한결 가벼워진
7월의 내가

# 왕따 당해봐서 참 다행이야

성 완
세종고등학교 교사

안녕? '나'는 지금 전 세계가 코로나19라는 바이러스 때문에 마스크로 가려진 2021년에 답답한 숨을 쉬고 있단다. 고등학교 3학년인 십여 년 전의 '나'는 마스크 없이 시원한 아침 공기를 마시며 7시까지 등교를 하고 밤 10시에 하교를 했겠구나.

코로나19 때문에 답답하던 나는 오랜만에 화왕산에 올라 한적한 산길을 걷고 있다가 엄마 까투리가 새끼 꺼병이들을 데리고 줄지어 이동하는 모습을 발견하게 되었어. 아직 어린 그 어린 새의 모습이 너무나 귀여워서 난 그 자리에 멈춰 서서 그 식솔들이 지나가기를 조용히 기다려 주기로 했단다.

그런데 멈춰 선 내 모습을 본 그 꺼병이들이 후다닥 길가에 있는 풀숲으로 숨는 거야. 미안한 마음에 가만히 지켜보니 글쎄 그 꺼병이들이 머리만 처박고 달달 떨고 있는 거야. 알고 보면 그렇게 무서운 적도 아니고 해코지를 할 상대도 아닌데도 무서워서 떨고 있는 꺼병이를 보고 무척 마음이 아팠단다.

그러고는 너를 생각했단다. 쉬는 시간 내내 화장실에 문을 꽁꽁 닫고 숨어 있던 너를 말이야. 그 어리고 겁 많은 꺼병이였던 너에게 편지를 쓰려고 해.

○○빌라 알지? 도서관 앞에 있는 그 오래된 빌라 말이야. 작년 말에 그 앞에 있던 구멍가게가 문을 닫더니 리모델링을 하더라. 카페가 들어선다고 하더라고. 친구 말로는 그게 우리 동기인 P의 가게인 듯하다고 하더구나. 나는 많이 당황했지만 아무렇지 않은 척 "그렇구나."라고 대답했어. 꽤나 시간이 지난 일이련만 넌 이렇게 가까운 곳에서 살아가고 있더구나.

잊히면 좋으련만 잊히지 않는 잔인한 내 기억은 녹화된 영상을 보여주듯 아주 생생하게 학창 시절을 떠올리게 하더라. 이럴 때면 내가 참 쓸데없이 기억력이 좋다는 생각이 들기도 해. P는 중학교 2학년 때 전학 온 나를 유난히 싫어했잖아. 한창 예민한 사춘기 소녀 마음에 굴러 들어온 돌이 쉽게 맘에 들리가 있었겠냐 싶어.

그리고 그 당시엔 나도 유순하지 않았고 P만큼 고약한 성격을 지녔던 것 같은데, 그 아이보다 아주 많이 나약했지. 그 아이는 내가 수업 시간에 대답을 열심히 하면 잘난 척한다고 대놓고 싫어하는 티를 내곤 했었어. 내가 P로 인해 급우들 앞에서 여러 번 망신을 당하자 다들 나와 다니는 것을 꺼렸던 것 같아. 쉬는 시간은 지옥 같았어. 학생들끼리만 있는 교실에서 또 어떤 폭언을 들을지 두려웠던 거지. 그래서 한번은 쉬는 시간 내내 화장실에 문을 꽁꽁 닫고 숨어 있었었지. 종이 치자 선생님의 부탁을 받은 반장이 나를 찾으러 왔는데, 화장실에 있는 걸 들키기 싫어서 변기 위로 올라가서 발을 보이지 않게 숨겼었던 일이 생각나네.

그 중학교 시절이 가장 버거운 나날이었지. 매일 아침 학교로 가는 승용차 안은 장례 행렬의 차 안처럼 침울했었어. 나를 등교시켜주던 엄마는 룸미러로 고문장에 끌려가는 듯한 내 표정을 보면서 몰래 눈물을 흘리셨다고 나중에서야 말씀해주시더라고.

고등학교에 올라가서는 조금 나아졌지만, 그 P의 행동은 그다지 달라지지 않았어. 공부를 열심히 하는 나를 본인의 라이벌로 생각했던 것인지, 아니면 그냥 내가 소위 설친다고 생각했던 것인지. 뒤에서 때리는 시늉을 하기도 했었고, 중학교 때처럼 싫은 티를 팍팍 낼 때도 있었지. 아침부터 밤늦게까지 입시준비를 위해 앉아 있어야 했던 것보다 그 상황이 나를 더 힘들게 괴롭혔었어. 구체적으로 더 많은 순간이 떠오르지만 굳이 더는 힘든 얘기를 꺼낼 필요는 없을 것 같네. 이 글을 읽고 있는 고등학교 3학년인 '나'는 그 힘든 순간을 매일 견디며 잘 지내고 있을 테니까.

매일 슬픈 건 아니잖아? 친한 친구들이랑 함께 저녁 급식을 먹은 뒤 그 짧은 저녁 시간 동안 간식을 사 먹고 올 때가 하루 중 유일한 낙이었던 거 같아. 여름엔 시원하고 달콤한 아이스크림을, 추울 때는 따끈따끈한 호떡을 사 먹고 오면서 친구들과 깔깔거리며 오르내렸던 그 길이 무척이나 그리워지네.

고3인 완아, 너는 오늘도 친구들과 아이스크림을 먹으면서 언덕길을 올라오고 있구나. 눈이 부시도록 이 아름다운 계절이 너를 위해 마련된 것인 줄도 모르는 채 그 계절의 한 조각이 되어 환하게 웃고 있구나.

넌 지금은 아직 잘 모르겠지만, 먼 훗날 새록새록 그 소중한 순간들이 떠올라 바쁜 나날을 살아갈 너에게 짧게나마 미소라는 선물을 줄 거란다.

이 편지를 받는 너는 내년이면 20살이 되는데, 대학은 붙었는지, 어떤 대학 생활을 했는지 참 궁금하지? 걱정 마. 지금 열심히 한 만큼 행복한 대학 생활을 하게 될 거야. 비유적으로 얘기하자면 하늘을 날고 있는 백로처럼 4년을 보냈다고 말할 수 있을 것 같네.

지금 나는 꽤 경력이 있는 교사로 일하고 있어. 교사를 하면서 그렇게 밉던 P에게 고마운, 그것도 무척이나 고마운 순간들을 마주하게 되었어. 친구들과 사이가 틀어져서 학교에 오고 싶어 하지 않는 우리 학급의 학생에게 내 어릴 적 얘기를 털어놓으며 같이 눈물을 글썽일 때가 있었거든. 그 학생과 나는 서로 깊이 공감하였고 동질감을 느끼게 되었단다. 그 상담 시간이 고마움을 느낀 첫 번째 순간이었어.

나는 수업 시간은 물론 쉬는 시간, 점심시간에도 우리 학급 아이들의 표정을 세심하게 관찰하게 되었단다. 혹시 어릴 적 나처럼 담임교사한테 말도 하지 못하고 혼자서 끙끙거리는 친구가 있을까 하는 마음에서였어. 또 칭찬 한마디를 가볍게 하지 못했어. 혹여 교사인 내가 누구누구만 예뻐한다고 오해하여 다른 친구들이 그 친구를 질투하지는 않을까 하는 생각에서였어. 공부를 잘하라고 강요를 할 수도 없었어. 그저 아이들이 공부보다 더 소중한 것이 있음을 깨닫길 바랄 뿐이었어. 아이들은 굳이 설명하지 않아도 그것이 바로 타인을 사랑하는 마음, 곧 인성임을 이미 알고 있더라고. 가끔은 내가 너무 걱정이나 불안이 많은 것은 아닐까, 아이들은 이미 잘 지내는데 내가 괜한 걱정을 하는 것은 아닐까, 싶어서 가끔은 우리 반 아이들에게 미안해지기도 하더라.

매년 교원능력평가를 실시하는데, 지난번 결과를 열어보니 우리 학급 아이들이 내게 주는 사랑이 그득그득 담겨있었어. '완벽하다.'라는 말이 가장 많았고, 그 다음으로 '평등하게 대해주신다.'라는 말이 눈에 띄었어. 꼼꼼히 교원평가 결과를 읽어보신 교장 선생님께서는 나를 붙들고는 얼마나 어떻게 잘 했길래 그런 칭찬을 듣느냐고 물어봐 주시더라. 참 기쁘면서도 민망하고 부끄러워지더라고. 왕따를 당해보시면 누구나 그렇게 하실 거라고 말씀드릴 수도 없고 말이야.

내가 올해 담임을 맡은, 너처럼 고3인 우리 반 아이 하나가 내 이름 두 자로 써 준 2행시에

성공이 아니더라도 성취로 이끌어주시는 선생님
완벽이 아니더라도 완성으로 이끌어주시는 선생님

이라고 적혀 있더라. 나는 이 두 줄 중에서 '성취'와 '완성'이라는 단어가 참 와닿았단다. 세상 사람들이 성공이라는 목표만을 향해 나아갈 때, 성공이 아니면 실패라는 이분법으로만 세

상을 살아갈 때……. 나는 스스로 이루어내는 작은 성취에 기뻐하며, 그 성취를 다음 성취로 나아갈 발판으로 삼아 다른 사람과 비교하지 않고, 다른 사람을 이겨내지도 않고 함께 성취를 이루어 가고 싶었어. 그렇게 살면 나보다 잘나 보이는 사람에 대한 질투도 시기도 없어지고 또 다른 사람들로 인해 슬퍼하지 않아도 될 것 같더라고. 또한 완벽하지 않더라도 나만의 속도로 나의 것을 완성해 나가는 것이 가장 중요하다는 것도 하루하루 살아가며 배우게 되었어. 내가 실천하고자 하는 바를 말하고 다니지 않아도 우리 학생들에게까지 고스란히 전달되었다는 것이 참 신기할 따름이야.

어리고 또 세상이 두렵고, 상대를 이해하기에 서툴기만 해서 무서움에 떨기만 했던 그 꺼병이가, 이제는 솜털을 벗고 포근하고 너그러운 까투리가 되어서 풀숲에 숨어서 달달 떨고만 있는, 어릴 적 나와 같은 학생들을 이해할 수 있게 되었어. 난 아직도 많이 부족하지만 그래도 아이들을 품어주고 쓰다듬어 줄 수 있어서 얼마나 다행인지 몰라.

오늘도 학생들의 얼굴 하나하나가 꽃보다 참 예쁘더라. 어떤 아이는 속눈썹이 참 촘촘하고, 어떤 아이는 웃을 때 드러나는 덧니가 귀여워. 어떤 아이는 목소리가 정말 멋지고, 어떤 아이는 얼굴에 있는 주근깨가 매력적이야. 똑같은 꽃이라고는 하나 없이 다 다른 꽃들이 피어 방글방글 어여쁘기 짝이 없어. 정말 신기한 일이지. 내가 학생일 땐 학교가 지옥 같았던 때가 많았는데, 나의 학생들을 보고 있노라면 세상에서 가장 아름다운 꽃밭 같아. 이제 와 생각해보니, 왕따 당해봐서 참 다행이야. 오늘도 수고했어.

2021년 6월 23일

8년 차 국어 교사가 된 내가 고3인 나에게

# 보물을 몰라본 바보 엄마

허 성 애
삼정중학교 교사

'나는 대한민국 교사다.'

교직에 들어선 지 16년이 되었다. 그동안 나름 학교에서도 인정받는 교사이자 학생들에게는 엄마 같고, 친구 같고, 때론 카리스마 있는 교사로 인정받으며 자부심 가득한 직장의 신이 되었다. 아이 셋을 낳고 기르면서 힘든 일도 많았지만, 아이가 주는 행복이 더 컸기에 교사로서, 엄마로서 자부심을 가지고 살아왔다.

마냥 좋은 것만 같던 나의 삶이 우리 큰아이가 초등학교 입학을 하면서부터 삐걱대기 시작했다. 우리 첫째는 다른 아이들과 기질이 달랐다. 초등학교 입학하고 얼마 되지 않은 어느 날, 아이가 쉬는 시간에 모래사장에서 모래를 파고 놀다가 종이 쳐도 교실로 들어가지 않았다는 선생님의 전화를 받았다. '아직 1학년이니까 그렇겠지' 하고 다음부터는 주위에 친구들이 안 보이면 종이 친 거니까 교실 수업에 꼭 들어가라고 타이르고 끝이 났다.

하지만 아이는 점점 다른 행동들을 하기 시작했다. 방과후 축구반을 다닌 지 얼마 지나지 않아 축구반 선생님께 또 전화가 왔다. 아이가 축구에는 관심이 없고, 모래사장에 누워서 뒹굴고 놀려고만 한다는 거다. 죄송하지만 안전상 문제로 방과후 수업에 보내지 말아 달라고 정중하게 말씀하셨다. 알겠노라며 전화를 끊었다.

순간, 아이에 대한 화가 밀려왔다. '왜 그것도 못 하지? 왜 다른 아이들과 다른 거야?' 허공에 대고 외치고 싶었다. 화는 어느 순간, 자책이 되어 내게 돌아왔다. '내가 뭘 잘못했나?', '저 아이는 누굴 닮아서 저런 걸까?' 나도 모르는 사이에 이런 마음이 싹이 터 내 마음 한구석을 옹골차게 차지하고 있었다.

아이는 내가 없는 공간에서 더 부정적인 행동들을 더 많이 했고, 특히, 학교에서 친구들과의 생활에서 이해할 수 없는 행동들을 일삼았다. 담임 선생님의 전화를 받는 일은 정말 고역이었다. 늘 '죄송하다'는 말을 하고서야 전화 통화가 끝이 났다. 그러던 어느 날, 나는 한순간에 무너지고 말았다. 사물함에서 책을 꺼내려고 하는데 친구가 비켜주지 않는다는 이유로 친구의 얼굴을 발로 차버렸다. 친구의 앞니가 살짝 깨졌다고 했다. 학교에서는 학폭위가 열릴 수 있다는 통보를 받았다. 그때 받은 충격은 말로 표현할 수가 없었다. 학교에서 문제를 일으키는 아이들의 부모들이나 겪을 학교 폭력 가해자 학부모가 내가 될 수 있다는 것을 그때 처음 알았다.

'어떻게 내 아들이 그런 행동을 할 수가 있지?' 아들이 왜 그렇게 행동했는지보다 더 먼저 든 생각이었다. 지금 와서 생각하면 내가 얼마나 어리석었는지 짐작조차 할 수도 없는 일이다. 아이의 잘못된 행동을 아이 탓으로 돌리고 있는 내 자신을 나는 미처 눈치채지 못했다. 그런 나로 인해 아이는 점점 자신을 잃어가고 있었다.

'아직 어려서 그렇다. 조금 더 크면 괜찮아질 거다'라며 나를 다독이던 주위의 말을 믿고 더 이상 기다려 주기에는 내 자존심이 허락지 않았다. 참 이기적인 마음이다. 아이보다는 내 자존심이 더 먼저였던 그렇고 그런 엄마였다. 그때부터 나는 나의 자존심 회복을 위해 열혈 엄마가 되어, 아들을 여기저기 데리고 다니며 아들을 바르게 고쳐보리라 다짐하고 또 다짐했다.

우선, 아들을 데리고 심리 상담센터에 데리고 갔다. 이것저것 심리 검사를 했다. 사춘기 시기의 불안정한 심리 상태라는 충격적인 결과가 나왔다. 초등학교 2학년인데……. '내가 뭘 잘못했을까?', '무엇이 문제일까?' 도저히 답이 나오지 않는 질문에 모든 화살은 나를 향했고, 아이의 문제 행동이 곧 나의 문제인냥 자책의 시간을 보내며, 근심과 걱정으로 우울감이 더해갔다. 나를 더 미치게 만드는 것은 아이가 자신의 행동에 대해 크게 잘못했다는 생각이 없어 보였다는 것이다. 평상시와 똑같이 장난을 치며 생활하는 아들을 보니 아들에 대한 원망이 밀려왔다.

고민의 나날들을 보내는 중에 동료 선생님께서 도형 심리 상담이라는 것을 해 보라고 상담지 한 장을 건네주셨다. 아이가 가지고 태어난 기질과 성향을 분석할 수 있는 심리 검사 방법이라고 해서 온 가족이 상담지에 자신의 마음을 담았다. 우리 아들은 사색하기를 좋아하고, 혼자만의 세계가 있는 유형으로 나왔다. 우리나라에서는 드문 유형으로, 매우 까다로운 성격을 지닌 아이라고 했다. 이 검사를 통해 아이가 나빠서가 아니라, 타고난 기질이 그랬던 것이라는 점을 이해하고 나서야 나는 아이를 이해하기 시작했다. 아들은 자신의 생각에만 갇혀있기 때문에 다른 사람을 돌아볼 겨를이 없었던 것이다. 하지만 아들의 기질을 탓하며 다른 사람들을 이해하지 못한 채로 살아가게 둘 수는 없었다.

나는 본격적으로 아들의 심리 상담에 매달렸다. 일주일에 한 번씩 상담센터에 데리고 다녔다. 아들은 어른들과는 소통을 잘하는 편이어서 상담에 대한 거부감은 없는지 조잘조잘 상담 선생님과 즐거운 시간을 가졌다. 상담이 끝나면 어김없이 부모와 상담 결과를 이야기하는 시간이 돌아온다. 나는 항상 이 시간이 두렵다. 상담 선생님은 우리 아들은 자신의 성향대로 잘 크고 있다고 했다. 내가 아이를 바라보는 잘못된 시각을 가지고 있다고 했다. 이중감정. 불쌍하면서도 안됐지만 화가 난다. '그래, 결국 나 때문이었구나.' 무너져 내리는 순간이다. 눈물이 흘러내린다. 지금 생각하면 뭐든지 완벽하길 바라는 콤플렉스를 가지고 있는 엄마였기에, 학교에서는 인정을 받았지만, 가정에서는 내 아이를 품어주지 못했을지도 모르겠다.

아이의 마음을 보듬어 주는 일은 시간이 많이 필요한 일이었지만 나의 인내심은 그냥 아이가 스스로 성장하기를 기다려 주지 못했다. 그즈음, 경남 교육 박람회에서 뇌파 검사를 하고 적어놓은 연락처로 뇌교육원에서 상담 전화가 왔다. 뇌파 검사 결과를 무료로 상담을 해준다는 것이었다. 당장 달려가서 상담을 받았다. 우리 아이의 뇌는 한마디로 말한다면 '아인슈타인의 뇌'라고 했다. 좋은 의미로는 창의적이지만 다르게 보면 사회성은 떨어지는 아이. 우리 아이가 딱! 그랬다.

뭐라도 해야겠다는 마음에 아이를 뇌교육원에 등록시키고, 2년간을 아슬아슬한 마음으로 지켜봤다. 마음을 다스리고, 자아를 똑바로 바라보고, 집중력을 높일 수 있는 수업을 꽤 오래 받았다. 조금씩 마음도 풀어지고, 자존감도 높아지는 듯 보였다.

아들이 4학년이 되는 어느 날, 또 학교에서 전화가 왔다. 학교로 좀 와달란다. 드릴 말씀이 있다는 담임 선생님의 전화에 또 가슴이 두근거린다. 나는 또 도돌이표가 된 아들에게 화가 났다. 아들에게 학교에서 무슨 일 있었냐니까 아무 일도 없었단다. 하지만 학교에서 들은 이야기는 아무 일도 없었던 게 아니었다. 창체 시간에 교감 선생님과 함께 독서하는 시간이 있는데, 아들이 도서관 탁자 위에 두 발을 올리고 있어서 교감 선생님께서 발을 내리라고 하셨다는데, 우리 아들은 말을 듣지 않았다. 교감 선생님께서 재차 내리라고 하셨고, 내리지 않으면 벌을 받을 수 있다고 말씀을 하셨다. 우리 아들은 그 순간에도 교감 선생님의 말씀이 장난처럼 느껴졌는지 "재미있겠네요"라고 대답했다고 한다. 고개를 숙이러 아이의 학교에 가는 것은 정말 나를 내려놓아야 하는 일이었다. 담임 선생님과 마주하고 있는 그 순간이 고역이 아닐 수 없었다. 그런데 교감 선생님께서 나를 만나고 싶다고 하셨단다. 나는 교감 선생님께 그간의 아들 상태와 나의 노력을 주저리주저리 읊어대고 있었다. 주책없이 눈물이 난다. 이 눈물의 의미는 창피함, 분함, 속상함의 범벅이었다. 그 순간, 교감 선생님께서는 나에게 따뜻한 위로의 말씀을 해 주셨다. 당신도 아들 둘을 키우면서 학교에 여러 번 불려가셨다는 거다. 처음에는 우리 아들이 특별히 문제가 있는 게 아닌가 하고 생각하셨던 교감 선생님께서는 나의 이야기를 듣고 난 후, 우리 아들의 성정을 이해하시며 그런 시기가 있노라며, 함께 노력해보자고 힘을 주셨다.

학교에서 일어나는 크고 작은 일들에 대해 아이들과 상담하면서 나름, 아이들의 마음돌봄이나 상담 부분에 자신이 있었는데, 내 아이의 문제에서는 걸음마를 뗀 아이마냥 힘들어하고 있는 내가 너무 싫었다. 나는 내가 엄청 좋은 엄마라고 착각하며 살았다. 아이를 내가 바라는 대로 키워내고 싶은 욕심에 내 아이의 마음을 제대로 바라본 적이 없었다. 그 순간 내가 문제라는 생각이 머리를 스쳐 지나갔다. 아이만 변화하길 기다리고 있을 수만은 없었다. 내가 할 수 있는 일을 해야 했다. 엄마이자 주 양육자인 내가 변해야 했다. 매주 목요일 저녁마다 비슷한 또래의 아이를 키우는 어머님들과 함께 육아 문제를 이야기하고, 교수님의 코칭을 받는 감정코칭 프로그램에 가입을 했다. 아이의 기질에 따라, 성별에 따라, 그리고 아이 출생 순서에 따라 각 가정에서 일어나는 다양한 문제들을 서로 이야기 나누며, 상황에 맞게 대처하는 법을 배웠다. 이 모임에서 코칭을 받는 것도 좋았지만, '나만 엄마로서 힘든 게 아니구나' 하는 묘한 위안을 받게 되었다. 또한, 아들을 대하는 나의 마음도 돌아보는 계기가 되었다. 늘 나는 아들이 잘 크기를 바랐고, 최선을 다했다고 생각했는데, 내 뜻대로 되지 않는 아들을 볼 때마다 속상했고, 그런 속상한 마음을 아들에게 여과 없이 흘려보냈다. 상처가 되었을 텐데, 우리 아들은 그래도 엄마인 나를 사랑한다고, 안아달라고 한다. 나는 그런 아들을 밀어냈다. '엄마가 지금 누구 때문에 힘든지 알기나 하니?'라는 마음을 아들에게 절절히 표현하고 있었다.

참 못난 엄마다.

나는 우리 아들을 너무 몰랐다. 그동안의 나는 밖에서는 인정받는, 실력 있는 교사인 척하면서, '내 자식은 내 맘대로 안 되더라'라는 핑계를 대고 있었다. 코칭 수업을 1년 넘게 받고, 상담 자격증을 취득하고, 뇌교육 지도사 자격증을 따고, 부모교육을 찾아다니고, 부모 코칭 수업에 참여하며 끊임없이 나를 되돌아보면서, 나를 조금씩 이해하게 되었고, 그로 인해 아들 또한 이해하게 되면서, 조금씩 문제들이 풀리기 시작했다. 그때, 나는 깨달았다. 내가 변해야 아들도 변한다는 사실을.

그렇게 조금씩 희망을 키우며 지내던 우리 가족에도 봄기운이 움트기 시작했다. 초등학교 6년의 시간을 마무리하는 즈음에 6학년 담임 선생님께 상담 전화가 왔다. 휴대 전화 발신인에 '담임 선생님'이라고 뜨면 '또 무슨 사고를 쳤나?' 하는 마음에 불안한 마음이 일기 시작하는데 6학년 담임 선생님의 목소리는 너무나 밝으셨다. 그리고 우리 아들에 대해, 작은 문제는 있지만 "정말 이쁘고 사랑스러운 아이"라며 나의 마음을 어루만져 주셨다. 담임 선생님으로부터 들은 말 중에 가장 듣기 좋았던 말이라 잊히지 않는다. 항상 애매하게 "나쁜 아이는 아닌데……."로 시작하던 다른 학년의 평가와는 달라져 있었다.

작년 한 해, 코로나로 인해 동생들과 집에 있는 시간이 많았던 아들은 동생들의 점심을 엄마 대신 챙겨줘야 했다. 힘든 일이지만 아들은 잘 해내주었다. 힘들었겠다면서 엄마의 고생도 이해해 준다. 키만 큰 게 아니라 마음도 컸나 보다 싶어 감사하고 또 감사하다. 올해 중학생이 된 아들은 반장 선거에도 도전하고, 수업 시간에도 칭찬을 많이 받았다고 자랑을 한다. 아직 마음이 완전히 놓인 것은 아니지만, 아들도 조금씩 자라나 보다.

아들 문제로 힘들어할 때, 모두들 '시간이 약'이라고 나에게 이야기했지만, 결코 시간은 약이 될 수 없었다. 내가 아들을 사랑하고 이해하는 것이 우리 아들에게는 '최고의 약'이라는 걸 이제는 알 것 같다. 아들 때문에 힘든 일이 있을 때, 우리 부부는 처음 아이의 심장 소리를 들었던 우리에게 보물이 찾아온 그 순간을 기억하려고 노력한다. 산부인과에서 처음 아이의 심장 소리를 듣던 순간, 나와 아이 아빠는 기분이 묘했다. 평소 무뚝뚝하던 남편도 뭔가 벅차오름을 느낀다고 했다. 그러나 살면서 우리는 그 순간을 기억하려 하지 않았다.

여전히 우리 가족은 좌충우돌 매일같이 크고 작은 사건이 끊이질 않는다. 하지만 서로 사랑하는 마음이 있기에, 힘든 시간을 견뎌온 마음이 있기에 오늘을 무사히 넘긴다. 그동안 잘 해 온 나 스스로에게, 힘든 시기를 잘 넘겨준 우리 아들에게, 그리고 힘들게 한 우리 아들을 사랑으로 잘 보살펴주신 담임 선생님들께 감사의 마음을 전하고 싶다. 마지막으로 사랑하는 우리 가족에게도 나를 믿고, 사랑해줘서 고맙다고 진심으로 전하고 싶다.

2021년 4월 3일

앞으로 우리 가족의 앞날이 언제나 지금 같기만을 바라면서<br>내가 나에게

# 나의 현재는 과거의 너로 인해 아름답다

손 수 경
거제교육지원청 교육행정 6급

안녕?

내가 이렇게 편지를 쓰는 2021년 5월 오늘은 네가 태어난 지 52년이 지난 날이구나. 참으로 긴 세월인데, 지금 떠오르는 기억은 몇 가지 찾기가 힘드네. 앨범이나 일기장을 들춰봐야 더 많은 흔적을 찾을 수 있겠지.

너는 지금의 나이기도 하고, 미래에 대한 기대와 환상으로 가득했던 대학생인 나, 집으로부터의 독립과 거제도에서의 첫 직장생활에 마냥 신이 나 있던 20대 후반의 나, 시부모와 함께 살며 신혼살림을 시작했던 30대의 나이기도 하며, 52년 나의 인생을 온전히 기억하는 오직 한 사람이야.

52살 나는 지금, 큰 걱정거리도 없고, 어디 크게 아픈 곳도 없고, 평범한 일상을 평온하게 지내고 있어.

'평범한 일상'이란 이런 것들이지, 아침에 눈뜨면 조용한 노래를 듣고, 따뜻한 보리차를 마시고, 맨손 체조로 굳은 근육을 풀고, 보일러를 올려 따뜻한 물로 씻고, 출근을 위해 화장을 해. 작년까지만 해도 아침 6시에 일어나기가 힘들었지만, 갱년기 증세가 본격적으로 나타나기 시작한 올해는 5시가 되면 자동으로 눈이 떠지더라. 아침 7시 50분이 되면 집을 나서서 자동차를 타고 20분 거리의 직장에 도착하지. 아이들이 대학에 가면서부터는 시간적인 여유가 생겨서 출근도 남들보다 늘 빨리 하게 되었어. 나의 너무 빠른 출근을 팀원들이 불편해하지 않을까 하는 생각도 했지만, 이젠 자연스레 원래 빨리 오는 사람으로 인식하는 거 같아. 컴퓨터를 켜고 커피 한잔을 마시며 그날 업무를 시작해. 유연 근무를 신청해서 퇴근 시간은 5시 30분이지만 대부분 6시를 넘기고서야 퇴근하지.

가끔 모임이 있을 때를 빼고는 대부분 집에서 저녁을 먹어. 코로나19 이후론 더욱 출퇴근 동선을 벗어나지 않았던 것 같아. 나이 드니 소화가 잘 안 되어 인스턴트식은 피하고 집밥을 챙겨 먹으려는 것도 한몫했고. 저녁을 먹고는 집 근처 수변공원으로 가서 이어폰을 끼고 좋아하는 유튜브 채널이나 노래를 들으며 빠르게 걷기를 해. 최근에는 새로운 코스를 발견해서 240개 계단을 빠른 걸음으로 오르기 시작했지. 처음에는 숨이 가빠 힘들었지만, 지금은 아주 가뿐하게 오를 정도로 단련되었어. TV를 많이 보진 않지만 뉴스나 좋아하는 프로그램을 챙겨 보기도 하고, 책을 읽거나, 글을 쓰거나, 남편과 수다를 떨다가 대부분 11시를 넘겨 잠자리에 들어.

휴일은 오롯이 휴식을 취하거나, 등산이나 쇼핑을 즐기기도 하고, 재래시장에 들러 제철 음식 재료를 사서 특식을 만들어 먹기도 해. 어떤 날은 책 읽는 즐거움에 푹 빠지기도 하고, 또 어떤 날은 1시간 거리에 있는 친정 부모님 집에 갈 때도 있고, 누군가 추천해 준 드라마 보는 재미에 푹 빠지기도 해.

그럼 취미 생활은 안 하냐고? 너도 알겠지만 젊은 시절부터 배우고 싶었던 서예를 3년 정도 했었지. 지금 근무하는 곳으로 발령받고는 시간적인 여유가 없어 잠시 접었지만, 글쓰기 외에도 수묵화랑 서각은 계속 배울 생각이야. 그리고 올해는 지인의 권유로 골프를 배우러 다니기 시작했는데 코로나로 상황이 좋지 않아 계속 다니지 못하고 있어. 그래서 어릴 때부터 대학교 시절까지 타고 다녔던 자전거를 운동용으로 바꿔 타보려고 해. 낙동강 자전거길부터 시작해 우리나라 자전거길을 모두 달려보고 싶어. 그리고 악기 하나는 배워서 잘해보고 싶고, 또 큼직한 식탁이나 의자 같은 것을 직접 내 손으로 만드는 목공도 은퇴 후 생활에 활력소가 될 것 같아 배워볼까 해.

어때? 이 정도면 나 괜찮게 사는 거지? 다른 사람처럼 우리 집, 우리 땅 같은 건 없어도 크게 불편하지 않고 이 정도면 충분한 것 같아. 남편이랑 산책하면서 '이렇게 걱정 없이 사는 게 걱정'이라고 했다니까. 물론 걱정거리가 하나도 없는 건 아니지. 직장일, 연로한 부모님, 오십견, 갱년기 이런 소소한 걱정거리들은 늘 있어. 하지만 그것들은 내가 걱정한다고 해결되는 것도 아니고, 일정 시간이 지나면 없어지고 또 새로운 것들로 채워지는 거라 큰 걱정은 안 해.

'이 모든 것이 다 네 덕분이야.'

네게 이 말을 꼭 해주고 싶었어. 무슨 말이냐고? 지금 50대인 내가 일상의 평온함을 누리는 것은, 네가 20대, 30대, 40대의 어렵고 고단했던 삶을 포기하지 않고 열심히 산 덕분이라는 거지. 누군가는 이렇게 말하겠지? 명품 차나 아파트를 가진 것도 아니고, 높은 지위에 오른 것도 아니며 다람쥐 쳇바퀴 돌듯 사는 삶이 뭐가 좋냐고. 하지만 아프지 않고, 하고 싶은 것 마음대로 하고, 먹고 싶은 것 먹고, 입고 싶은 것 입고 사는 지금의 하루하루가 얼마나 소중한지 누구보다 잘 알거든.

나의 소원 중 하나는 바닷가에 사는 것이었어. 동네 개울물만 알았던 내가, 초등학교 다니던 어느 여름날 부산 송정해수욕장엘 갔었지. 처음으로 본 바다는 너무나 새파랗고 눈부셨어. 난 그 끝을 알 수 없는 수평선 너머 미지의 세계를 꿈꾸곤 했지. 그래서 바닷가에 살고 싶다고 생각했나 봐. 결혼 전 직장생활을 거제도에서 시작했어. 그러니 소원을 이룬 것이라 할 수 있지. '인생은 뭔가 계획된 대로 사는 것 같지만 실제로는 그냥 인연 따라 사는 거'라던 어느 유명한 스님의 말처럼, 거제도는 캠퍼스 커플이었던 남편이 사는 곳이라 자연스럽게 오게 된거야. 대진고속도로가 개통되기 전이라 진주에서 꼬불꼬불 국도를 승용차로 2시간 넘게 와야 했지만, 대학교까지도 집이 가까워 걸어 다녔던 나는 가족들의 걱정은 아랑곳없이 꿈에 그리던 자취생활과 새로운 직장생활에 대한 기대와 흥분으로 가득 차 있었어. 지금도 그때를 떠올리면 웃음이 나. 직장생활을 시작하고 1년이 지난 20대 후반 결혼을 했고, 시부모님과 같이 살기로 한 건 경제적인 이유도 있었지만 3년이라도 같이 정붙이고 살자는 시어머니의 결정을 당연히 받아들인 결과였어. 첫째 아들이 태어났고 3년 터울인 둘째 딸아이가 태어났을 즈음에 우리의 결혼생활은 삐걱삐걱 소리를 내고 있었지. 내게 결혼은 환상이 아니라 환상을 깨는 과정이고 체험 삶의 현장이었어. 그때 난 내가 옳다는 생각이 강했고, 나의 마음을 아무도 알아주지 않는 것 때문에 힘들어하며, 서서히 마음의 문을 닫고 아무도 열지 못하게 자물쇠로 잠가 버렸어. 부딪혀 해결하기보다는 철저히 회피하면서 겉으로 보기엔 아무 일 없는 듯 살았지. 죽음도 깊이 생각했던 나의 30대 자화상이야.

그러던 어느 날, 몇 년도인지 정확하게 기억나진 않지만, 연둣빛 나뭇잎이 바람에 살랑거리고 들판에 풀 냄새가 가득했던 기억이 뚜렷한 걸 보면 계절은 초여름이었을 거야. 평소 운전 실력이 뛰어나서 혼자서도 거뜬히 친정행을 하곤 하던 때였어. 30대 후반에서 40대 초반 즈음이었던 걸로 보면 되겠네. 지금처럼 통영 대전 간 고속도로가 생기기 전이라 거제에서 진주까지 가려면 통영, 고성, 사천을 거쳐 2시간이나 가야 했어. 그날 친정에는 큰오빠네가 왔었고, 큰오빠와 올케도 잦은 불화로 친정엄마의 근심거리였지. 산청에 사는 어떤 수녀님이 큰 병도 낫게 해주고 부부 문제 상담도 잘한다는 소문을 들은 엄마가 큰오빠네와 나, 여동생과 함께 거길 가보자고 했던 거지. 여동생이 잘 아는 어떤 분의 아이가 한쪽 눈이 멀어 수녀님의 치료 덕분에 눈을 뜨게 됐다는 믿기지 않을 얘기를 들으며, 산청 시골길을 한참이나 달려 한적한 동네에 자리 잡은 수녀님 집에 도착했어. 잘 가꾸어진 마당 가장자리 화단에 이름 모를 예쁜 꽃들이 피어 있었지. 너도 알지만 무슨 치료시설 같은 게 있는 것이 아니었고, 그냥 황토방 같은 곳이 두어 개 있는 살림집이었어. 그곳에서 그 수녀님은 오빠네 얘기를 들어주었고, 너의 얘기도 그냥 듣기만 했어. 너는 그 수녀님에게 무언가를 얘기하려고 준비해 간 것도 아니었고 엄마가 가보자고 하니 그냥 호기심에 따라간 것이었는데, 그날 이후 난 정말 많이 달라졌어. 너도 알지? 내가 어떻게 달라졌는지. 그래 맞아! 그날 나는 자신을 돌아보게 된 거야. 자물쇠로 꽁꽁 잠그고 나오지 않았던, 그래서 남들에게 보여주지 않았던 나를. 그냥 누군가에게 나의 힘든 마음을 꺼내 보이려다 보니, 그게 누군가로부터 온 게 아니라 나의 문제라는 걸 알았던 거지. 지금 생각하면 신경정신과 상담 같은 거였어. 그 경험 때문에 주변 지인들에게도 얘기해 주고 있어. 힘들고 지칠 때 혼자 버티지 말고 누군가의 손을 잡는 것은 중요한 일이라는 것을. 손잡아 줄 누군가는 주변 사람이어도 좋고, 가족도 좋고, 신경정신과 의사라도 좋을 거라고. 물론 마지막 결정은 자신의 몫이겠지만 우리는 혼자 살아가는 것이 아니니까. 그 당시 너는, 직장에서는 능력을 발휘하려고 애쓰며 타인을 배려하려 노력하는 사람이었지만, 가족들에게는 모든 것이 너의 마음대로 되지 않는 것으로부터 오는 화를 속으로만 삼키고 드러내 얘기하지 않는 사람이었어.

가족들의 좋은 점을 보기보다는 너와 맞지 않는 점만 보며 너를 스스로 이방인처럼 생각했지. 남편과 시부모님은 원래 살고 있던 둥지에서 편안함을 온전히 누리고 있는 듯 보였고, 너만 타인처럼 소외되고 힘들다고 느끼며 그들이 잘못이고 이상한 사람들이라 여겼지. 남편과 시부모님이 결코 너를 힘들게 하려는 적 없었는데도 말이야. 그래서 너도 기억하겠지만 결혼 이후 5년 주기로 심각한 위기가 찾아왔었어.

이제는 내가 너로 인해 얼마나 달라졌는지, 네가 미래의 지금 내 모습을 본다면 깜짝 놀랄 거야. 내 친구나 직장 동료들은 이런 변화를 눈치채지 못할지도 모르지만, 가족들은 다 알지. 누구보다 남편은 더욱. 그렇지만 남편은 오히려 자신이 나를 힘들게 했다며, 내게 미안하고 고맙다는 얘기를 자주 하곤 해. 과거에는 경박하고 무게감이 없다는 이유로 싫어했지만, 지금은 누구보다도 유머 있고, 밝고 긍정적이며, 누구나 쉽게 친해지는 성격을 내가 정말 부러워하는 사람이야. 딸과 아들이 그 유전자를 물려받은 것도 다행스럽고 감사한 일이지.

'밝아 보이는 사람 뒤에는 검정색 커튼이 있다. 그는 밝은 것이 아니다. 그 이유는 그의 등 뒤에 커튼이 있어서 그가 밝아 보이는 것이다.' 내가 어떤 책에서 읽고 크게 공감했던 글이야. 이제 나는 검정 커튼 때문에 밝아 보이는 사람이 아니라 그냥 밝은 사람으로 살고 있어. 앞으로 나에게 남은 날이 얼마이고 또 어떤 일을 하고 살지 모르지만, 더도 말고 덜도 말고 지금처럼만 같으면 좋겠어. 그건 욕심 아니지? 모든 건 마음먹기에 달린 것이고 내 맘은 내가 정하고 살 것이니까. 이 나이를 먹고 보니 먹는 것도, 보는 것도 예전과는 많이 달라졌어. 이젠 봄에 피는 꽃도 아름답지만, 가을 아름답게 물든 단풍을 더 좋아해. 이 또한 네가 살아온 52년 삶 덕분이야.

고마워. 나의 과거인 너, 너를 유일하게 온전히 기억하는 나는 이 세상에 단 하나밖에 없는 존재지. 그렇기에 누구보다도 사랑하며 살아가려고 해. 네가 40대 초반 어느 날부터 그렇게 하기로 마음먹었던 것처럼…….

2021년 5월 16일

너를 온전히 기억하는 오직 한 사람

# 급식, 함께 걸어온 삼십 년

김 명 희
진해신항초등학교 교사

1991년 7월 13일은 너를 처음 만난 날이었지. 내 인생에 있어 한번도 가보지 못한 한산섬 용초도에서 그렇게 너와의 만남이 시작되었어. 까만 얼굴에 작은 체구의 아이들과 바닷가 모래 위에 서 있는 작은 교사, 그리고 작은 급식실은 스물네 살 나에게 앞날에 대한 기대와 꿈, 그리고 낯선 환경에서의 새로움, 두려움을 키우는 곳이 되었지.

마산에 살고 있던 나는 평일에는 섬에서, 주말에는 집으로 다녔는데 월요일 새벽 4시면 총알택시를 타고 어두운 통영에의 길을 달려가곤 했지. 폭풍주의보가 뜬 날이면 어슴푸레한 선착장에 섬을 향해 떠나는 섬 선생님들의 어깨에 걸린 일주일치 가방의 무게만큼이나 앞으로의 내 삶이 안개처럼 느껴지고, 어떻게든 너를 만나야겠기에 해녀 배에 몸을 싣고 그리운 너에게 가곤 했지. 초여름이면 학교까지 가는 산길에 핀 들꽃과 산딸기를 따 먹으며 학교 가는 길은 노영심의 '학교 가는 길' 노래마냥 즐겁고 행복한 추억으로 남아있어.

바닷길을 섬 아이들과 걸으면 우리를 따라오는 강구들이 줄을 서고, 오후 배로 들어오는 내일의 부식들을 리어카로 밀며 오는 길은 멀게도 가깝게도 느껴지는 길이었지.

해가 지는 시간의 적막함은 말할 수 없는 외로움에 나를 가두기도 했지만, 바닷가 작은 마을의 소소한 삶의 이야기는 끝내지 못한 여러 권의 일기로 남아있지. 백 명 정도 되는 작은 규모의 너를 만났을 때는 경험도 없고, 어떻게 해야 할지를 몰라서 또는 생전 처음 겪는 섬 생활의 낭만에 젖어 그렇게 지나갔지. 1년 8개월이라는 짧은 기간에 섬을 떠나게 되었고, 나는 창원에서 너를 다시 만났어.

그런데 현장이 아니라 책상에서 만나는 너는 더 생소하고 멀게 느껴졌어. 너를 폭넓게 바라보는 계기가 되었어. 사람들은 자꾸 행정적으로 너를 판단하며 양적인 확대를 거듭했지. 그 뒤 지역교육청에서 너를 만났을 때는 너는 질적, 양적으로 성장했고 많은 학생들이 너의 혜택을 누리는 만큼 너에 대한 기대도 계속 커져갔지.

10년 만에 만난 너와 나는 큰 전쟁을 치렀어. 너는 사람들에게 많은 관심을 받고 있었어. 바라보는 관점에 따라 너의 가치가 마음대로 해석되었지. 너의 위생을 위해 우리는 모든 것을 투자했고 교육했으며 다른 게 조금 부족해도 식중독만 일어나지 않으면 현실에서는 별문제가 없는 듯해 보였어.

그런데 너는 맨 처음 소외된 지역의 아이들에게 한 끼 따뜻한 식사가 되려던 처음의 의도를 넘어 너무 많은 기대를 받게 되었어.

사람들은 정치 공약으로 너를 이용하기도 하고, 아이들조차 네가 원하지 않는 방향으로 너를 끌어가기 시작했지. 너는 학생 심신의 건전한 발달이라는 목적을 갖고 있음에도 불구하고 학생들의 욕구를 먼저 충족시켜 주는 수단이 되어가고 있었어. 너를 지키려고 부단히 노력해봤지만 이미 아이들은 입에 맞는 맛있는 너만을 찾고 있더구나.

너는 본래의 목적을 잃고 학생과 학부모의 만족도를 충족시키기 위한 도구로 전락했어. 너와 가장 친숙한 나조차 너를 어디로 끌고 가야 할지 방향을 잃게 만들었지. 그로부터 십 년이 지난 시점에 바라본 너는 사람들에게 끌려가는 활력 잃은 문제아가 되어 가고 있었지.

내가 가장 바르다고 생각하는 너는 학생들에게 건강과 행복을 주는 것이었어. 하지만 그것은 애초부터 불가능한 일이었어. 한 가지 식단으로 백 명, 오백 명, 천 명을 만족시켜야 한다는 것부터가 역설적이거든.

식생활 교육을 통해 각 반에서 아이들을 만나고 건강한 식습관, 예절을 말해 보지만 머리로는 다 아는 지식이 가슴을 움직이지 않았어. 가공재료가 많이 들어가도 맛있으면 장땡이고, 쓰고 맛없는 야채는 아무리 몸에 좋아도 먹기 싫고, 화려한 재료와 소스가 들어간 반찬만을 원해. 몇 날 며칠을 고민하며 아이들에게 너를 선보였을 때 네가 맛없다는 한마디에 힘이 빠져. 이쯤 되니 너의 존재가 아이들에게 꼭 필요한 것인지 묻고 싫어진다. 나 혼자서 너를 감당하기엔 시설, 환경, 여건, 학생, 교직원, 학부모를 둘러싼 요구들이 너무 많아.

백 년을 살아가야 할 아이들에게 지금 한 끼 건강식을 준다고 해서 모든 건강을 책임질 수는 없겠지만, 최소한의 양심으로 엄마의 마음으로 너를 그려본다. 엄마가 아무리 정성을 쏟아서 만들어도 아이가 맛없어하고 안 먹는다면 어떻게 해야 할까? 날마다 이런 고민 속에 너를 만난다. 삼십 년 동안 너와 함께였는데 아직도 생소하고 어렵다.

봄이면 한번쯤 꼭 해주고 싶은 메뉴 화전을 천 명에게 제공했다. 일손이 모자라서 학부모도 부르고 실험조리도 거치고 아침 일찍 서둘러 일을 해본다. 찹쌀가루라 낮은 온도에서 구워야 하고 위에 꽃 대신 쑥갓이라도 얹어 본다. 배식이 문제라 학부모 네 명과 나까지 열심히 화전을 배식하니, 아이들이 무엇이냐 물어본다. 오백 번을 대답하고 붙어있는 화전 떼어내랴 꿀 바르랴, 퇴근하고 몸살이 나 버렸다. 11시 20분부터 오후 1시까지 화전 한 개씩 먹여보려다 많은 사람을 힘들게 했다는 죄책감이 밀려왔다. 꼭 해야 했었나? 맛있게 잘 먹는 아이들도 있고, 낯설어 아예 안 받아가는 아이도 있다. 맛있다고 계속 먹으러 오는 아이들도 있고, 학부모들도 신이 나서 아이들 지도하는 걸 보니 마음이 흐뭇하다. 코로나로 아이들이 어떻게 밥 한 끼 잘 먹는지 걱정하던 학부모님들도 힘들게 고생한다고 격려해주니 또 힘이 난다.

요즘은 천재지변으로 물가가 너무 많이 오르고, 학생과 학부모의 요구도는 너무 높아만 가는데 식비가 턱없이 낮다. 이천 원의 기적을 어떻게 하면 이룰 수 있을까? 막대한 세금을 투자해서 너를 제공해도 무참히 버려지고, 아이들은 입에 맞는 자극적인 음식들만 자꾸 요구한다. 얼마나 건강한가보다 우리 아이 입맛에 맞는지 안 맞는지가 너를 판단하는 잣대가 되고 있다.

이제는 뭔가 너를 바라보는 시각이 획기적으로 바뀌면 좋겠다. 본래 의도한 목적이 달성되지 않는다면 처음부터 다시 시작하는 용기가 필요한 시점이다. 너를 무척이나 사랑하고 잘 하고 싶지만 제도가 개선되고 사람들의 시각이 바뀌지 않는 이상 이 상태로 계속 끌고 나가는 것은 많은 예산을 낭비할 뿐이다.

사람에게 먹고 살아가는 일은 매우 중요하다. 바른 먹거리를 제공하는 나의 일도 너무나 중요하다. 그런데 아무리 좋은 음식도 수요자의 마음이 열리지 않고, 바라보는 시각이 달라지지 않을 때는 무엇이 문제인지 심각하게 고민해 보아야 한다.

작년에 심한 갱년기가 찾아왔다. 체력이 바닥나서 아무것도 할 수 없었다. 인생의 밑바닥까지 건강이 나빠졌다. 코로나로 너무 지쳤고, 힘들었다. 한 달 반을 쉬면서 섬마을에서부터 시작된 너와의 인연을 되새겨보았다. 삼십 년 전 그때는 무얼 몰라서 힘들었다면 삼십 지난 나는 무얼 많이 알아서 힘이 든 것일까?

삼십 년째를 맞는 어느 봄날 코로나라는 복병을 만났다. 어느 밤에 걸려온 전화 한 통으로 3, 4학년, 전 교직원 코로나 검

사. 온 학교가 뒤숭숭한 분위기, 코로나 검사받으면서 아프고 무서워서 우는 아이들까지, 보건소 직원 등 총동원이 되어 한나절 검사를 실시했다. 갑자기 발열된 학부모로부터 시작된 전염병이 온 학교를 공포 분위기로 몰아넣는다. 이렇게 하루아침에 일상이 파괴되고 생각보다 코로나는 더 우리 가까이 와 있었다. 걱정되는 밤을 보내고 맞은 아침!

다행히 전 직원과 3, 4학년 음성이 나왔다. 이틀 넘게 너를 중단하고 라면과 김밥을 먹으면서 네가 새삼 얼마나 더 중요하고 그리워지는지……. 오늘 보건소에서 와서 급식실을 방역 소독하고 다시 전교생을 맞을 준비를 한다. 평소에 우리가 값없이 누리는 공기, 자연, 너의 소중함을 비로소 잃고 나서야 느끼는 인간의 어리석고 나약함을 또 한번 느끼는 시간이 되었다.

너와 관계된 많은 사람들과 소통하면서 또 희망의 내일을 준비해본다. '갈증을 풀어주고도 고맙다는 말을 듣지 못하는 샘물이 되어라.'라는 말이 떠오른다. 눈에 보이는 것들에 연연해 하지 않고 그저 소리 없이 갈증을 풀어주고 우리의 건강을 지켜주는 너의 존재에 감사하면 좋겠다.

삼십 년을 해온 나의 일에 과연 부끄러움이 없는 것인가? 이제 나는 몇 년 있으면 너와의 인연을 접으려고 한다. 헤어질 시간이 다가오는데 잘 모르겠다. 너를 제대로 이해하고 있는 것인지, 때론 안타깝고 때론 지친다. 알 것 같다가 모르겠고, 모르는 것 같다가도 알 것 같다.

작년부터 맨발걷기를 시작했다. 체력이 바닥이었는데 퇴근

후 바닷바람 맞으면서 물 위를 걷는다. 하루 일과 정리도 하고, 걸으면서 많은 생각도 해본다. 이 시간만큼은 너무 행복하다. 마냥 걷다 보면 힘든 하루도, 속상한 일들도 죽고 사는 일 앞에는 아무것도 아님을……. 바닷바람이 몰고 간다. 또 다른 하루를 시작할 에너지를 얻게 된다.

소명처럼 만난 너와의 인연을 참 감사하게 받아들인다. 너를 만났기에 나의 건강도 챙길 수 있었고, 너와 함께한 시간이 있었기에 내 개인의 삶에도 많은 기쁨이 있었다. 삶이 어렵고 내가 너와 함께 걷는 길이 힘들지만 나는 너를 더 뜨겁게 껴안을 수 있을 것 같다.

앞으로의 시간은 감사하며 너와 걸어왔던 그 길을 묵묵히 걸어가련다. 이렇게 지나온 시간에 이 길을 같이 걸어온 친구들에게 정말 감사하고 싶다. 늘 지칠 때마다 서로 위안과 버틸 수 있는 든든한 힘이 되고, 기댈 수 있는 어깨가 가까이 있는 나는 참 행복한 사람이다. 같은 일을 하니 눈빛만 보아도, 표정만 보아도, 그 느낌 알 것 같다. 우리는 함께 어디까지인지 모르는 이 길을 같이 걸어갈 것이다. 누군가가 우리의 작은 정성을 기억해준다면 정말 행복한 일이겠지만, 그렇지 않더라도 우리는 너를 끝까지 놓지 않고 같이 걸어갈 것이고, 그 길 끝에서 작은 행복의 결과를 기대할 것이다.

2021년 4월 24일

학교 급식을 병이 날 만큼 사랑한 친구와 동료들에게 바친다.

# 당신을 영원히 잊을 겁니다.

이 상 은
사등유치원 교사

이름조차 모르지만, 이제는 얼굴조차 가물거리지만, 임용고시를 공부할 때 다녔던 독서실에서 좋아했던 당신께 편지를 씁니다.

매일매일 망설였지만 결국 당신이 독서실을 그만둘 때까지 제 마음을 고백하지 못해 자책했던 나에게 위로를 건네고, 그리고 이제는 당신을 완전히 잊고자 쓰는 편지죠.

이 편지가 세상에 나온다고 해도 당신에게 닿진 않겠죠. 그래요. 당신이 이 편지를 영원히 읽지 못했으면 좋겠어요. 그냥 가끔 일과를 마치면 당신 생각이 나서요. 아마 당신을 향한 내 사랑이 이루어지지 못해서, 허무하게 끝나버려서 아직도, 생각나는 거겠죠? 꿈을 이루면 그때의 그 기억은 당연히 다 잊고 살아갈 줄 알았어요. 저한테는 그 시절, 당신을 좋아했고, 당신이 없어졌던 기억이 많이 아팠으니까. 다시는 돌아가고 싶지 않은 시절이니까. 그런데 왜 지금도 당신 생각이 날까요? 고백이 담긴 편지 쓰기 공모를 한다는 공문을 처음 봤을 때 당신 생각이 먼저 나진 않았어요. '책으로 출판되는구나.'라는 생각이 다였어요. 그런데 그 공모 마감일이 다가올 때 즈음, 집에 가는 길, 갑자기 당신 생각이 났어요. 좋아한다는 감정을 처음 느꼈던 것도 아닌데, 내 마음을 고백하려고 결심했을 때 즈음, 당신이 사라졌었지요. 이루어지지 못해서인 것 같기도 하고, 제 마음만 홀로 덩그러니 남았던 기억이 서글퍼서 당신 생각이 났을까요? 며칠 동안 많이 고민했어요. 당신에게도 표현하지 못한 내 마음이 과연 이 편지에 표현될 수 있을까? 하고요. 그런데 문득 그런 생각이 들더라고요. 내가 가끔 당신 생각이 나는 건 아직 당신을 완전히 잊지 못했기 때문일 거라고요. 완전히 잊으려면 그때의 나를 다시 되돌아보는 것도 하나의 방법이라는 걸 깨닫는 데는 긴 시간이 걸리지 않았어요. 서론이 길었네요. 저는 아마 당신이 이 편지를 볼 수 있는 날이 없음을 알기에 이렇게 몇 자 적습니다. 몇 자가 될지 몇 장이 될지 모르지만, 마감일을 하루 남기고 결국 이렇게 손이 움직이네요.

그럼 이제 제가 당신을 처음 만났던 날로 돌아가 볼까요? 제가 당신을 좋아하게 되기까지 그리 오랜 시간이 걸리지 않았어요. 당신은 저보다 먼저 그 독서실을 다니고 있었죠. 그 독서실은 카페형으로 칸막이가 없어 누가 공부하러 오는지 다 알 수 있는 구조였어요. 개업한 지 얼마 되지 않은 독서실이라 사람이 별로 없었어요. 항상 흰색 추리닝을 입고 와서 독서실 문이 닫힐 때까지 있었던 당신이 대단해 보였어요. 저는 늦은 저녁 즈음에 와서 부모님 등쌀에 밀려 새벽 공부를 감행했기에 당신이 독서실에 끝까지 남아있다는 사실을 알 수 있었어요. 새벽 2시가 문을 닫는 시점이었는데 저는 항상 새벽 1시는 넘어서 갔기에 당신은 끝까지 남아있구나 하는 생각이 들었어요. 저 또한 아프지 않은 이상 독서실을 나왔기 때문에 매일 독서실을 나오는 당신을 볼 수 있었어요. 당신 옆을 지나갈 때 당신의 책을 힐끔 보았어요. 당신이 공무원 시험을 준비하고 있다는 사실을 알게 되었죠. '꿈을 이루기 위한 공부였구나.'란 생각이 들었어요.

그렇게 며칠 뒤였어요. 엄마의 등쌀에 떠밀려 독서실이 오픈하는 시간 오전 8시에 독서실을 가게 된 날이었죠. 엄마의 뜻에 따르기는 했지만 나름 제 부지런함에 감동하며 의기양양하게 독서실에 도착했는데 웬걸요. 당신이 앉아있었어요. 당신은 독서실에서 가장 일찍 와서 가장 늦게 가는 사람이었던 거예요. 순간 위기의식이랄까? 경쟁의식이랄까? 나이도 모르고 이름도 모르지만 비슷한 꿈을 향해 달려가는 처지에 저 사람은 저렇게 열심히 하는데 나는 지금 뭐 하고 있는 걸까? 하는 생각이 드는 거 있죠? 그렇게 이상한 경쟁의식 속에서 당신보다 먼저 독서실에 오고 당신보다 한 발자국 늦게 독서실에서 나와야지! 하는 마음을 먹었어요. 독서실에서 제일 열심히 하는 사람을 이기면 난 꼭 합격할 거다! 하는 생각이 들었으니까요. 그렇게 저 혼자 당신을 의식하기 시작했어요.

그 의식이 관심과 호감이 되기까지 그리 오래 걸리지 않았어요. 그날이 언젠지 기억은 잘 안 나요. 다만 새벽 1시가 다 되어가는 밤이었던 것 같아요. 전 집중이 안 돼서 독서실 창문으로 고깃집에서 새어 나오는 불빛을 보고 있었거든요. 도저히 오늘은 당신보다 늦게는 못 갈 것 같아서 짐을 챙기려고 독서실 안쪽에 있는 사물함 쪽으로 걸어갔어요. 졸린 탓에 사물함을 향해 걷다가 들고 있던 책을 바닥으로 쏟아버렸어요. 책이 쏟아지는 소리가 너무 커 민망한 탓에 고개를 숙였던 제 모습이 방금 생생하게 기억나네요. 편지를 쓰면서도 당신이 더 또렷하게 내 마음에 기억될까 봐 무서워요. 하지만 시작했으니 편지도 끝을 봐야겠죠? 그렇게 우리 둘밖에 없던 독서실에 당신이 나를 지그시 쳐다보다가 성큼 다가와 사물함이 있는 곳까지 책을 옮겨주었어요. 고맙단 말도 제대로 못 하고 우물쭈물 서 있던 내게 당신은 한마디를 건넸어요. "공부 진짜 열심히 하시네요." 그 말을 들은 저는 속으로 생각했어요. '당신을 이기려고요.' 속에 있던 말을 내뱉기에는 저는 숫기가 없었어요. 그렇게 다시 자리로 가는 당신의 뒷모습만 멍하게 바라보다가 책을 정리하면서 나왔어요. 그런데 그날 왜 그렇게 심장이 쿵쿵대던지. 새벽 5시까지 잠을 뒤척였던 것 같아요. 누군가를 좋아하게 되기까지 시간은 너무 짧았고, 이유조차 분명치 못해서 힘들었어요. 내가 당신을 좋아한다고? 대체 왜? 책을 옮겨준 호의 때문인가? 당신의 목소리가 좋아서? 내게 말을 걸 때 느껴졌던 당신의 향기가 좋아서? 모르겠어요. 왜 하필 당신이고, 왜 하필 내가 사랑에 빠졌는지, 그동안 모르는 사람을 좋아해 본 적도 없어서 이런 제 자신이 더더욱 당황스러웠어요. 공부하기 싫어서 도피처로 당신을 좋아하는 스스로에게 심취했는지도 모르죠. 저는 조금씩 달라졌어요. 세수도 안 하고 가던 독서실에 갑자기 세수도 하고, 화장도 살짝 해보고, 검은색 추리닝만 입다가 다양한 추리닝을 구매하기도 했었죠. 공부하려고 가는 게 아니라 당신을 보려고 갔던 것 같아요. 괜히 당신이 날 힐끔 볼까 봐 공부를 열심히 하는 척을 해보기도, 잠시 산책하러 나가는 당신을 보고 몇 분 뒤에 괜히 나도 밖으로 나가 친구랑 통화하기도 했어요. 그렇게 통화를 하다 보면 당신이 독서실에 들어오는 모습을 그 짧은 순간이나마 볼 수 있었으니깐요. 나도 모르는 새에 마음이 커졌나 봐요. 이유도 모른 채 좋아했으니까요. 항상 앉아서 공부만 해 살이 쪄있던 내가 다이어트를 위해 저녁밥을 굶기도 했어요. 꼬르륵 소리가 더 창피해서 뒤늦게 집에 가서 밥을 먹었던 사실은 당신은 영원히 모르겠지요.

어느 날, 독서실 사장님께서 독서실 다니는 모두에게 음료수를 나눠주었어요. 말 한번 걸어보고 싶었던 저는 독서실 사장님께 영감을 얻어 간단한 요깃거리를 대량으로 사서 독서실 다니는 모두에게 나눠주었어요. 지금 생각하면 기가 차고, 너 도대체 왜 그랬니? 하는 마음이 들 정도로 부끄럽지만, 그때의 저는 당신에게 말 한번 걸어보고 싶었던 마음이 주체가 안 됐던 것 같아요. 그렇게 당신에게 젤리를 건넸죠. 당신은 일어서서 90도 인사를 하며 환하게 웃어주었죠. 기억은 희미하지만 "잘 먹을게요."라는 말이었던 것 같아요. 그날 저는 혼자 또 잠을 못 이루었답니다. 제 머릿속에는 이미 수천 번 당신의 웃음과 목소리가 살랑살랑 환각처럼 들려왔었죠. 그렇게 함께 일찍 오고 늦게까지 있다 보니 눈인사를 나누는 사이가 되었었죠. 그런데 어째선지 시간이 갈수록 저는 힘들었어요. 좋아하는 마음이 커지니깐 자꾸 욕심이 생기더라고요. 더 얘기 나누어 보고 싶고, 이름은 뭔지, 나이는 어떻게 되는지 알아가고 싶었어요.

그렇게 힘들어하던 제게 할머니 댁에 가야 할 일이 생겼어요. 저는 이 일이 차라리 기회라고 생각했어요. 독서실에서 멀리 떨어져 마음을 정리하고 고백하거나 못할 거면 독서실을 아예 옮겨버리겠다는 계획을 세웠어요. 저는 이 일이 그렇게 사무치고 후회하게 될 줄은 몰랐어요. 그날 이후로 당신을 영영 못 보게 될 줄은 몰랐거든요. 할머니 집에서도 자꾸 당신이 생각나더라고요. 여기에 와서도 생각나는 거 보면 진짜 좋아하는 거 맞구나 했었죠. 그래서 할머니 집에서 편지지를 사고 예쁜 색깔의 볼펜을 사서 편지를 쓰기 시작했어요. 짧고 담백하게. 최대한 부담을 안 드리고 싶었거든요. 그런데 이미 이런 제 마음부터가 부담일 거란 걸 알아서 편지를 쓰면서도 죄송했어요.

안녕하세요? 저는 같은 독서실을 다니는 OO이라고 합니다. 저를 모르시겠지만…….

(생략)

제 번호는 010-0000-0000 입니다.

여자 친구분이 계시거나 제가 마음에 들지 않으면 이 쪽지는 꼭 버려주세요. 저는 이제 독서실 그만둘 거라 독서실 다니시는 건 걱정하지 마세요.

이 고백이 실패하면 독서실을 바로 그만둘 생각이었기 때문에 마음 자체는 홀가분했어요. 그렇게 여행용 가방에 조그마한 편지를 싣고 집으로 돌아왔어요. 그날도 잠을 설쳤어요. 편지를 품에 꼭 품은 채 잠이 올 리가 없었죠. 다음 날, 아침에도 점심에도 저는 독서실에 가지 못했어요. 용기가 생기지 않았어요. 당신이 없는 줄도 모르고 말이죠. 그렇게 밤 9시쯤이 돼서야 독서실로 발걸음이 옮겨졌어요. 공부할 책과 편지가 든 가방을 들고서요.

그런데 없더라고요. 당신뿐만 아니라 당신의 책도, 방석도, 잠깐 눈 붙일 때 쓰는 인형도, 매일 먹던 졸음 깨는 껌도 없더라고요. 저는 그때 당신이 그만뒀다고 생각을 못 했나 봐요. 여행을 갔나? 아파서 일찍 갔나? 생각했거든요. 그런데 그날 새벽에 집으로 가려고 짐을 챙기는데 독서실 사장님이 다가오셨어요. "이제 밤에 혼자 공부하겠네." "아 그분 그만두셨어요?"

"다음 주에 시험이라고 그동안 감사했다고 초콜릿 주고 갔어." 눈에 물이 차오르더라고요. 가방만 빠르게 챙겨 밖으로 나오자 참아왔던 눈물이 쏟아졌어요. 가방에서 꺼낸 편지는 잘게 찢어서 허공으로 날렸구요. 진짜 끝이구나란 생각에 그날은 자꾸 눈에서 물이 새어 나와서 잠을 잘 수가 없었어요. 당신이 돌아오지 않을 걸 알기에 차라리 잘됐다. 공부에 더 집중하라는 신의 계시인가 보다고 생각하려고 노력했어요. 그런데도 저는 두 달 동안은 힘들었던 것 같아요. 짝사랑 노래를 듣다가 눈물이 나고, 괜히 짝사랑과 관련한 책과 시집을 구입하고 말이에요.

기간이 남아있던 탓에 돈이 아까워 3주 동안은 당신이 없는 그 독서실에서 혼자 공부했었어요. 자꾸 당신이 떠올라서, 문소리가 들릴 때마다 혹시 당신이 아닐까? 뭘 두고 간 건 아닐까? 그래서 다시 오는 건 아닐까? 희망 회로를 돌리는 것조차도 괴로웠어요. 당신은 아무 죄가 없는데. 당신을 혼자 좋아한 건 난데. 왜 당연하게 사라진 당신을 원망했을까요? 미안해요. 원망하려면 나 자신을 원망해야 하는데 말이죠. 저는 그땐 너무 어렸어요. 당신이 독서실을 그만둔다는 것을 알았다면 달라졌을까요? 그렇게 21일을 다 채우고 저는 독서실을 그만뒀어요. 집에서 멀리 떨어진 곳으로 옮겼어요. 당신 생각이 덜 나더라고요. 하지만 그렇게 당신을 좋아하면서 시간을 버린 탓에 그해 시험은 응시하지 못했어요. 어차피 떨어질 게 뻔한 시험인 것 같아서요. 그다음 해 1월 1일부터 저는 당신이 꿈을 이루기 위해 행했던 모습들을 되새기며 정신을 차리기 시작했어요.

엄마와 아빠의 응원을 들으며 집에서 한 발자국도 나가지 않고 공부하기 시작했거든요. 엄마와 아빠가 없을 때 가끔 옛 생각에 빠져 당신 생각이 날 때가 있었어요. 원망도 그리움도 아니라, 그저 궁금증이요. 당신은 꿈을 이뤘을까? 그렇게 공부하면서 가끔 당신 생각이 났어요. 하지만 당신 생각을 하면서 마음을 다잡았죠. 그럴 일은 없겠지만 나중에라도 마주치면 부끄러운 모습은 절대 보여주지 말자. 나를 기억조차 못 하겠지만 적어도 나는 그 사람을 기억할 수 있으니. 마주치면 꿈을 이룬 내 모습을 보여주자.

그렇게 단 하루도 쉬지 않고 아침 6시부터 밤 12시까지 공부를 했었죠. 그렇게 원하던 합격을 하고 지금은 꿈에 그리던 아이들과 함께 교직 생활을 하고 있어요. 합격하고 정신없이 학교 근처에 집을 구하고, 새 학기를 맞이해 바쁘던 중에는 당신 생각이 나지 않더라고요. 그런데 이제 일과 아이들에 조금씩 스며들고 삶에 여유가 생기니 당신이 생각나더라고요. 참 웃기죠? 사람 기억이라는 거. 다 잊은 줄 알았는데 잊지 못했나 봐요. 지금 새벽 밤기운을 빌려 당신께 편지를 쓰고 있어요. 당신은 읽을 수조차 읽을 리조차 없는 이 우스운 편지를요. 고마웠어요. 메말랐던 삶에 사랑에 빠진 자만이 가질 수 있는 열정을 느끼게 해줘서요.

난 꿈을 이뤘어요. 당신도 꿈을 이뤘을 거라 생각해요. 당신보다 열심히 하는 사람은 아직도 보지 못했거든요. 이 편지를 끝으로 이제 당신을 지우려고요. 좋아하게 됐던 계기도, 지금은 당신의 얼굴조차, 실루엣마저 무엇 하나 명확한 건 없지만 이렇게 누군가를 눈물이 날 정도로 좋아했던 적은 없었으니까요.

내가 많이 좋아했었어요. 그때 전하지 못했던 내 마음 이제야 전합니다.

2021년 5월 31일

당신을 영원히 잊을 상은 올림

# 5. 학교에서 맺은 인연

# 동굴 같은 삶도 빛나는 이유

이 지 연
서창중학교 교사

"선생님, 아기 낳고 왔어요? 선생님 왜 10년은 늙어서 왔어요? 아들이에요? 딸이에요?"

"아들을 낳았는데……. 낳고 나니 너희한테 미안했어. 한 사람 한 사람 다 소중한데 선생님이 덜 들여다본 것 같아."

"선생님, 아들 너무 예뻐하지 마요, 결국 우리처럼 될걸요."

고등학교를 졸업하고 가장 원하는 학교는 아니었지만 어렵지 않게 대학교를 들어갔고 지구에서 제일 바쁜 아이라는 이야기를 들으며 졸업했다. 예술대 미술학과여서 학년별 전시회며 졸업전시회를 준비하는 일에 분주했지만, 그 와중에 나는 선생님이 되고 싶었다. 교직을 이수하기 위해 필수로 들어야 하는 과목들을 수강하며 졸업을 준비하느라 집에 안 가고 작업실에서 밤을 새우기도 했다. 그렇게 임용고시를 쳤고 선생님이 되었다. 5년이나 만난 남자 친구와 결혼도 하고 그렇게 무난하고도 성실한 삶을 살아내고 있었다.

과업이라는 단어가 무겁게 다가올 때도 있지만 그것들을 수

행하고 나면 내가 어떤 틀 안에 안전하게 있다는 느낌이 들어 안심이 될 때도 있다. 가르칠 아이들이 있었고 집에 오면 욕실 물기까지 깨끗하게 닦아주는 따뜻한 남편이 있었다. 그래서 난 아이를 낳고 싶었다. 아기를 가지고 낳기까지 3년이 넘게 걸렸지만 아이를 낳았다.

무엇이든지 누구에게 기대지 않고 두 팔을 흔들며 무소의 뿔처럼 혼자서 씩씩하게 살아온 나였다. 그것이 부모님에겐 걱정 끼치지 않고 알아서 잘 하는 딸이라는 자부심을 주었다고 생각했고 남편에겐 자주적이고 독립적인 아내로 기댈 언덕이 되어주었다고 생각했다. 아이를 낳는 순간까지…….

아기를 낳으러 병원에 가면서 남편에게 절대로 절대로 엄마한테 전화하지 마. 병원에 아무도 부르지 마. 어머님도 엄마도 누구도 오지 말라고 해. 그냥 내가 알아서 낳을 테니까 다 낳고 아기도 나도 멀쩡할 때 부르자. 남편은 나의 표정에서 굳은 의지를 엿보았는지 아니면 배는 곧 터질 듯하지만 저리 비장한 태도로 이야기하니 안 들을 수 없었는지 알겠다고 했다.

진통의 순간에도 글로 남기자 싶어 틈틈이 메모를 했는데 어느새 내 정신이 아니고 '메모가 웬 말인가 미쳤지 내가. 정신이나 차리자' 했을 때 출산한 선배들이 말하는 굴욕 3종 세트가 시작되었다. 그것은 굴욕이 아니었다. 그냥 애나 빨리 빼주면 뭐라도 할 수 있겠다 싶었다. 간호사에게 어떻게 좀 해달라고 하니 엄마 아직 정신 있으니까 낳으려면 멀었단다. 침대의 이불을 뜯으며 좌절했다. 드라마 속에서 출산하면서 남편에게

욕을 하는 장면들을 보면서 설정이 과하다고, 평소에 안 하는 사람이 저렇다고 욕을 할까 했었는데 역시 사람은 단언하면 안 된다. 내가 해보지도 않았고 어디서 들었는지도 모를 희미한 육두문자들이 머릿속에 떠올랐으니…….

혼자 진통을 하다 뱃속 아이의 심장박동이 떨어진다는 소리를 듣고 수술방으로 옮겨졌다. 제왕절개를 한다는데 그 많았던 분만 후기들도 자연분만에 관한 글만 읽었지, 제왕절개에 대한 글은 읽어보지도, 준비하지도 않았다. 그렇게 나는 아기를 낳았다.

수술실을 나왔을 때 희미하게 눈을 뜨니 남편이 급박하게 무슨 설명을 하는데 정신이 하나도 없었다. 입은 바짝바짝 마르고 몸은 화석처럼 무겁고 병실은 낯설었다. 아기가 아프단다. 태어나서 관을 입에 넣는 검사를 했는데 안 들어가서 대학병원으로 옮긴다는데 구급차를 남편이 같이 타고 가야 한단다. 그 정신없는 상황에서 세 번 물었다. 그래서 우리 아기 살 수 있어? 그때 남편이 희미한 미소를 지으며 살지 왜 못 살아 하면서 나를 안심시켰는데 그 미소가 씁쓸했다. 남편도 없고 아기도 없고 몸은 화석 같고. 왜 나는 엄마를 부르지 않았을까 아무리 후회해도 이미 늦었다. 엄마가 울먹거리는 목소리로 지금 간다고 걱정 말고 기다리라고 했다. 전화기를 통해서도 엄마의 걱정과 먹먹함이 느껴졌는데 혼자서 씩씩하게 출산한다고 했던 자신감은 미안함과 후회로 범벅이 되었다.

선천성 식도폐쇄증이라는 기가 막히고 코가 막히는 병명이 나왔다. 4000명 중에 한 명이 걸린단다. 도대체 4000명 중에 걸려본 경험이 있었나? 임용고시 칠 때 300명 응시자 중에 6명 안에 들어왔을 때도 엄마는 기적이라고 했다. 도대체 이렇게 희귀한 병이 왜 내 아이에게 있나? 나는 뭘 잘못했을까? 원인을 알 수 없다고 하는데 나는 그 원인을 찾으려고 자책하고 원망하고 그런 소용돌이 속에 나를 여러 번 집어넣었다 빼곤 했다. 한강 이남에서 이 수술을 가장 많이 한다는 대학병원에서 아이가 수술을 받았다. 한강 이남에서 제일 많이 해봤자였다. 걸리는 사람이 없으니 수술 경험도 많이 없었을 테고 소아외과가 아닌 흉부외과에서 수술을 받았더랬다. 그 이후 우리 아이와 나는 긴 동굴 같은 시간을 보냈다. 지나고 나서 그 시간이 동굴이 아닌 터널에 있었다는 것을 알았지만 그때는 끝이 없는 고생길이었다. 처음 병명을 알고 맹장염처럼 수술하면 완전히 나아지겠지라는 희망을 붙들고 있었나 보다. 희망은 희망일 뿐 식도가 좁음으로 인해 일어날 수 있는 일은 거의 다 겪었다. 날마다 먹다 토하는 일과 먹다 입술이 파래지길 여러 번 했었는데 어느 날 진짜 아이가 숨을 쉬지 않았다. 얼굴이 보라색이 되어 숨을 쉬지 않았다. 정신이 없어서 어찌해야 할지 모르는 나를 뒤로하고 남편이 침착하게 인공호흡을 시작했다. 아이의 혈색이 돌아오고 숨을 쉬었지만 우리는 아이가 죽을 수도 있다는 사실을 절감했다. 그 이후 맹장염처럼 지나가리라는 희망은 저 구석으로 버리고 적극적으로 치료하기로 했다. 얼굴에 철면피를 깔고 국내 유명하다는 의사 선생님께 메일도 보내고 홈페이지에 긴 글로 아이의 설명도 남겼다. 담당 간호사에게 전화가 왔다. 짐 싸서 당장 올라와서 입원하라고. 아들의 담당 의사 선생님은 소아외과의로 명의였고 그 당시 어린이 병원 원장을 겸임하고 있었다. 서울의 대학병원에 입원하려면 혈연, 지연, 인맥을 동원하고 든든한 백이 있어야 한다는 고정관념을 깨 주셨다. '만남'이라는 행위가 사람의 인생에 큰 영향을 미친다고 하는데 가장 고마운 만남 중 하나이다. 이 의사 선생님은 소위 말하는 우리의 든든한 백이 되어 환자가 겪을 수 있는 막막함을 해결해주셨다.

서울에서의 입원 생활은 팍팍했지만 버틸 힘이 있었다. 여기에 있으면 죽진 않겠다는 믿음과 권위를 벗은 의사와 간호사와의 소통을 보며 신뢰가 있었기 때문이다. 소아외과에는 다양한 아이 엄마들이 있다. 담도폐쇄인 쌍둥이를 낳고 자신의 간을 떼어준 엄마, 뇌병변으로 인해 어느 날부터 자신을 알아보지 못하는 아이를 케어하는 엄마, 아이는 멀쩡해 보여 왜 있는지 모르겠는 나 같은 엄마 등…….

아이는 괜찮아 보이는데 저 엄마는 왜 왔을까? 다른 엄마들이 궁금해할 때 의사 선생님이 아이에게 수술을 권하며 "아기 죽거나 바보 될 수 있으니 잘 봐야 돼"라고 이야기하고 가셨다. 6인실에 있던 엄마들이 순간 조용해지며 숙연해졌다.

병실의 엄마들은 모두 비슷한 패션이었다. 검은 티에 운동복 바지를 입고 목소리는 밝은 톤으로 병실 복도를 계속 돈다. 유행하는 옷을 입고 예쁜 화장을 하고 백화점을 백 바퀴 돌던

아가씨 시절도 있었는데 지금은 병원 복도를 백 바퀴 돌고 있다. 모두 비슷한 시커먼 옷을 입고 유모차를 끌면서……. 아이가 아프면 엄마는 직업도 이름도 없어진다. 그냥 아픈 아이 엄마가 된다. 그즈음에 생각했다. 아이가 건강해지면 내가 학교로 돌아갈 수 있을까? 건강해져서 학교로 돌아가는 그런 날이 올까?

수술 후 생후 30일이 지나서 신생아 중환자실은 들어갈 수가 없단다. 50센티 겨우 넘는 것 같은 내 아기가 어른들과 함께 중환자실에 누워있었다. 온몸에 주삿바늘과 각종 약들을 넣어가면서 계속 잠을 잤다. 하루 10분 두 번 면회가 있었는데 들어가서 아이 이름을 부르지 못했다. 내가 가서 아이 이름을 부르면 아이가 약의 기운을 이기고 깨어나려고 꿈틀거렸기 때문이다.

면회 시간을 제외하고는 온종일 보호자 대기실에 앉아 있었다. 그곳에서는 종종 죽음을 목격했다. 일상에서는 만나기 힘든 죽음이 메이저 대학병원에서는 너무 가까이 있었다. 나이가 들어 돌아가시는 어른들도 있었지만 어린아이들도 그렇게 세상을 떠났다. 아이가 가지고 놀던 인형을 손에 꼭 쥔 채 정신을 잃는 엄마를 바로 옆에서 보면서 슬픔에 공감하기 전에 저 일이 내 이야기가 될까 봐 두려웠다. 아이의 손을 만지지 못하고 아이의 웃음을 보지 못할까 봐 두려웠다. 그것을 겪어내는 옆의 엄마에게 뭐라고도 할 수가 없었다. 고개를 숙이고 우는 수밖에.

생과 사는 그리 멀지 않다는 것을 그곳에서 절감했고 사는 것이 당연한 일이 아니라는 것을 알았다. 일상이라는 두 글자가 당연한 것이 아니었다. 세상에 당연한 것은 하나도 없었다. 아이는 다른 이들이 살아가는 일상을 살기 위해 강하게 그 시간들을 이겨내고 있었고 나는 그것을 바라보며 기도했다. 정말 감사하게도 수술의 경과가 좋았다. 아이와 같은 케이스의 병증을 앓는 아이들의 엄마들에게도 희망이 되는 병원 후기 글을 올리며 집으로 향했다.

그 당시 20년이 된 24평의 아파트에 살고 있었는데 그 집이 그렇게 궁궐 같을 수가 없었다. 병원에서 쪽잠을 자던 생활을 접고 집으로 오니 5성급 호텔에 사는 것처럼 만족스러웠다. 혹시 자는 동안 숨이 막힐까 봐 남편과 나는 안경을 끼고 번갈아 가면서 자기도 했지만 아이는 이 시간들을 잘 이겨냈다. 3살이 된 아기는 딸기를 먹을 수 있었고 7살이 되어 아이는 김밥을 먹을 수 있었다. '김밥만 먹으면 다 나은 것이다. 식도가 김밥을 삼킬 수 있다면 안심해야지' 하면서 버텼던 시간들을 지나 김밥을 먹게 된 날 우리 가족은 큰 소리로 기뻐하며 자축했다.

내가 가르치는 아이들에 대해서 생각했다. 모두가 이만큼의 고생을 겪어 자라는 것은 아니나 모두가 저마다의 이야기로 소중하게 자라났으리라는 것을 그때 알았다. 꿈틀거리던 아이가 자라나 걷고, 말하고, 딸기를 먹고, 김밥을 먹는 것이 그 아이의 역사였겠구나 하는 것을 말이다.

막연하고 아득했던 시간들을 지나 나는 다시 학교로 돌아왔다. 한 교실에 30명이 넘는 아이들이 있었지만, 그 하나하나의 눈동자가 얼마나 빛나고 예쁜지 새삼 알게 되었다. 예전에 교사로 살아가면서 아이들에게 특별한 어떤 영향을 미치지 않더라도 그저 상처를 주지 않으면 잘한 것이라고 여기던 때가 있었다. 한 사람 한 사람 더 들여다보았어야 했다. 얼마나 치열하게 자라났고 강하게 이겨냈으며 부모에게 때로는 절망이었겠지만 그보다 더 큰 행복의 파도로 넘실거리며 여기까지 왔는지, 가슴 벅차게 아이들을 이해했어야 했다.

앞으로 아이들이 살아갈 날들은 내가 겪지도, 온전히 이해하지도 못할 일들이 많겠지만 아이들이 매일을 충만하고 행복하게 살아가길 바란다. 일상이 선물 같은 날들임을 알고 자신이 있는 그 자리에서 충만하게, 살아가면서 다가올 어려움도 담담히 그리고 당당히 이겨내길 바란다.

"앞으로 너희가 걸어가고 살아갈 삶을 진심으로 응원해."

2021년 5월 30일

너희를 응원하는 이지연 선생님이

# 구름 위에 새긴 편지

성 진 희
문선초등학교병설유치원 교사

영애야. 거기선 잘 지내고 있니?

오늘따라 하늘엔 구름 한 점 없이 맑구나! 주말 동안 내린 비로 그 예쁘던 벚꽃들이 많이 떨어졌지만, 여전히 봄 햇살은 비 내리기 전날처럼 선생님을 보고 활짝 웃고 있구나. 네 이름을 불러 본 지도 벌써 20여 년이 흘렀어. 교사라는 이름표를 단 지 두 해가 될 무렵 너를 만났었지. 아니 너의 어머니를 먼저 만났었구나.

3월 입학식을 앞두고 학부모 오리엔테이션을 하는 날 눈물을 글썽이며 너의 어머니께서 선생님 손에 쥐여 주신 편지 속에는 A4용지를 가득 채운 편지 한 장이 들어있었단다. 글자 하나하나를 읽어 내려가며 선생님은 처음엔 무척 당황했었고, 그 다음엔 내가 이 아이를 제대로 돌볼 수 있을까 하는 마음에 앞이 막막했으며, 나중에는 연민과 안타까움으로 혼란스러웠던 기억이 아직도 생생하단다.

1년 전 여느 때와 다름없이 유치원에 가기 위해 엄마 손을 잡고 길을 건너던 영애와 너의 어머니에게 불의의 사고는 순식간에 일어났었고 그 사고의 후유증으로 어머니보다 더 큰 충격을 받은 너는 본래의 모습을 찾아볼 수 없을 만큼 많이 아팠다고 했었어.

편지 속에 담담히 적힌 너는 혼자서 밥을 먹는 것도 힘들고, 뇌 수술로 두 눈의 시력 또한 잃게 되어 두꺼운 안경을 써야만 한다고 했었지. 물론 몸을 마음대로 움직이는 것도 힘들어 조심스럽게 대해야 한다는 말과 함께 너를 잘 부탁한다는 글로 마무리된 편지 속에서 너무 예쁘고 사랑스러운 여자아이의 증명사진을 발견할 수 있었단다.

환하게 미소 지으며 나를 바라보던 그 사진 속의 아이는 사고가 나기 전 너의 유치원 입학을 위한 증명사진이었지. 사실 사명감 하나로만 똘똘 뭉친 신출내기 교사인 내가 감당하기엔 어려움이 많을 것 같아 선생님은 너를 쉽게 받아들이기 힘들었었단다.

영애야, 너에게 처음 고백하지만, 이 못난 선생님은 말이야. 원장 선생님께 너를 돌보기 힘들지 않을까 하여 도움을 요청하기까지 했었단다. 정말 못나고 비겁한 선생님이지? 이런 못난 교사인 나에게 너는 단 한 번도 찌푸린 얼굴을 보이지 않았던 것 같아. 늘 웃으며 "선생님! 선생님" 하며 나를 믿고 따라 주었었어. 물론 많은 친구들 속에서 정확하지 않은 너의 발음을 듣기 위해 조금 더 너에게 귀를 기울여야 해서 바쁠 때는 모른 척 하고 외면하고 싶을 때도 많았던 것 같아.

어쩜 내가 기억하지는 못하지만 너의 목소리를 못 들은 척 했는지도 모르겠어. 혹 영애의 기억 속에 대답 없는 선생님의 뒷모습이 남아 있다면 용서해 줄 수 있겠니? 그리고 항상 미소 지어주던 너에게 상냥한 미소로 대답하지 못한 기억이 있다면 그것도 용서해 주렴. 너무 많은 시간이 흘러 기억 속에 남아 있지 않지만 가끔씩 영애가 부담스러워 못난 선생님의 모습을 행여나 너에게 보이진 않았을까 걱정이 되는구나. 정말 미안해, 영애야…….

이런 선생님은 비록 너에게 많이 부족했을지라도 우리 산새소리반 친구들은 영애와 함께 놀이하면서 몸이 불편한 영애를 많이 이해하고 도와주었던 것들 영애도 다 기억할 거야. 만약 다시 그 시간으로 돌아갈 수 있다면 선생님은 조금 더 여유를 가진 교사가 되어서 영애에게도, 우리 산새소리반 친구들에게도 더 좋은 선생님으로 기억될 수 있도록 하고 싶구나. 졸업하고 난 뒤에도 종종 찾아오는 친구들을 보며 선생님은 그런 생각이 더 많이 들었단다.

영애야! 친구들은 이제 이십 대 후반에 들어섰어. 어떤 친구들은 누군가의 아내가, 혹은 엄마가 되었거나 또, 자신의 꿈을 향해 멋지게 준비하고 있겠지? 우리 영애는 뭐가 되고 싶었을까? 선생님? 간호사? 아님, 연예인? 영애가 몸을 많이 회복하고 다시 건강을 되찾아 영애의 꿈을 이루었다는 소식을 전해 들을 수 있었다면 선생님은 너무너무 행복했을 것 같아. 어쩜 그랬어야 영애에게 미안한 마음이 조금이라도 덜어졌을지 모르겠구나.

네가 졸업한 뒤 너의 동생 영민이가 선생님 반이 되었을 때 초등학교에 진학한 영애 소식을 많이 전해 듣고 차량 지도를 나가서도 우리 영애를 종종 만났었는데. 너도 기억나지?

그때도 넌 변함없이 선생님 하고 외치며 노란 차를 따라다닐 정도로 선생님을 반겨주었던 기억이 나는구나. 너에게 잘해준 것도 없는 이 못난 선생님을 말이야…….

네 동생 영민이도 어느덧 졸업하고 영애도 영민이도 잠시 기억 속에서 잊고 새롭게 맞이한 친구들과 생활하던 그때 너의 소식을 전해 듣고 선생님은 한동안 아무 일도 할 수 없었단다.

또 한 번의 불의의 사고로 하늘나라로 떠났다는 소식에 너무 안타깝고 마음이 아파 어떻게 너의 어머니를 위로해야 할지도 모를 정도였으니깐 말이야. 아직도 그날의 일을 생각하면 마음 한편이 저며 온단다.

영애야! 거기선 안경을 쓰지 않아도 잘 보일 테지? 누군가의 도움이 없어도 혼자서 밥도 잘 먹지? 귀를 기울이지 않아도 무슨 말인지 잘 알아들을 수 있지? 네가 가고 싶은 곳은 어디든 잘 걸어가지? 넘어지지 않고도 마음껏 잘 뛰어다닐 테지?

우리 영애가 여기에선 혼자 마음껏 할 수 없었던 것들을 거기서는 누구한테도 뒤지지 않게 잘하고 있을 거라 믿어!

선생님은 영애와 함께 졸업한 산새소리반 친구들이 지금쯤 무엇을 하고 있는지 알 수 없지만 넌 친구들 한 명 한 명 다 돌아보고 있겠구나. 영애도, 산새소리반 친구들도 선생님은 무척

보고 싶구나! 선생님이 아직도 응원하고 있다고 우리 영애가 친구들에게 대신 전해줄 수 있겠니?

선생님은 말이야, 20여 년이 넘은 지금도 선생님과 영애가 만났던 그 시간을 해마다 봄이 되면 마주하고 있어. 물론 영애만큼 아픈 친구를 만나지는 않았지만, 매번 다른 아픔을 가진 친구들을 만나고 있단다.

그 친구들을 볼 때마다 선생님은 영애를 기억하며 이렇게 다짐하곤 해. '조금만 기다려 주자. 아직 꽃피우지 못한 씨앗일 뿐이야. 이 씨앗들이 싹을 틔우고 뿌리를 내리고 쑥쑥 자라 꽃을 피울 때까지 사랑이라는 영양분과 인내라는 햇빛을, 배움으로 이어지는 놀이의 물을 주자'라는 마음으로 2000년에 만났던 영애와 친구들을 해마다 맞이하고 있어.

매번 어김없이 찾아오는 3월 신학기지만 솔직히 고백하자면 약간의 두려움을 떨치지는 못하고 있었어……. 왜냐하면 말이야, 혹시 영애와 같이 선생님의 도움을 많이 필요로 하는 친구를 만나게 되었을 때 과연 영애에게 했던 실수를 또 거듭하지는 않을까 겁이 났는지도 몰라. 오늘도 선생님은 가족사진 속에서 활짝 웃고 있는 아이들의 모습을 친구들과 나누며 이야기꽃을 피웠단다. 영애가 늘 선생님을 보며 웃어 주었던 것처럼 지금 선생님 곁에서도 많은 친구들이 선생님을 향해 웃어 주고 있어. 영애도 그곳에서 선생님을 보고 있다면 그때처럼 웃어 주고 있겠지?

영애야, 영애 덕분에 참 못나고 비겁한 선생님도 이젠 제법 선생님다운 선생님이 된 것 같지? 오랜 시간이 지났지만, 선생님과 함께한 수많은 친구 중에서 우리 영애는 선생님 기억 속에 영원히 남아 있어.

영애가 꿈꾸었던 많은 것들을 그리고 여기서 다 이루지 못한 것들을 거기에서는 꽃피우길 바라. 영애 어머니께서도 영애를 응원하실 테니 꼭 힘을 내야 해! 선생님도 너를 잊지 않고 응원하니깐 말이야. 비록 영애에게 직접 전하지 못하는 말들을 이렇게 편지에 적어 많은 시간이 지나서야 너에게 보내게 되었지만 구름 위로 새겨 쓴 이 글들이 바람을 타고 흩날려 네가 있는 곳까지 전해져 영애가 꼭 읽어주었으면 좋겠구나.

슬픔도 아픔도 없는 그곳에서 선생님 기억에 남아 있는 증명사진 속의 영애가 다시금 예쁜 미소를 꽃피우길 간절히 바란단다. 그리고 영애야. 그땐 미처 하지 못했던 고백을 이제야 나즈막한 목소리로 읊조려본다.

"미안해……. 영애야! 영애의 예쁜 미소를 선생님은 잊지 않을 거야. 그리고 지금까지 선생님에게 늘 뒤를 돌아볼 수 있게 해 줘서 고마워. 새로운 봄이 와도 이젠 두려워하지 않을게. 그리고 우리 영애, 그때는 미처 말하지 못했지만, 선생님은 영애를 많이 많이 사랑해……."

2021년 4월 9일

영애에게 기억되길 바라는 성진희 선생님이

# 온 마음을 다해 사랑하다 생긴 전근앓이

이 은 경
야로초등학교병설유치원 교사

온 마음을 다해 사랑했던 합천유치원 2019학년도 새싹반, 2020학년도 잎새반 귀염둥이들아, 너희들을 떠나온 지도 두 달이 지났구나. 모두 잘 지내고 있니?

새로운 유치원에서 만난 너희 또래의 친구들도 귀엽고 사랑스러운데 이상하게 너희들이 정말 보고 싶다. 자꾸만 너희들과 함께한 행복했던 시간이 떠오른단다. 지금 함께하는 아이들도 많이 사랑하는데, 문득문득 너희들이 생각나서 마음을 애써 부여잡을 때가 있어. 특히 전근 온 지 몇 주 되지 않았을 때 너희들이 보낸 감사 편지를 받았을 때 말로 다 표현하지 못할 커다란 감동에 왈칵 눈물이 쏟아지기도 했었지. 또 출장 때 잠깐 합천유치원에 들렀을 때 점심을 먹고 교실로 이동하던 너희들이 나를 반기며 달려와 안겼다고 새 담임 선생님에게 혼날 때 어찌나 슬프고 미안하던지. 이제는 서로 마음껏 사랑을 나누지 못한다는 사실을 명확히 느낀 그때도 울컥하면서 순간 새 담임 선생님이 미웠단다.

더는 보고 싶어도 쉽사리 만날 수 없기에 너희에게 언젠가 마음이 도착하기를 바라며 한 자 한 자 차곡차곡 마음 담아 편지를 써볼까 해. 먼 훗날 어른이 된 너희들이 서점에 들러 우연히 이 책을 읽고 연락해 오는 날을 꿈꾸며 말이야.

그럼 따스하고 행복했던 우리의 지난날로 함께 되돌아가 볼까? 빠르게 흘러가는 시간을 항상 아쉬워하던 우리! 등원한 지 얼마 되지 않은 것 같은데 눈 깜짝할 사이 점심시간이 되었었지!

"선생님 사랑해요! 교무실 가지 마세요!"

방과후과정반 선생님이 오신 후 교무실로 내려가려 할 때마다 선생님을 붙잡던 사랑스러운 너희들 목소리에 발걸음이 떨어지지 않았던 기억도 떠오른다.

"얘들아, 이은경 선생님이다! 우리 선생님이야!", "어디 갔었어요? 보고 싶었잖아요."

오후에 교실에 들르거나 복도에서 너희들을 만났을 때면 너도나도 달려와 안기던 때도 참 행복했지.

특히 처음 만났을 때 도전하거나 배우는 데 두려움이 많았던 너희들이 배움을 즐기는 아이로 변화해가는 모습은 뭉클한 보람을 느끼게 했지. 그리고 어떤 놀잇감이든 사용 방법이 정해져 있다고 생각하던 너희들이 함께하며 자유롭게 이리저리 사용하며 창의적인 아이로 커가는 모습을 보며 뿌듯하기도 했단다. 자기 이름도 쓰지 못했던 너희들이 어느새 자라 삐뚤빼뚤 꾹꾹 정성스레 눌러쓴 편지를 전해줄 때, 그 감동은 모든 피로를 싹 씻어 주기도 했지. 지금도 너희와 함께한 추억이 문득 문득 떠오를 때면 나도 모르게 웃다가 울컥거려 눈물이 날 때도 있어. 처음 하는 전근이라서 이런 걸까?

너희들을 온 마음을 다해 사랑한 후 겪는 이별의 여운은 지금껏 경험해보지 못한 사랑과 슬픔의 감정이란다. 첫 전근으로 겪은 이별의 여운을 앞으로 교직 생활 내내 겪어낼 생각을 하니 자신이 없어질 만큼의 감정이랄까? 너희들은 아직 어리기에 평생 무수한 선생님과 함께하게 될 텐데. 아마 유치원 때 함께한 선생님은 곧 잊어버릴 수도 있겠지? 어쩌면 나도 수많은 제자를 만나며 흐려지는 그리움과 마주하게 될 수도 있겠지? 사실 그래서 이 편지를 쓰게 되었단다. 잊기 전에 선명한 그리움과 추억을 차곡차곡 이 편지로 기록을 해 둔다면 너희들도 먼 훗날에도 어렴풋이나마 서로를 기억하고 사랑할 수 있지 않을까 하는 소중한 희망을 품고 글을 이어 써 내려 가볼까 해.

너희와 함께 지내는 동안 나태주 시인의 '너를 두고'라는 시를 품으며 지냈단다.

# 너를 두고

나태주

세상에 와서
내가 하는 말 가운데서
가장 고운 말을
너에게 들려주고 싶다

세상에 와서
내가 가진 생각 가운데서
가장 예쁜 생각을
너에게 주고 싶다

세상에 와서
내가 할 수 있는 표정 가운데
가장 좋은 표정을
너에게 보이고 싶다

이것이 내가 너를
사랑하는 진정한 이유
나 스스로 네 앞에서
가장 좋은 사람이 되고 싶은 소망이다

(나태주, 꽃을 보듯 너를 본다, 지혜, 2015, 37)

너희들도 이 시를 떠올리며 사랑하는 사람에게 가장 좋은 사람이 되기 위해 노력하는 사람이 되었으면 좋겠어. 너희와 함께하는 내내 가장 고운 말을 너희에게 들려주고 싶었고, 가장 즐겁고 행복한 표정을 선물하고 싶었고, 너희와 가장 예쁜 생각을 함께 나누고 싶었어. 왜냐하면 나의 말과 표정을 그대로 따라 하는 너희들을 보고 너희들에게 나는 5살, 6살에 만나는 작은 세상일 수 있겠다고 생각했거든. 함께하는 작은 세상이 예쁘고 따뜻하다면 너희도 예쁜 말을 하고 따뜻한 마음을 가진 사람으로 클 수 있겠다는 생각도 들었거든. 너희들과 함께하는 동안 따스하고 행복한 세상이 되어주기 위해 온 마음을 다해 사랑하며 노력했는데 너희들에게 좋은 선생님이었을까? 계속해서 너희들을 보고 싶어 하는 것처럼, 너희에게 나도 먼 훗날 어렴풋하게라도 좋은 선생님이자 보고 싶은 선생님으로 기억되기를…….

정말 고마웠어, 사랑하는 제자들아! 부족한 나를 늘 우리 선생님이 최고라고 해주고, 우리 선생님이 세상에서 제일 예쁘다고 이야기해 줘서 참 고마웠어. 간혹 힘든 순간이 와도 너희들의 말 한마디에 힘든 건 봄눈 녹듯 사라졌단다. 언젠가 한 친구가 팔을 쭉 뻗어 동그랗게 그리며 사랑을 고백하자 서로 대결하듯 사랑을 표현하기도 했지.

"우주보다 선생님을 더 사랑해."

"난 100보다 더 많이 사랑해."

"난 10000보다 더 많이 사랑해."

"난 너희보다 이만큼 더 사랑해."

서로 자신이 제일 많이 사랑한다며 투덜투덜 이야기하던 모습이 참 귀여웠지. 그런 너희들의 사랑을 가득 느끼며 나도 너희들에 대한 사랑을 계속 키워나갈 수 있었어. 정말 행복했어, 너희들과 함께해서! 너희들 덕분에 함께한 2년 동안 꿈꾸던 교실 속 행복한 교사가 될 수 있었어.

'생각과 생각을 나누는 교실, 마음과 마음이 닿는 교실,

'놀이 속에서 배우며 배움의 기쁨을 공유하는 교실'

앞으로 교직생활 동안 우리 함께했던 교실보다 멋진 교실은 만들 수 없을 것 같다고 생각될 만큼이랄까? 너희들과 함께 호흡하고 만들어 나가던 감응이 살아 숨 쉬는 교실! 그립다.

사실 지금도 여전히 기억해주고 연락하는 너희들이 고맙고, 보고 싶지만 지금 담임 선생님과 맺을 관계를 방해할까 싶어 그리워도 참느라 계속 연락하거나 쉽사리 보러 갈 수 없구나. 간혹 들려오는 소식통으로 여전히 사랑스럽고 똑똑한 너희들의 이야기를 듣거나, 해맑고 씩씩하던 제자가 며칠째 울고 있다거나, 개구쟁이긴 했지만 문제아라고 여기지 않았던 제자가 교사를 가장 힘들게 하는 아이가 되었다는 소문을 들을 때면 더 보고 싶단다. 곁에서 기쁨, 슬픔, 개구짐 등을 함께 나눌 수 없다는 사실에 슬픔에 잠기기도 해.

너희들이 내 나이가 되고, 내가 할머니가 되어도 너희들을 잊지 못할 거야. 늘 기억하고 사랑하고 있을게. 너희들과 함께하는 동안 더할 나위 없이 참 행복했어. 참, 핸드폰 생기면 연

락한다는 말 기억하고 있을게. 언제든 찾아온다면 반갑게 맞이하며 맛있는 것 많이 사줄게. 그리고 마음속 깊이 너희들을 생각하고 믿어주는 든든한 너희들 편이 되어줄게.

앞으로 얼마나 더 성장할지 기대되는 사랑하는 제자들아! 우리 다시 만날 그날까지 저마다의 아름다운 꿈을 마음껏 꾸며 행복하게 성장하자! 반짝반짝 빛날 너희들의 미래를 늘 응원하고 있을게.

2021년 5월 11일

온 마음을 다해 너희를 사랑했고 사랑할 것을 다짐하면서

# 선생님처럼 사랑하겠습니다.

김 미 영
양산신명초등학교 교사

선생님, 내일이면 스승의 날입니다.

몇 년 전부터 해마다 스승의 날이 다가오면 여러 가지 생각들로 마음이 불편해집니다. 늘 제 마음속에 계신 선생님을 오늘은 이렇게 용기 내어 불러봅니다. 정말 눈 깜짝할 사이 20여 년이란 세월의 강을 건넜습니다.

그동안 한 번도 선생님을 찾아뵙지 못하고 전화조차 드리지 않았던 무정한 제자 때문에 매우 섭섭하셨지요? 죄송합니다.

평생을 헌신하셨던 교직을 몇 해 전에 떠나셨다는 소식을 어디선가 들었습니다. 오늘도 여느 해처럼 스승의 날을 앞두고 아이들에게 고마운 선생님께 감사의 편지를 쓰라고 했습니다. 그러나 정작 그렇게 말한 저는 졸업 후 한 번도 선생님께 편지를 쓰지 않았기에 마음이 무겁고 우울했습니다. 그리고 선생님이 생각났습니다.

참으로 아낌없이 사랑을 주셨고, 함께 진로를 염려해주시며 참담한 좌절감으로 힘들어할 때 위로의 멜로디를 들려주셨던 자상한 눈빛의 선생님이 오늘따라 무척 보고 싶었습니다. 지금도 저는 또렷이 기억하고 있습니다.

한 해에 고작 두서너 명밖에 4년제 대학에 들어가지 못하던 시골 면 소재지 조그만 학교, 그것도 전 학년이 6학급밖에 안 되는 작은 고등학교에서 항상 제 능력보다 더 큰 기대로 믿어 주시고 다독이시던 다정한 선생님 모습을.

학력고사 날, 대구까지 가서 시험을 치러야 했던 우리를 위해 학교에선 전세버스까지 대여해 편리를 제공하였었지요. 선생님, 저는 예비 소집을 마치고 우리가 숙박했던 어느 여관에서의 일을 아마 평생 잊지 못할 것입니다. 시골 아이 티를 내느라 그랬는지, 아니면 너무 긴장해서 그랬는지 그 밤, 자동차 소리 하나까지 예민하게 반응하며 늦은 시각에도 잠을 이루지 못하고 불안에 떨던 저는 결국 선생님께 도움을 청했었지요. 그런 저를 안정시키려 선생님은 추운 밤길도 마다하지 않고 함께 걸으며 이런저런 살아온 이야기를 많이 들려주셨지요. 더욱이 지금까지도 죄송한 마음으로 남아 있는 것은 그 늦은 시각, 근처에 있는 댁까지 데려가 주무시는 사모님을 깨워 우유까지 데워주시게 했던 일입니다.

그렇게 세심하게 배려했던 선생님을 어떻게 잊을 수 있겠습니까? 선생님의 그러한 노력에도 불구하고 저는 끝내 긴장과 불안을 떨쳐내지 못하고 뜬눈으로 밤을 새우고 말았지요. 그 결과, 평소 실력에 크게 못 미치는 성적을 얻었고, 학교로 돌아와 며칠을 어두운 표정으로 좌절에 싸여 지냈습니다. 그때, 선생님께선 조용히 강당으로 저를 부르셨습니다. 그리고 교회를 다니고 있던 저에게 손수 부드러운 찬송가의 멜로디를 들려주시며 힘들어하는 제 마음을 위로해주셨습니다. 국어를 가르쳤던 선생님이셨기에 비록 서툰 피아노 선율이었지만, 제 마음 깊이 선생님의 사랑이 전해져 왔었습니다.

선생님! 선생님의 그런 사랑과 관심이 없었다면 아마도 교단에 선 오늘의 제 모습은 없었을지도 모릅니다. 그런데도 선생님을 잊고 살았습니다. 선생님처럼 아이들에게 아낌없는 사랑과 정성을 쏟지도 못하면서 해마다 스승의 날이 다가오면 마음이 텅 빈 것처럼 허전해하고 쓰라려합니다. 참으로 이율배반적인 욕심입니다. 한번 흘러가면 되돌아오지 않는 강물 같은 아이들을 그리워했습니다. 저는 마음에 품고 살면 표현하지 않아도 되는 줄 알았습니다. 늘 선생님을 그리워하면서도 열심히 살아가면 어딘가에서 선생님도 기뻐하실 것으로 생각했습니다. 나이가 들어갈수록 제 생각이 어리석고 짧았다는 것을 깨달아 갑니다. 표현되지 않은 마음은 상대방에게 아무런 기쁨도 줄 수 없다는 것을 말입니다.

선생님, 이번 여름방학에는 연락이 닿는 친구들과 꼭 한번 찾아뵙겠습니다. 그리고 저도 선생님처럼 아이들을 예뻐하고 사랑하며 가르치겠습니다. 비록 저 같은 무정한 제자라 할지라도 원망하지 않고 섭섭해하지도 않으시는 넓은 마음의 선생님처럼 살아가겠습니다. 늘 건강하시고 행복하시길 기원하며, 곧 찾아뵙고 인사드리겠습니다.

2003년 5월

선생님, 끝내 부치지 못한 편지를 읽어 봅니다.

찾아뵙고 인사드리겠다는 약속은 지켜졌지만, 마음 깊이 간직한 고마움을 제대로 전하지 못한 아쉬움이 여전히 남아서 저를 부끄럽게 합니다. 퇴직 후 대구 인근의 자그마한 소도시에 자리를 잡으셨다 하셨지요. 매일 산행하며 교직에 있을 때 바빠서 미처 누리지 못했던 소소한 행복을 느낀다고도 하셨지요. 친구들 몇이랑 스승의 날 즈음하여 선생님을 모시고 식사를 할 때면 여전히 단아하고 건강한 모습으로 오셨기에 저는 선생님을 오래오래 뵐 줄 알았습니다. 그런데 어느 날 예기치도 않았던 선생님의 부음을 듣고 얼마나 놀랐는지 모릅니다. 갓 일흔을 넘긴 나이셨기에 더욱 그랬습니다. 지병도 없었고 평소 건강관리를 잘 해오셨던 선생님이셨기에 슬픔과 허망함이 더욱 컸었습니다. 빈소가 아드님 계신 서울이라는 말에 차마 먼 길 갈 엄두를 못 내어 또다시 부치지 못한 편지처럼 친구에게 대신 부의를 전하고 말았습니다.

선생님, 선생님이 가신 지 벌써 10년이 훌쩍 넘었습니다. 여전히 사람의 도리를 다하지 못하고 사는 저의 가슴에는 큰 사랑의 부채만 남아서 이렇게 선생님을 그리워합니다. 저도 어느새 아이들 가르친 세월이 30년을 넘어 그 시절 선생님 나이를 지나왔습니다. 그런데도 여전히 받은 사랑 제대로 흘려보내지 못하고 가두고만 살았던 세월인 것만 같아 후회와 아쉬움이 가득합니다. 선생님처럼 아이들을 지극히 사랑하지도 못했고, 다정히 다독이지도 않았으며, 아프고 힘든 마음을 세심하게 보듬어 주지도 못한 것 같아 무섭기까지 합니다.

선생님, 언젠가 가정환경과 제 능력에 좌절하여 힘들어할 때 그러셨죠?

"내가 너를 지켜보면서 느낀 건데, 넌 시베리아 벌판에 혼자 남겨져도 잘 헤쳐갈 아이 같다."라고. 정말 턱없이 저를 믿어 준 그 한마디가 삶의 고비마다 저를 일으켜 세워줬답니다. 인내심과 성실밖에 내세울 것 없는 부족한 아이인데도 그렇게 치켜세워주신 까닭을 알기에 그 믿음을 배반하지 않으려 더 크게 용기 내며 살았던 것 같습니다. 고맙습니다. 선생님.

싱그러운 생명의 몸짓으로 온통 눈 가는 곳마다 봄이 완연합니다. 해마다 되풀이되는 계절의 순환 속에 봄 같은 우리 반 아이들을 찬찬히 바라봅니다. 여리지만 강인한 생명력을 품고 연둣빛 새순을 틔워내고 있는 잎들처럼 우리 아이들이 싱그럽습니다. 코로나에 모두가 숨죽이고 있지만 그래도 기죽지 않는 그들만의 에너지가 뿜어져 나오는 교실이 좋습니다.

교직을 떠나는 순간까지 선생님처럼 사랑하는 마음 변치 않길 늘 기도합니다. 사랑하면 방법은 서툴지라도 아이들을 어떤 모양으로라도 성장시킬 수 있다고 믿습니다. 지금도 사랑은 여전히 자연스럽지 않고 노력이 있어야 할 때가 많지만, 선생님을 생각하며 애쓰겠습니다. 따사로운 햇살이 작은 풀 한 포기도 포기하지 않고 생명을 키워가듯 그런 마음으로 한 명, 한 명의 아이들을 키워가도록 노력하겠습니다.

선생님처럼 힘들어하는 누군가를 일으켜 세워 자라갈 수 있도록 세심하게 마음을 살피겠습니다. 긍정의 말로 다독이도록 더 노력하겠습니다. 아이들에게 선생님의 사랑을 갚아가며 살겠습니다.

가천고등학교 3학년 담임이셨던 박성남 선생님!

감사합니다. 그리고 사랑합니다.

2021년 4월

제자 미영 올림

# 졸업하지 못하는 편입생

김 현 정
김해은혜학교 초등특수교사

박순길 교수님 잘 지내시지요? '부치지 못한 편지: 뒤늦은 고백'이라는 주제를 보고, 저는 교수님이 가장 먼저 떠올랐습니다.

교수님은 저의 첫인상을 기억하시는지요? 저는 가끔, 처음 교수님을 뵈었던 편입 면접 날이 떠오르곤 한답니다. 짧은 커트 머리, 하얀 피부, 학자처럼 보이는 안경테 너머로 무표정한 교수님의 얼굴을 마주하고는 제가 얼마나 긴장했는지 모르시죠? 지금은 저를 "김 선생"이라고 부르시며 농담도 해주시지만 카리스마 있는 눈빛으로 면접 질문을 하셨을 때, 저는 그 자리에서 그만 '얼음'이 되었답니다. 안 그래도 면접 분위기에 압도당해 있었는데, 다른 분에 비해 교수님이 유독 매서운 눈동자로 저를 쳐다보는 것 같았어요.

교수님! 면접 날 저는 아침부터 아주 부산했습니다. 4살 된 딸을 어린이집에 맡기고 헐레벌떡 면접장에 도착했는데 대기실에 사람이 어찌나 많던지……. 들어서자마자 꽉 찬 사람들 때문에 그때부터 주눅이 잔뜩 들었습니다. 문득……. '내가 떨어질 수도 있겠다.'라는 생각이 들었답니다. 강의실 귀퉁이에 앉아 있다가 오들오들 떨리는 무릎에 힘을 잔뜩 주고 면접장에 들어갔는데……. 교수님이 전혀 예상하지 못한 질문을 던지신 거예요.

"죄송합니다. 질문하신 부분은 솔직히……. 모르겠습니다. 하지만 편입하면 반드시 오늘 질문하신 부분을 열심히 공부하겠습니다! 꼭 특수교사가 되고 싶습니다!!"

씩씩한 목소리로 대답했지만, 사실 머리끝부터 발끝까지 떨고 있었어요. 그때 피식 웃는 교수님의 얼굴을 보고 '아……. 떨어졌구나…….' 생각했지요. 포기하고 있었는데 결과 발표 날 합격 문자를 받고는 얼마나 기뻤는지 모릅니다.

교수님! 사실 저는 특수교사가 되기 전, 10년 동안 정규직이 되는 게 꿈이었던 계약직 직원이었답니다. 요즘 젊은이들이 취업하기가 '하늘에서 별 따기'보다 어려운 '하늘에 별 박기'라는데, 저도 그들의 마음을 조금은 알고 있어요. 10년 동안 간절히 바랐던 정규직 전환이 결국 이루어지지 않고, 결혼하고 아이를 낳은 후 퇴사하면서 스스로 초라해지고 실패한 인생이라 생각했을 때도 많았습니다. 어쩌면 그때쯤 특수교육을 알게 된 것은 운명이었던 것 같아요. 간절하고 절실하게 특수교사가 되고 싶었거든요.

33살에 주부였고 경단녀였던 제가, 특수교사가 되고 싶어 편입에 도전하는 마음! 그 간절한 마음을 교수님은 혹시 아셨을까요?

서른 살에 우연히 편마비인 아이를 처음 만났을 때, 마음에서 쿵쾅거리는 소리를 들었습니다. 특수교사가 되어 현장에 나와보니 학생과 부모님을 섬기며 교사로 일하는 것이 가끔은 힘들 때도 있습니다. 하지만 교실에서 우리 반 아이들과 하루하루 지내고 나면 보람되고 좋은 일이 참 많이 생기는 것 같아요. 늦었다고 생각했던 서른에, 마음의 소리를 따라 도전하길 잘한 것 같아요. 덕분에 교수님도 만났고요. 저는 특수교사로 일하는 지금이 정말 좋습니다.

합격해서 다시 만나 뵌 교수님은 저의 지도 교수님이셨어요. 같이 편입한 두 명의 동기들과 저를 연구실로 불러 손수 커피를 내려주셨잖아요. 제가 그날 교수님께 용기 내어 질문한 것을 기억하시나요? 동기들보다 12살이나 많고 주부였던 제가 편입에 왜 합격하게 됐는지 여쭤봤었죠. 그때 교수님이 이렇게 대답해 주셨답니다.

"우리 대학은 특수교사가 될 사람만 뽑아요. 편입생이라 힘들겠지만, 열심히 공부해서 꼭 임용에 합격하세요."

반달눈으로 따뜻하게 웃으며 말씀해 주시는데, '교수님 눈에는 내가 교사가 될 사람처럼 보였나 보다.'라고 생각했어요. 그 힘으로 편입생 내내 열심히 공부했습니다. 2년이라는 짧은 편입 기간에 4년 과정을 소화하느라 학기 중에는 물론, 방학에도 매번 계절 학기를 신청하며 정말 열심히 살았어요. 시험 기간에는 하루에 3시간씩만 자고 일주일 내내 피로회복제를 먹으며 공부했는데요. 아기도 키우고 살림도 하며 공부하기가 정말 만만치 않았습니다.

사실 편입생 시절이 제가 가장 힘들었던 때였어요. 친정엄마가 돌아가셨고, 남편과는 주말부부를 해서 아이를 오롯이 제가 보면서 공부했거든요. 저녁 9시에 끝나는 외부 강사님의 수업이 있을 때면 어린이집에 다니는 아이를 저녁까지 맡길 곳이 없어 발을 동동 구르곤 했습니다.

편입 4학년 때, 어린이집에 다니던 딸이 눈병에 걸려서 어쩔 수 없이 학교에 데리고 온 날이 있었습니다. 그런데 하필 강의실 복도에서 교수님을 딱 마주친 거예요. 학교에 아이를 데리고 강의 들으러 와서 면목도 없고 숨고 싶었는데 저를 연구실로 부르셔서 아이 먹이라고 사탕이며 과자를 챙겨주시고 장난감 될 만한 거 손수 챙겨주셨잖아요. 영 맡길 곳이 없으면 학교에 데려와서 아이를 챙기며 수업을 들어도 좋다는 말씀을 듣고, 교수님 앞에서는 손톱으로 맨살을 꼬집으며 참았는데 연구실을 나오면서 눈물이 주르르 흘렀던 기억이 납니다.

늦깎이 대학생으로 어린 동기들과 같이 공부하며 어쩔 땐 자존심이 상하기도 하고, 힘들게 공부하는데 아무도 도와주지 않는 세상에 오기가 나기도 했어요. 너무 힘들 때면 가끔은 학교 도서관 칸막이 책상에 엎드려 울기도 했는데……. 교수님이 밥은 먹고 다니는지, 공부하면서 어려운 점은 없는지, 아이는 잘 크고 있는지 여쭤봐 주시면 그렇게 눈물이 나더라고요. 그 때를 생각하니 지금도 코끝이 찡해집니다.

법정 스님은 '함부로 인연을 맺지 마라. 진정한 인연과 스쳐가는 인연은 구분해서 인연을 맺어야 한다.'라고 말씀하셨는데요. 인생을 살면서 길거리에서 지나치듯 쉽게 만나지는 것도 사람이고, 가장 상처 받기 쉬운 것도 사람이지만, 가장 깊은 치유도 사람에게서 나는 것을 교수님을 통해 배웠습니다.

편입생 시절, 특수교사라는 새로운 꿈을 향해 도전하는 저의 힘든 여정을 응원해주시고 용기를 가지고 공부할 수 있게 따뜻하게 격려해주셔서 감사합니다. 4학년 졸업을 앞두고 임용고시 1차 합격 후 0.02점 차이로 최종에서 떨어져 절망에서 허우적거릴 때도 위로의 말씀 건네주셔서 감사합니다. 다음 해 둘째를 임신하고 7개월 차 임산부로 2차 면접시험을 준비할 때도 도움 줄 부분은 없는지 여쭤봐 주시고 지도해 주셔서 감사합니다.

만삭의 임산부로 최종합격했다는 소식을 전하자, "출근하자마자 3월에 출산휴가 가면 되겠네."라며 자기 일처럼 기뻐해 주셔서 감사합니다. 많은 사람 속에서 저를 알아봐 주시고 특수교사의 꿈에 한 발짝 다가갈 수 있도록 마음으로 응원해주시는 교수님의 따뜻한 마음을 알고도 이제까지 고백하지 못했습니다.

정말 감사합니다. 교수님의 따뜻한 마음을 알기에, 졸업한지 몇 해나 지났지만 저는 여전히 교수님을 뵐 때면 늘 10학번 편입생의 마음으로 교수님을 뵙게 됩니다.

학부생 때 교수님 수업을 받으면서 교수님의 다이내믹한 경상도 사투리가 참 신기하다고 생각했었는데, 이제는 교수님의 그 친근한 말투를 학교에서 마트에서 길거리를 지날 때도 매일 들으며 살고 있습니다. 교수님은 저의 고향에서 근무하시고, 저는 교수님의 고향에서 근무하고 정말 너무 신기한 인연입니다. 이제 7년 차 경남에 살면서 특수교사로 일하고 있는데요. 지금 교수님을 만나 뵈면 교수님과 경상도 사투리로 대화할 자신이 있습니다.

멀리 있지만, 교수님께 항상 감사한 마음을 가지고 살고 있어요. 오늘도 안부 전화를 드리겠습니다. 늘 건강하시고 다시 만나 뵐 날을 손꼽아 기다립니다.

감사합니다. 교수님.

2021년 5월 15일 스승의 날

10학번 편입생 김현정 드림

# 메신저 전송 10초 전

최 홍 연
용현초등학교 운전 8급

"집에 가는 날마저 이게 뭐야?"

이것은 행정실에서 나는 소리입니다. 구시렁거리는 소리. 타닥타닥 키보드 두드리는 소리. 클릭하는 소리. 전화 받는 소리. 그리고 첼로, 피아노 멜로디가 은은히 들리는 라디오 클래식까지. 차장님은 지금 정년을 맞아 퇴직하는 오늘 이 순간까지도 일이 많아서 제 앞에서 연신 자판을 두드립니다. 흘깃 보니 늘 그렇듯 안경 속 얼굴이 딱딱합니다. 어딘가 비장합니다. 저는 일어나야 하는데 일어나지 못합니다. 밖에 나가고 싶은데 나가지 못합니다. 너무 오래 앉아 있어서 배가 더부룩하고 다리는 저립니다.

차장님이 행정실에 온 첫날, 손수 스피커를 가지고 왔습니다. 클래식을 들어야 일이 된다며 온종일 틀어두었습니다. 행정실에 드나드는 분들은 저마다 삭막하지 않다며 좋아했습니다. 벌써 해가 저물어 갑니다. 시간이 점점 다가옵니다. 이별의 시간. 저는 어느 타이밍에 편지를 전할지 조마조마한 마음으로 지켜보고 있습니다.

어느새 1년입니다. 정말 시간이 후딱 지나갔네요. 차장님께서 1년 전, 저와 전근 동기로 우리 학교에서 함께 인사하고 적응하고, 제가 돌아볼 때면 늘 곁에 계셔서 얼마나 의지가 되었는지 모릅니다. 지난 한 해 변함없이 제 앞자리를 지켜주어서 무한한 감사함을 느낍니다.

매일 아침 차 막히는 시간을 피해서 저는 늘 1등으로 출근합니다. 출근해 창 열고 환기합니다. 뒤집힌 전기 포트에 물 그득 받아 끓여 놓습니다. 그러면 차장님이 여러 마실 거리를 타 이것 좀 드셔 보세요 하고 내줍니다. 매일 오후 퇴근 전 창 닫고 전기 포트를 씻어 잘 건조되게 뒤집어 놓았던 차장님. 작은 행정실에서 저와는 비록 1년이지만, 이곳에서 한평생 오랜 세월을 보낸 차장님. 삼십 년이 넘도록 직장 생활을 이토록 모범적으로 마무리하시는 것에 존경하는 마음 가득합니다. 떠나는 것이 어떤 건지 실감 나지 않습니다. 당장 가시는 길, 언제 다시 만날지 알 수 없지만, 그동안 말로 나눈 대화보다 가슴으로 느낀 바가 더 많다는 것을 전하고자 이렇게 글로써 인사드립니다.

문득 제가 떠나던 순간이 떠오르네요. 1년 전 이맘때 12월 마지막 날. 먼젓번 근무지에서 송별회가 있었습니다. 저는 그곳에서 2년간 근무하고 떠나는 사람이었지요. 남는 이들이 떠나는 저를 배웅하였습니다. 저녁 식사 시간. 메뉴는 해물탕. 흡사 영화의 한 장면처럼 또렷이 기억납니다. 직원들은 끼리끼리

앉아서 찌개를 나누어 그릇에 담아 먹습니다. 평소 사이가 좋지 않던 직원들이 마치 약속이나 한 것처럼 제 곁으로 성큼 왔습니다. 앞자리에는 저랑 매일같이 다투던 선배가 앉았습니다. 옆자리에도 한번 크게 다투었던 분이 앉았습니다. 친했던 사람도 많지만 마지막이라 그런지 일부러 멀리했던 이들이 가까이 앉았습니다. 그런 앙금이 남은 선배가 따뜻한 눈길로 저를 봅니다. 선배는 나온 음식을 후후 불면서, 해물이 싱싱하네, 이건 서비스라네, 이거도 좀 먹어봐, 맛있는 거야, 어여 먹자, 올 겨울은 왜 이렇게 춥다니, 하면서 이제 가면 언제 또 볼까, 그러게 언제 보려나, 봄에 하는 도내 체육대회에서나 보겠네, 했습니다. 같이 배구할 때가 좋았는데, 배구 연습 많이 해둬라, 이제 다른 지역 팀으로 만나겠네, 넌 팔을 쭉 펴야 되는데 그게 문제야. 그 말을 듣는 중에도 시원섭섭할 뿐 별 감흥이 없었습니다. 팔을 펴든 굽히든 무슨 문제람. 헤어지는 날 갑작스레 친근한 말투는 외려 부담스러웠습니다. 다만 제가 모질게 대한 장면이 떠올라 얼른 잊어주기를 하는 바람만 들었습니다.

저는 그곳이 첫 발령지였습니다. 선배는 "원래 이렇게 하는 거야, 지금껏 이대로 쭉 해왔는데 아무 문제 없었다." 하면서 일방적으로 윽박질렀지요. 저는 당돌히 대응하여 말했습니다. "제가 배운 것과는 다릅니다. 개선할 건 개선해야지요. 무조건이 어디 있나요? 그렇게는 못하겠습니다. 언제까지 구시대적 태도로 넘어갈 겁니까. 어휴 답답해." 팽팽히 맞서다가 말이 통하지 않아 더러 무시하고 사과하고 또 맞서다가 흐지부지 넘어갔습니다.

마음에 감정이 남아 한동안 표정으로만 웃는 인사를 했습니다. 이른바 영혼 없는 인사. 시선을 피하며 다른 곳을 향해 안녕하세요? 하는 거죠. 그러다 시간이 지나면서 힘든 행사를 함께 치르거나 다 같이 으쌰으쌰 일할 때면 선배는 자, 땀 좀 닦고 이거 좀 먹어봐라, 하면서 먹거리를 챙겨주었죠. 선배님 수고했습니다. 그래 욕봤다. 그러면 금세 마음이 풀어졌습니다. 저는 다소 늦은 나이에 이곳 새 직장에 들어왔습니다. 오랫동안 회사에서 경쟁하고 싸우던 것이 몸에 익어 늘 경계 태세였습니다. 그래서 마음을 쉬 열지 못했습니다. 이를테면 "제가 왜 그 일을 해야 하죠?" 하고 되묻기 일쑤였습니다.

선배는 말했습니다. 그동안 고생했다, 애썼다, 다음에 밥 같이 먹자, 오면 연락해라, 그래 연락하고 지내자, 힘들었던 기억은 다 잊어버리고 좋은 추억만 가지고 가, 하는 덕담도 들었습니다. 이제 집 가까이 가니까 좋겠네, 하는 축하도 받았습니다. 숟가락을 놓고 일어나 가게 문 앞으로 가는데, 언뜻 이 자리가 마지막이라는 생각이 들자 왈칵 눈물이 쏟아졌습니다. 당황스러웠습니다. 왜 갑자기 눈물이 났을까요? 의아했습니다. 그곳 직원들과는 맹숭맹숭한 관계라고 생각했습니다. 깊이 마음을 터놓은 적도 없습니다. 출근하면 개인적 공무에만 치중하다가 퇴근 시간만 기다리던 일상이었습니다. 같은 지역 사람도 아니고, 떠나면 잊을 사람들, 때때로 다신 안 볼 거라고 여겼습니다. 그동안 저는 얼마나 떠나고 싶어 했는지 모릅니다. 후진 지역이 싫다고, 제발 좀 옮겨 달라고 고충도 쓰고, 집에서 출퇴근하기 너무 멀어 정말이지 지긋지긋하다고 여겼던 곳입니다. 그런 지역을 떠나 조금이나마 집 가까운 곳으로 가는 건데, 왜 눈물이 나나 놀랐습니다. 더구나 여기 바닷가 사람들은 체질적으로 저와 맞지 않는다고 자조하기도 했습니다. 독하다 독해. 이상하다 이상해. 다시는 오지 않을 거라 생각했습니다. 징글징글하다고 몇 번이나 고개 흔들며 낙담도 하고요. 돌이켜보면 같이 배구 시합할 때만 마음을 열었던 거 같습니다. 평소에는 싸우기도 많이 싸우고 어떨 땐 철천지원수처럼 소리치고 반목하고 그러다 포기하고 얘기도 해보고 마주 보며 화해하고 풀어지고 그러다 또 무시하고 다시 웃기를 반복했습니다.

그렇습니다. 정들어버렸지요. 매일 아침 인사하고 여러 경조사에 참석하고 다양한 행사, 음악회, 배구대회, 경연 시합도 같이 준비하여 치러내고 힘든 업무 손 맞춰 마무리하고 부대끼면서요. 회식 자리도 참 많았습니다. 선배가 술을 권할 때마다 조금만 따르라 잔 든 손이 움츠러들었습니다. 한 잔 마시고 한 잔 주라. 여기 제 잔 받으세요. 그래 수고했다. 그렇게 하면 된다. 그러네요. 덕분에 잘 마무리했습니다. 저는 직장에서 웃지 않는다고 여겼습니다만 참 많이도 웃더라고 직원 중 어떤 분이 제게 말해주었습니다. 저와 가까웠던 직원이 제게 "감사해요, 그동안 너무 고마웠어요. 고생하셨어요"라고 말하기에 저는 그만 그의 품에 안겨서 흐느꼈습니다. 처음에는 우는 게 다소 황망했지만 속으로 말했습니다.

고맙습니다. 지난 세월, 모자란 저를 챙겨주셔서 감사합니다. 덕분에 잘 지냈습니다. 신세 많이 지고 갑니다. 그런데 이제 떠나면 우리 언제나 다시 볼 수 있을까요? 못 보잖아요. 다시는 그렇게 웃으며 싸우고 일하고 부대끼며 정답게 밥 먹고 얘기하고 했던 것처럼 사계절 함께할 수는 없잖아요. 아마도 평생 영원히 은퇴할 때까지 지금처럼 같이 일할 수는 없겠지요. 다시는……. 생각하니 눈물이 멈추지 않았습니다. 나이도 적지 않은데 왜 그렇게 눈물이 났을까요. 바보처럼. 겨울이 되고 말미에는 말수도 줄여 되도록 데면데면하게 지내려고 했습니다. 냉랭히 서먹하게 마무리하려고 했습니다. 떠나면 그만이라고 생각했습니다. 그런데 이다지도 뜨거운 눈물이 이렇게나 멈춤 없이 흐르다니 참 놀랐습니다. 모르겠습니다. 만나고 헤어진다는 것의 의미를요. 제가 흐느끼자 송별회에 참석했던 이들이 저마다 한마디씩 위로해주었습니다. 괜찮다. 또 만나면 되지. 먼 곳도 아닌데. 언제든 전화해. 선배는 이윽고 저를 커피숍에 데려가 두런두런 이야기를 나누다가 제가 괜찮아진 걸 보고서야 일어났습니다. 꿋꿋하게 지내, 기죽지 말고, 꼭 놀러오고, 하면서 손 흔들던 사람들.

계절이 바뀌어 막상 봄이 되었어도 저는 먼젓번 근무지 사람들을 만나지 못했습니다. 도내 모든 행사와 대회가 취소되었습니다. 그리고 지금 1년이 지났지만 지난 근무지 생활은 까마득한 옛날처럼 느껴집니다. 돌이켜보면 고작 1년이 지났을 뿐인데 저는 참 빨리도 잊었구나 싶습니다. 가끔 전화로 목소리만 들을 뿐 찾아뵙지 못했습니다. 함께 지내며 신세 졌던 분들, 정들었던 이들, 고마웠던 그들에게 아직 고맙다고 인사하지 못했습니다.

두 번째 근무지. 행정실에서 고개 드니 제 앞자리에 차장님이 보입니다. 정년 맞은 차장님을 12월의 마지막 날, 이렇게 떠나보내고 있습니다. 제가 떠난 것처럼 차장님도 떠납니다. 한 직장에서 무려 서른 몇 해의 세월. 오래도록 머물렀던 공간과 작별의 순간이 다가옵니다.

이제 마지막 인사만 남았습니다. 자리에서 일어납니다. 제가 일어나자 차장님도 제게 다가와 섭니다. 저는 차장님과 어쩌면 처음일지도 모를 시선을 주고받습니다. 왠지 가슴이 두근거립니다. 저를 보는 눈빛이 뜨겁습니다. 정말 이별이구나. 벅차게 느껴집니다. 그럼에도 피하면 안 됩니다. 꿋꿋이 버팁니다. 그렇게 가까이 마주 보고 서서 미소 짓습니다. 생글생글 웃는 얼굴로 기억되리. 미소를 보다가 천천히 고개 숙입니다. 숙이면서 말합니다.

"그동안 고마웠습니다. 건강하세요. 많이 도와주셔서 정말 너무너무 감사합니다."

결국 차장님은 웁니다. 안경 속 눈에 눈물이 그렁그렁하더니 뺨을 타고 흐릅니다. 퇴근 시간이 되고 직원들이 하나둘 인사하러 옵니다. 직원들은 각자의 언어로 작별을 고합니다. 곁에 서서 인사하며 마지막 안부를 전하는데, 차장님은 자리에

서서 멍하니 눈물 흘립니다. 몇몇 직원들도 흐느낍니다. 저도 참을 수 없을 것 같아 차장님 안녕히 가세요 하고 돌아서려는데 차장님은 제 손을 꼭 붙잡고는 "내가 해준 것도 없는데"라며 뭐라 뭐라 말하다 눈이 벌게져서는 웁니다. 서로가 마주 보는 단 하나의 장면. 1년간 좁은 행정실에 앉아서 근무했지만 이렇게 가만히 마주 본 적은 없었습니다. 순간 왜 진작 보지 않았을까 왜 이제야 깨달았을까 후회되었습니다. 무슨 일이 있었다, 집에 누가 아프다, 무슨 행사가 있다, 도와주세요, 제가 대신해 드릴 테니 어서 가 봐요, 온종일 서로가 서로를 향해 주거니 받거니 다독였습니다. 제 앞에는 당연히 차장님이 있었고 클래식이 있었고 차장님 앞에는 제가 있었습니다. 그랬는데 이제 볼 수 없다니요. 들을 수 없다니요. 이제야 마음을 여는데. 이제야 서로를 보는데.

저는 메신저로 쓴 편지를 보내고 쑥스러워서 곧장 행정실을 나섰습니다. 나와서 닫힌 문을 돌아보자니, 금방이라도 문이 열려 뒤따라 나오실 것만 같아서 멀리 갈 수가 없었습니다. 저는 자꾸만 행정실 문을 돌아보았습니다. 오래도록 몇 번이나 돌아보고 돌아보며 퇴근했습니다.

차장님을 떠나보내며, 떠나 온 저를 만나게 되었습니다. 지난 동료들이 그립습니다. 저는 남해에서 사천으로 왔습니다. 집은 진주입니다. 주말이면 왕왕 남해로 나들이를 갑니다. 독일마을도 가고 상주 해수욕장도 가고 다랭이 마을도 갑니다. 그리고 갈 때마다 꼭 지난 근무지에도 들러봅니다. 가서 사진도 찍으며 그곳 동네를 무연히 돌아봅니다. 그러다 보면 따뜻한 기운이 뭉게뭉게 차올라 무언가 말하고 싶은 생각이 듭니다. 그리운 마음 담아서 편지 쓰고 싶다는 생각을 합니다. 새해가 되어 출근하니 메신저 창에 쪽지가 와 있습니다. 떠난 차장님이 보내온 것입니다.

“항상 건강하시고 좋은 일들만 무조건 쭉 있기 빕니다. 그동안 감사하고 고마웠습니다.”

‘저도요.’라는 말이 입 안에 맴돌지만 이제는 메신저로 답장 보낼 상대가 없습니다. 싱크대 위 전기 포트는 지난해의 물이 담긴 채 그대로 세워져 있습니다. 직접 포트를 씻어 물 끓이는데 그제야 차장님의 빈자리를 느낍니다. 받아들입니다. 안 계시는구나. 당신의 손길 느낄 수가 없구나. 볼 수 없구나.

행정실에 색소폰 소리, 피아노 소리가 들릴 듯 말 듯 조용히 울립니다. 저는 차장님을 좇아 클래식 라디오를 켭니다.

계절은 다시 바뀔 것이고 저는 또 차츰 잊어갈 것입니다. 그러나 이것만은 기억해 주세요. 그때 당신이 있어서 참 다행이라고요. 당신과 함께 일해서 기뻤습니다.

2021년 1월 4일 월요일

함께했던 동료에게 동료가

# 머리엔 새로움이 가슴엔 따뜻함이 흐르는 아하! 욕지중

최 상 재
회화중학교 교장

정든 욕지섬을 떠나면서 인사 올립니다. 모기 입이 비뚤어진다는 입추와 처서가 지났건만 아직도 한낮의 햇살은 따갑습니다. 그러나 욕지 고구마 뿌리에는 단맛이 들고, 고등어 등짝에는 살이 오르는 고마운 햇살로 여겨집니다.

욕지중 교장으로 발령이 날 것이라는 소식을 접한 순간, '왜 하필이면 그 먼 곳으로 보낼까!' 부임 전에는 실망도 했습니다. 비가 오나 눈이 오나 밤이나 낮이나 오고 싶을 때 올 수 있고 가고 싶을 때 갈 수 있는 그런 곳이 아니라는 욕지섬이었기에 더욱 그랬습니다. 바다 안개나 태풍으로 뱃길이 끊어져 한두 주 건너뛰고 집에 들어갈 때도 더러 있었습니다. '바다가 육지라면', '섬마을 선생님' 유행가 노랫말이 새삼스럽게 저의 마음을 대신했습니다. 욕지중학교 부임 첫 인사말이 생각납니다. "만남은 하늘의 인연이고, 관계는 땅의 인연이다."라며 학생과 교직원 · 마을 사람들과 좋은 인연(관계)을 만들겠다고 했습니다. 만남에 대한 책임은 하늘에 있고 관계에 대한 책임은 사람에게 있다고 합니다. 오늘 이 자리에 서고 보니, 지난 이 년 육 개월의 욕지중 생활에 감회가 새롭습니다. 하루하루를 보람 있고 재미있게 잘해보자고 다짐하며 교장실에 들어섰습니다만, 과연 교장답게 생각하고 생활했는지 걱정이 앞섭니다.

머리엔 새로움이 가슴엔 따뜻함이 이마엔 구슬땀이 흐르는 욕지중학생 여러분들과의 추억을 떠올려 봅니다. 이천십칠 년 동짓달, 교정을 노랗게 물들였던 은행나무 단풍들이 한 잎도 남김없이 운동장 이곳저곳에 흩날리며 내년을 기약합니다. 올해도 어김없이 내년을 위해 자리를 내어 주어야 할 때인가 봅니다. 매일같이 숨을 쉬면서도 공기의 존재에 대해 깊이 생각해 본 적이 없듯이 욕지중학생 여러분들만을 특별한 의식 속에서 생각하지는 않았습니다. 이제 욕지섬에서의 한 해 생활을 마무리하고 어떻게든 서로의 존재에 대해 한 번쯤은 생각해보아야 할 때인가 싶습니다. 삼월 이일 입학식 겸 시업식 날, 낯선 여러분과의 첫 만남은 신선함이었고 새로움이었습니다.

호기심으로 반짝이는 눈빛을 나누며, 신뢰와 존경을 바탕으로 최선을 다하여 우리 학교 교훈처럼 생활할 것과 신사 숙녀로 자랄 것을 약속했습니다. '마음이 하나 되면 온 세상이 하나 된다. 처음으로 하늘을 만나는 어린 새처럼, 처음으로 땅을 밟고 일어서는 새싹처럼, 우리는 하루가 저무는 저녁 무렵에도 새봄처럼, 아침처럼, 처음처럼 항상 새로이 시작하고 있다.'

라는 글귀가 삼월을 여는 욕지중 학생들에게 참 잘 어울렸습니다. 사월과 오월, 계절의 여왕답게 젊고 혈기왕성한 우리들을 유혹했습니다. 제암마을 뒷동산 말바우 진달래꽃 노랫말과 유동 · 덕동 먼바다 수평선 아지랑이 아롱거림이 우리의 몸과 마음을 따로 놀게 했지만 먼 훗날의 행복을 위해 잠시나마 피 끓는 청춘을 딱딱한 책상과 의자에 붙잡아 두고는 실력 쌓기에 최선을 다했습니다. 서울 · 경기지역 현장 체험학습과 충청 · 천안 독립군 체험캠프로 가는 봄의 아쉬움을 달래고 돌아섰습니다. 유월 · 칠월 · 팔월은 신록의 싱그러움과 함께 찾아온 그립고 고운 님을 향한 가슴앓이는 아픈 만큼 성숙해진다는 평범한 진리를 확인한 채 시름시름 저물었습니다.

구월과 시월, 우러러 하늘 아래 욕지섬 수호신 천왕봉과 사슴이 뛰어놀던 약과봉 신선 약초 뿌리에 약이 차고, 좌부랑개 앞바다 고등어 등짝은 통통하게 살이 오릅니다. 노적 마을 언덕배기 자드락 황토밭 고구마에 단맛이 배고 고물이 들어차는 만큼 우리들의 꿈도 흰 작살(자갈) 몽돌처럼 야무지게 여물어 갔습니다. 십일월과 십이월, 교정 가장자리 은행나무 푸른 잎이 노랗게 물들 때 우리들의 꿈도 따라 물들었습니다. 철이 철철 들어서 돌아오리라는 설렘과 기대 속에 함께 떠났던 포항공대 · 제철 탐방, 전주 무형유산원 체험학습, 통영 국제음악당 클래식 선율 감상, 바다 울림제, 졸업 앨범 사진 촬영 등으로 우리들의 추억 만들기는 깊어만 갔습니다. 오늘 아침, 학생들과 다과를 나누는 자리를 마련했습니다. 쳐다만 봐도 배부르고 기분 좋은 아름다움을 간직한 욕지중 꽃봉오리로 자라고 있었습니다. '자세히 보아야 예쁘다. 오래 보아야 사랑스럽다. 너도 그렇다.'라는 시구절과 딱 맞았습니다.

우리 학교 고매 넝쿨 첫 번째 꽃봉오리 새내기 김준홍은 첫인상이 참 좋습니다. 적당히 통실한 얼굴에 선한 눈웃음을 지으면 아기 부처님 상이 따로 없습니다. 담임을 닮아서인지 유머와 위트 감각도 뛰어납니다. 지난번 체육관에서 심폐소생술 훈련을 할 때, 욕지중학교에는 "자동제세동기가 어디에 있습니까?"라는 훈련 강사의 질문에 둘도 없는 단짝 전세동을 가리키며 "제세동기는 어디 있는지 모르겠고 전세동기는 여기 있습니다."라고 하여 주변 사람에게 큰 웃음을 주었습니다.

전세동은 신학기 초반, 중학생으로 적응하는 데 애를 먹었습니다. 초등학생 티를 벗지 못한 모습이 안타깝기도 했습니다. 엎어지면 코 닿을 학교였지만 지각도 더러 하였고, 터벅하게 기른 머리가 갑갑해서 담임이 시간을 내어 이발소에 데리고 가기도 했습니다. 그러나 지금은 단정하게 깎은 머리에 똘똘한 얼굴로 환하게 웃으며 단짝인 준홍이와는 물론이고 선배들하고도 잘 지냅니다. 일 학년 일 반 부반장답게 나날이 새롭게 발전하는 세동이입니다. 욕지중 중심, 이 학년에는 여덟 꽃봉오리가 있습니다.

강태한은 음악과 미술공예에 재능이 많습니다. 음악감상 청음 능력이 뛰어나며, 미다스의 손처럼 태한이의 손을 거치면 천덕꾸러기로 여겨지던 물건들이 멋진 예술작품으로 다시 태어납니다. 모든 사물이 겉으로 보이는 것만이 다는 아니듯이 태한이의 재능으로 이 세상에서 하찮게 여기는 것들이 제각각 존재의 의미를 갖고 아름답게 빛나길 바랍니다.

공상현은 공자 후손답게 키가 크고 인물이 훤칠합니다. 올 한 해에 키가 십 센티미터 이상, 마치 오뉴월 오이 자라듯이 큰 것 같습니다. 몸이 커지는 만큼 마음도 쑥쑥 자라나길 바랍니다. 욕지원량초등학교에 다니는 막내 동생 도환이는 점심시간에 급식소에서 볼 수 있습니다. 해맑은 얼굴로 맛있게 음식 먹는 모습을 보면, 그 형에 그 동생, 난형난제입니다.

김민현이는 말과 행동이 의젓하여 맏언니 같습니다. 일찍 일어나는 새가 벌레를 잡는다고 하연이와 함께 제일 먼저 등교하는 부지런한 학생이며, 친구들의 어려움을 같이 나눌 줄 아는 아름다운 마음을 가졌습니다. '명예는 선배에게, 영광은 후배에게, 책임은 우리가'를 실천하고자 노력하는 민현이입니다.

신주호는 이웃 두미섬에서 청운의 꿈을 안고 우리 학교에 유학을 왔습니다. 생업에 바쁜 부모를 떠나 혼자 공부하고 있지만, 주관이 뚜렷하고 심지가 올곧은 학생입니다. 통영 시내에 있는 중학교를 택하여 진학할 수도 있었겠지만 좋은 동무들과 선생님이 있는 욕지중학교에 왔습니다. 먼 미래를 내다볼 때 주호는 탁월한 선택을 했다고 봅니다.

이소연은 마음이 여린 학생입니다. 부모님 말씀을 잘 들으며, 동생들도 잘 보살피는 착한 마음을 가졌습니다. 또한 소연이만의 내면세계가 존재한다고 봅니다. 소연이에게도 할 일은 많고 세상은 넓다는 것을 알려 주고 싶습니다.

이유빈은 상상력과 창의력이 풍부합니다. 세상을 날고픈 거위의 꿈처럼 유빈이의 꿈도 꼭 실현되길 바랍니다. 유빈이와 좀 더 마음을 트고 얘기하다 보면 애교도 많고 커피 한잔에 감동하는 순정파입니다. 리듬감을 타고나서 난타 북을 두드릴 때는 세상을 다 얻은 듯이 두 손 벌려 율동과 함께 공연에 몰두합니다.

이하연은 과학 꿈나무입니다. 과학 선생님과 함께한 관찰·탐구활동으로 전국 학생 과학발명품경진대회에서 동상을 수상했습니다. 전국에서 모여든 쟁쟁한 실력파 학생들과 과학발명 정보를 공유한 것은 하연이가 살아가는 데 큰 자산이 될 것이라 여겨집니다. 욕지섬 무무빵집의 고매빵이 달콤하고 맛있어 인기가 많은 것은 하연이의 과학적 품질 기술이 들어갔기 때문일 듯 싶습니다.

허은준은 욕지섬이 좋아서 통영 시내로 떠나지 못하고, 아버지와 같이 자취를 하면서 우리 학교에 다닙니다. 부모님의 운동 유전자를 물려받아 운동을 곧잘 합니다. 테니스를 아버지로부터 배우는 중인데 스트로크 치는 자세가 프로 선수 못지않습니다. 통영지역 중학교 스포츠클럽 배드민턴 대회에서 우승했을 때의 주역이기도 합니다.

욕지중 최고 학년 졸업반 꽃봉오리 이야기입니다. 우리 학교 학생회장은 강민창입니다. 친구들 간에 의리와 신임이 있었는지 학생들이 직접선거로 뽑았습니다. 몸매로 봤을 때는 영락

없는 씨름이나 역도 선수 같은데 배드민턴을 좋아하고 곧잘 합니다. 고성 항공고등학교 항공기체과로 진학합니다.

김보란은 예체능 분야에 만능 재주꾼입니다. 우리 동네 음악대장이 되어 작은 음악회, 바다 울림제에서 큰 역할을 하였습니다. 고매넝쿨의 편집위원이기도 합니다. 축제 인터뷰를 요청할 때는 사근사근한 목소리로 전문 진행자 못지않게 능력을 발휘합니다. 의욕이 넘쳐 축구하다가 발목 인대를 다쳐 고생도 했습니다. 충렬여자고등학교로 진학합니다.

김영빈은 김해빈과 사촌 남매지간으로 학교에서 멀리 떨어진 유동마을에 삽니다. 빨리 어른이 되고 싶은지 때론 목소리를 걸걸하게 내리깔면서 인사를 합니다. 몸이 너무 말라 밥을 많이 먹고 운동을 열심히 해야겠다고 걱정하면, 깡마른 알통을 내보이며 건강하고 괜찮다고 자랑합니다. 고성 항공고등학교 항공기계과로 진학합니다.

김해빈은 명랑 쾌활하고 다정다감한 꿈 많은 소녀입니다. 장래 하고 싶은 일이 너무 많아 고민이라고 합니다. 지난 봄, 서울 수학여행길에서는 문화해설사 역할을 야무지게 해냈습니다. 거제 여자상업고등학교 회계금융과로 진학합니다.

한원희는 평창 동계올림픽 롱패딩이 무척 잘 어울리는 멋진 청년으로 자라고 있습니다. 키가 쑥쑥 크는 만큼 마음 씀씀이도 잘 자란다고 오랫동안 지켜본 선생님들의 칭찬이 자자합니다. 황석민과 함께 손잡고 거제 옥포고등학교로 진학합니다.

황석민은 말없이 실천하는 모범생입니다. 우리 학교 부회장으로서 어려운 친구들을 헤아릴 줄도 알고 궂은일도 잘합니다. 싱긋이 웃으면서 솔선수범하는 모습에서 자신감과 여유가 느껴집니다. 욕지중학교에서 후배들을 가르치는 선생님 되는 것이 장래 꿈이라고 합니다. 빠르면 칠팔 년 늦어도 십 년 내로 욕지중학교 교사가 되어 후배들을 가르치고 있는 석민이를 떠올리니 입꼬리가 저절로 귀에 걸립니다. 남해 용왕이 보우하고, 머리엔 새로움이 가슴엔 따뜻함이 머리엔 구슬땀이 흐르는 욕지중 열여섯 꽃봉오리가 언제 이렇게 자랐나 싶게 몸과 마음이 훌쩍 커졌습니다.

남은 추억과 그리움은 고매넝쿨 한편에 고이 간직하겠습니다. 이제 더 큰 나무로 자라기 위해 더 큰 세상으로 나아가는 욕지중 꿈나무들입니다. 세상 어디에서나 모든 사람에게 큰 힘이 되어주고 필요로 하는 커다랗고 당당한 나무로 자라주길 두 손 모아 간절히 바랍니다. 배우고 가르친 끈으로 맺어진 여러분과의 인연을 소중히 여기겠습니다. 욕지중 고매넝쿨(교지 앨범)에 실린 여러분의 반듯하고 옹골차고 당당한 모습을 오랫동안 기억하겠습니다.

욕지섬 천왕봉 아래 자리 잡은 욕지중학교의 풍광은 일품입니다. 커다란 돌멩이에 새겨진 욕지중 교명과 교훈은 가히 국보급입니다. '머리엔 새로움이, 가슴엔 따뜻함이, 이마엔 구슬땀이'라는 교훈처럼 삶을 살아가길 바랍니다. 여러분들은 세상에서 가장 넓은 마당에서 자랐습니다. 작은 섬이 고향인 여러분들은 세상에서 가장 큰 고향을 가졌습니다. 세상이 아무리 넓어도 온 세상은 여러분들이 중심입니다. 바다가 아무리 넓어도 여러분들이 태어난 섬이 바다의 중심입니다. 원대한 꿈을 품고 가슴 가득 설레어 보는 청춘의 특권을 마음껏 누리기를 바랍니다.

욕지중학교에서 멋쟁이 동료 교직원분들을 만난 것은 행운이었습니다. 아이들을 가르치고 사랑하는 일에 밤낮이 없었고 시간 가는 줄 몰랐습니다. 이 년 육 개월 근무시간은 다른 학교 칠 년 근무시간과 맞먹는다고 할 수 있습니다. 하루 이십사 시간 같이 있으면서 때론 삼시 세끼를 모여 함께 먹었으니 과장이 아닐 겁니다. 덕분에 추억거리를 무궁무진 안겨준 욕지중 생활이었습니다. 즐거웠던 추억과 함께 정겹고 고운 얼굴들을 떠올려 봅니다. '이천십칠 년 동고동락 · 교학상장했던 인간타워 최고셰퍼 교무방장 서병희, 기타부기 교회오빠 마노왕자 하만호, 유머위트 개그본좌 이행스님 이형수, 맞죠맞아요 맞고요오 통계박사 황양숙, 무림고수 백발도인 문어도사 문도식, 국대육상 쫄바지에 개폼쟁이 진선국, 카나리아 저리가라 나카수다 공정순, 정보통신 완벽설계 우리화이 박진환, 잠꾸러기 달항아리 아리새댁 이새하, 아기자기 샤방샤방 만능재주 이성숙, 열정최선 행정달인 총각대장 김성민, 남해바다 마린보이 해신양신 양진석, 얼씨구나 한산욕지 재팔재구 이재규, 이천십팔 년 동고동락 · 교학상장했던 앗싸앗싸 위풍당당 정의사도 염정희, 폼생폼사 댄스배구 미시트롯 백혜란, 민초들을 위하여어룡의곳물 송한렬, 잠시왔다 떠나버린 똥배사장 려동준, 욕지좋아 아주좋아 전두여비 전두열, 난타드럼 난다정구 허허실실 허영식, 이천십구 년 동고동락 · 교학상장했던 이심전심 불립문자 염화시중 이종행, 라이트훅 레프트훅 후욱사랑 신승애, 아자아자 미소천사 효녀효지 염효지, 민말고만 나도야장 만차짜앙 만성진' 재주 많고 인품 훌륭한 신사 숙녀 교직원 여러분들을 언제 어느 곳에서 또 만날 수 있겠나 싶습니다.

욕지섬에서 생활했던 이 년 육 개월이라는 선물 같은 시간이 눈 깜작할 사이 꿈처럼 흘렀습니다. 제가 함양 산골 촌놈 태생인지라 푸른 바다의 전설이 담긴 바다를 무척 동경했었습니다. 이제 원 없이 푸른 바다를 보고 갑니다. 물 맑고 풍광 멋지고 사람 좋은 욕지섬, 하룻밤 숙박비 십만 원 욕지중 공짜(?) 관사에서 재미있게 잘 지내다 갑니다. 이전에도 이후에도 욕지섬만큼이나 따뜻한 곳이 아마도 없을 성싶습니다. 좋은 분들과 같이 근무한 추억에 감사드리며, 인연을 소중히 여기겠습니다.

2019년 8월 마지막 날, 남해 용왕이 보우하고 머리엔 새로움이 가슴엔 따뜻함이 이마엔 구슬땀이 흐르는 욕지중학교를 떠나면서 삼가 최상재가 썼습니다.

2019년 8월 31일<br>남해 용왕이 보우하사! 욕지중을 떠나며 최상재 절

|자기고백 편지쓰기 저자모임|

| 저 자 | 소 개 |
|---|---|
| 임상열 | 사랑 한 큰술, 감동 두 쪽, 가장 신선한 재료로 우리 아이들의 꿈을 요리하는 선생님 |
| 김미정 | 새벽을 여는 상긋한 9월 같은, 가족들과 하는 모든 일상이 감사한, 그리고 나를 사랑하는, 나! |
| 임연길 | 사랑스런 아내와 알콩달콩 백년해로하는 꿈을 이루고 싶은 한 남자 |
| 이주영 | 긍정적인 마음과 단단한 정신으로 삶을 살아내고 싶은 사람 |
| 김은정 | 아이들의 행복한 삶을 응원하며 지금 곁에 있는 이들을 소중히 여길 줄 아는 책 읽기 좋아하는 선생님 |
| 서미주 | 소멸과 생성이라는 자연의 이치에 감응하며, 글쓰기와 자연이 주는 치유능력을 믿는, 정원에서의 한갓진 삶을 꿈꾸는 특수교육실무원 |
| 김미경 | 아이들의 순수하고 해맑은 웃음을 지켜줄 수 있는 세상이 되기를 바라는 선생님 |
| 차형률 | 옛사람들의 삶과 글이 좋아 아이들과 함께 공부하고 느끼며 살아가는 선생님 |
| 김현미 | 아이들에게 학교가 가장 편안하고 따뜻한 공간이 되기를 꿈꾸는 선생님 |
| 김호숙 | 동화 작가가 되고 싶은 꿈을 안고서 바람이 좋은 날 책을 읽고, 햇살이 좋은 날 글을 쓰는 사람 |
| 서미애 | 잘 가르치는 교사, 좋은 교사가 꿈이지만 오늘도 아이들과 투덕거리는, 여전히 서툰 교사 |
| 류영선 | 늙어 갈지라도 낡은 사람은 되지 않기를, 날이 갈수록 더 깊어가는 生이기를 열망하는 제법 오래된 선생님 |
| 이운희 | 유튜브 레고학교를 통해 아이들과 소통하는 선생님 |
| 김미희 | "삶은 즐겨야 할 신비이지 풀어야 할 숙제가 아니다(장자)"를 새기면서 주변을 신비로 여기는 행복한 아줌마 |
| 이현정 | 어린이들과 함께 웃고 좋은 선생님이 되고 싶어 늘 도전하는 선생님 |

이서하 내 아이를 키울 때는 승찬 엄마로 불리는 것이 참 좋았고, 지금은 돌봄 선생님으로 불리는 것에 감사한 초등돌봄전담사

방미주 배움이 느린 아이들과 함께 오늘보다 더 나아가는 내일을 채워가는 작은 선생님

김인숙 서름 푸른 문학소녀의 꿈은 추억으로 품고 아이들에게 글쓰기를 가르치며 행복해하는 선생님

최순종 소박하고 평온한 삶을 꿈꾸던 아이. 엄마가 되었지만 여전히 엄마 품이 그리운 초보 엄마

김서정 아이들을 통해 과거의 나와 마주하고 삶을 배우는 선생님

황명훈 허연정의 남편, 봄찬•봄에비의 아빠, 그리고 빡빡머리에 콧수염의 사나이

예상희 흐르는 강물처럼 아이들과 함께 만들어 내는 놀라움에 이끌려 하루하루 나아가는 선생님

이송이 아이들의 글과 말이 좋아 교실 속에서 늘 귀를 열어두며 읽고 쓰기를 게을리하지 않는 선생님

김도현 어찌 보면 촌스러울 수도 있는, 크고 올곧은 사랑을 받고 자라온 엄마 아빠의 여전히 어린 큰딸

배미주 커피를 마시며 여유롭게 책 읽는 것을 좋아하는 국어 교사이자 청소년의 고민을 담은 소설책 출간이 꿈인 작가지망생

조선욱 1일 한 줄 글쓰기로 오늘의 삶에 감사함을 느끼고 있는 사람

윤정숙 말보다 글을 편하게 느끼며, 오늘도 글로 성장하고 치유받으려 노력하는 선생님

송영미 남편과 세 아이들이 있어 세상을 다 가진 사람, 그리고 마흔 중년에 아직도 꿈에 다다를 방법을 찾아 오늘을 탐험 중인 사람

성 완 아이들에게 성공보다 성취를, 완벽보다 완성을 알려주고픈 시 쓰는 국어 교사

허성애 아이를 향한 지칠 줄 모르는 열정과 사랑하는 마음이 충만한 엄마 선생님

손수경 웃기는 남편 덕분에 매일 웃고 사는, 고상하면서도 귀여운 할머니로 늙어가는 것이 꿈인 꽃중년 공무원

김명희 오늘의 작은 발걸음이 내일을 사는 행복의 밑거름이 되길 소망하는 소박한 영양 선생님

이상은 학창 시절, 개그맨이 별명이었던, 그래서 지금은 아이들을 웃기는 데 사명감을 가진 선생님

이지연 심어진 자리에서 꽃 피우고 열매 맺길 바라는 미술 선생님

성진희 아이들의 꿈이 놀이를 통해 자랄 수 있는 행복한 교육을 꿈꾸는 선생님

이은경 온 마음으로 아이들을 사랑하며 마음껏 꿈을 그리도록 함께하는 선생님

김미영 아이들 마음에 닿고자 흘러가고 있는 선생님

김현정 평생 재미있게 배운 걸~ 멋지게 주고픈! 평범한 특수교사

최홍연 아이들과 조심조심 살금살금 나아가는 일등 항해사. 아내에게 영원한 로맨티시스트가 되고픈 남편. 요즘 들어 딸의 사춘기가 은근 무서운 아빠

최상재 교직생활에서 만난 사람들과의 인연을 귀히 여기며, 교단일기를 바탕으로 자서전을 쓰고 있는 대한민국 변방의 시골 중학교장

## 지금 당신에게 편지합니다

2021년 8월 25일 1판 1쇄 인쇄
2021년 8월 30일 1판 1쇄 발행

공저자: 자기고백 편지쓰기 저자모임
발행인: 한정주
발행처: 교육과학사

경기도 파주시 광인사길 71
전화: (031) 955-6956~8 팩스: (031) 955-6037
Home-page: www.kyoyookbook.co.kr / E-mail: kyoyook@chol.com
등록: 1970년 5월 18일 제2-73호

정가 15,000원

ISBN 978-89-254-1628-1

Printed in Korea.